Tú ———— «naciste para ganar».

Pero no olvides que «la voluntad de ganar no es nada sin la voluntad de prepararse para ello».

ZIG ZIGLAR VENTAS

El manual definitivo para el vendedor profesional

ZIG ZIGLAR

GRUPO NELSON
Una división de Thomas Nelson Publishers
Desde 1798

NASHVILLE   DALLAS   MÉXICO DF.   RÍO DE JANEIRO

© 2011 por Grupo Nelson®
Publicado en Nashville, Tennessee, Estados Unidos de América. Grupo Nelson, Inc. es una subsidiaria que pertenèce completamente a Thomas Nelson, Inc. Grupo Nelson es una marca registrada de Thomas Nelson, Inc. www.gruponelson.com

Título en inglés: *Ziglar on Selling*
© 1991 por The Zig Ziglar Corporation
Publicado por Thomas Nelson, Inc.

Editora General: *Graciela Lelli*
Traducción y adaptación del diseño al español: *produccioneditorial.com*

ISBN: 978-1-60255-510-5

Impreso en Estados Unidos de América

HB 06.13.2024

Dedicado a todos
los profesionales entusiastas y honrados
que venden mercancías, productos o servicios
que benefician a los demás

Contenido

INTRODUCCIÓN

Una multitud de personas pasó gran parte de la noche intentando rescatar a un oso negro atrapado en un pino de casi un metro ochenta de alto en Keithville, Luisiana, con el fin de llevarlo a una reserva natural. Ayudantes del sheriff, guardabosques y biólogos especializados en vida salvaje formaban este grupo que estuvo reunido durante casi ocho horas. Un veterinario disparó dardos tranquilizantes al animal para hacerlo bajar. Se colgó una red para capturar al oso cuando las drogas hicieran su efecto y éste cayera desde la copa del árbol. Sin embargo, hasta que los voluntarios no talaron el árbol no se dieron cuenta de que estaban rescatando a un saco de basura plagado de dardos.

Demasiados vendedores tienen lo que ellos creen ser un «oso» encima del árbol cuando en realidad no es más que un montón de «basura». Y dicen cosas como éstas:

> La competencia en este tipo de producto es demasiado dura en esta parte del país... Nos encontramos en medio de una recesión... A la gente sólo le interesan los precios y nada más. Sólo quieren saber quién tiene la mejor oferta... Nadie compra ya productos nacionales (extranjeros)... No merece la pena hacer la venta; el crédito va tan ajustado que la financiera lo rechazaría... La economía está muerta en esta ciudad... ¡Con la tasa de desempleo que tenemos no sé cómo esperan que llegue al cupo mínimo de ventas!

La pregunta es: «¿Cómo tratar con todas estas situaciones, tener éxito en la profesión elegida, mantener la cordura, evitar las úlceras y los ataques al corazón, seguir teniendo una buena relación con tu pareja y tus hijos, cumplir con tus responsabilidades financieras, prepararse para esos "años dorados" y, además, tener un momento que pueda ser solo para ti?» Afortunadamente, el libro que tienes entre manos intenta responder a cada una de esas preguntas compartiendo información, inspiración, risas, lágrimas y orientación que te permitan efectuar las elecciones necesarias para tener una vida «equilibrada» que te lleve al éxito personal y profesional.

ASPECTOS FUNDAMENTALES DEL CAMPEONATO Y ETERNAS VERDADES

Los Green Bay Packers ganaron los dos primeros campeonatos de fútbol americano profesional derrotando a sus rivales en la primera y segunda edición del Super Bowl. El entrenador de los Packers era el gran fundamentalista Vince Lombardi. Cuando el equipo de Lombardi dejaba de jugar bien (cosa que no ocurría con frecuencia), él comenzaba los entrenamientos de la siguiente semana con los mismos comentarios básicos: «Señores, hemos jugado por debajo del nivel que establecimos como equipo de fútbol profesional. Esta semana volveremos a los aspectos fundamentales». Levantando la pelota que tenía en sus manos por encima de su cabeza para que todos pudieran verla con claridad, Lombardi recitaba con su voz profunda y áspera, siempre ronca de tanto gritar: «¡Muchachos, esto es una pelota!» Sin falta, el bromista del equipo, Maz McGee, decía desde el fondo de la habitación: «No tan deprisa, entrenador, no tan deprisa».

Las verdades fundamentales permanecen constantes. Algunos de esos aspectos esenciales que Lombardi enseñó a sus Green Bay Packers fueron utilizados por Jimmy Johnson en los noventa para los Dallas Cowboys y los convirtió en el «equipo de la década». El equipo de fútbol y los profesionales de las ventas de mayor éxito están empleando tiempo *hoy* para aprender y reaprender los fundamentos básicos.

LOS FUNDAMENTOS BÁSICOS DE LA VENTA

Vender es algo más que una profesión: es un estilo de vida. El profesional de la venta de hoy en día está preocupado por ser fundamentalmente sólido. Además de los fundamentos básicos, cualquier herramienta o recurso que diga ser «el manual definitivo para el completo profesional de ventas» debe estar preparado para tratar esas áreas que se encuentran fuera del tiempo real invertido en la venta cara a cara (o voz a voz). Este libro está diseñado para hacer exactamente eso.

No sólo hemos incluido técnicas y procedimientos de venta que mejorarán tus ingresos, sino también ideas y principios que les sumarán «intangibles» (calidad de vida). ¿Cómo podemos estar al día de esa tecnología tan cambiante que nos ayudará a vender más?; ¿cómo lidiar con los rigores y las tentaciones de la ruta, desde dejar a nuestras familias (separación) y volver con ellos después de largas ausencias (descompresión), hasta invertir nuestro tiempo de «no venta» de una forma productiva?; ¿cómo luchar contra las demandas físicas de esta gran profesión: restaurantes de comida rápida y falta de tiempo para el ejercicio físico que llevan al estrés y añaden centímetros a la cintura?; ¿cómo trabajar con el área financiera de la compañía de forma que nos complementemos y, así, no trabajar el doble desperdiciando esfuerzos? Estas áreas, así como otras muchas inquietudes, se tratan en este libro.

VERDE Y CRECIENDO CONTRA MADURO Y PUDRIÉNDOSE

Mirando atrás en mi carrera como vendedor, jefe de ventas e instructor de ventas, no tengo ninguna duda de que el profesional de ventas más exitoso es el que sigue teniendo la actitud del principiante. El profesional de ventas que llega a la cima de la profesión y se mantiene en ella es un «novato experimentado». Con esto quiero decir que cuando afrontamos las ventas como una experiencia de aprendizaje continuo, estamos aprendiendo las «pequeñas cosas» que marcan la «gran diferencia» en nuestras carreras como profesionales de ventas. (¡No hay beneficio alguno en la venta que *casi* hemos hecho!)

En *Zig Ziglar Ventas*, he hecho el esfuerzo de tomar mis experiencias de ventas básicas que comenzaron en los años 40 y mostrar cómo los fundamentos básicos pueden permanecer constantes, ¡pero tú y yo no! Nosotros dos (tú y yo) debemos continuar nuestro

> *Vender es más que una profesión: es un estilo de vida.*

peregrinaje *aprendiendo, viviendo, y mirando*: aprendiendo del pasado sin vivir en él; vivir en el presente aprovechando cada momento vital de cada día y mirar al futuro con esperanza, optimismo y educación.

Los grandes artistas en todas las profesiones invierten incontables horas trabajando en los fundamentos básicos. Desde Patsy Cline a Faith Hill, desde Enrico Caruso a Andrea Bocelli, desde Mary Pickford a Julia Roberts, desde Jack Dempsey a Evander Holyfield, desde Sammy Baugh a Emmitt Smith, los regímenes diarios de cuatro a seis horas de trabajo antes de la actuación parecen increíbles y, en algunos casos, excesivos para la mayoría de nosotros. Aun así, ¡han sido y son los mejores del mundo en sus profesiones!

ALGO NUEVO

Cuando *Grandes secretos de Zig Ziglar para cerrar la venta* se publicó en 1984, muchas personas lo llamaron el libro de ventas definitivo de la década. Se realizaron más de 590,000 copias y, de forma regular, oímos a personas que dan testimonio de las poderosas técnicas, conceptos, y principios que contiene. Entonces, ¿por qué otro libro de ventas de Zig Ziglar? Existen tres razones básicas. En primer lugar, la profesión y los procedimientos de venta están cambiando a un ritmo cada vez mayor. ¡Ese es uno de los aspectos que hace a nuestra profesión tan apasionante! Muchas cosas han cambiado desde 1984, especialmente en el área de la tecnología.

En un viaje reciente, nuestro vuelo se vio retrasado y cuando el piloto lo comunicó se disparó una carrera loca de ordenadores portátiles y teléfonos móviles en funcionamiento. En esta sociedad en la que vendemos, orientada a la información rápida y a los servicios de atención al cliente, debemos ocuparnos de los cambios o nuestros clientes tratarán con la competencia.

LA VIDA EQUILIBRADA

La segunda razón por la cual escribí este libro es que no he encontrado un libro que trate *todos* los aspectos de una carrera profesional en ventas. Hay tantos retos para el personal de ventas de hoy en día que, sin alguna información vital, permanecer en la profesión será muy difícil. El profesional de ventas se enfrenta a preguntas sobre viajes, familia, relaciones y preocupaciones por la salud personal, que se han intensificado tremendamente en mi vida. Además de las habilidades básicas de venta, quiero compartir contigo algunas ideas relacionadas con la «vida equilibrada» que va a significar éxito real para ti.

EL MAESTRO COMO APRENDIZ

La tercera razón para escribir este libro es que aprendemos más cuando estamos enseñando. La información que he conseguido en estos años desde que escribí *Grandes secretos de Zig Ziglar para cerrar la venta*, a través de la lectura y la investigación, así como de hombres y mujeres de éxito de todas las profesiones y condiciones sociales, ha sido enriquecedora y una recompensa en mi vida personal, familiar y profesional. He enseñado estas lecciones a otros, dándoles fuerza para conseguir más éxitos. Estoy firmemente convencido, basándome en resultados que ya he conseguido anteriormente, que estas técnicas e ideas ya intentadas y probadas serán también extremadamente valiosas para ti.

¿Y TÚ?

Incontables carreras en esta orgullosa profesión de la venta se han visto abandonadas con pocas, por no decir ningunas, posibilidades de éxito debido a que muchos han sido reclutados para la profesión por individuos insensibles que jugaron al juego de los «números» con vidas. A los jefes de venta se les pedía «más madera», que reclutaran a otra promoción. No importaba que muchos de nuestros mejores y más brillantes jóvenes rechazaran una carrera en ventas o crecieran desanimados y abandonaran antes de darse una oportunidad a sí mismos, o a esta gran profesión.

Hoy, en todas partes las compañías de ventas reconocen la necesidad de centrarse en un entrenamiento global para maximizar nuestros cada vez más escasos suministros de trabajo: los vendedores. Incluso las compañías con programas de entrenamiento sofisticados se están dando cuenta de la necesidad de un entrenamiento basado en la experiencia y de buscar el crecimiento como «persona total» en lo que se refiere a nuestra profesión específica.

Este libro está diseñado para permitirte «sentir» experiencias de la vida real en la seguridad de un entorno controlado y estar mejor preparado para manejar los sutiles cambios a los que te vas a enfrentar diariamente en el mundo de las ventas.

¡EL ARTE DE VENDER PARA *TI*!

Algunas de las cosas de las que estoy hablando suponen la necesidad de un cambio en la forma de pensar de mucha gente, ¡y esto puede incluirte a ti! Permíteme puntualizar que este libro fue escrito originalmente para cuatro grupos de personas. En el primer grupo se encuentran las personas que acaban de llegar al mundo de las ventas y que entienden que un comienzo correcto puede facilitar el resto del viaje. Es algo parecido al deporte por el que tengo una gran pasión: el golf. Cuando alguien me dice que está planeando empezar a jugar, yo siempre le animo a tomar algunas lecciones con un buen profesional antes de ir al *driving range* (campo de prácticas) o al campo de golf. Si empiezan de la forma correcta y aprenden los fundamentos básicos, progresarán de una forma infinitamente más rápida y, finalmente, jugarán un golf mucho mejor. La razón: no habrán adquirido esos malos hábitos que mantienen a muchos golfistas lejos de poder conseguir jamás unos resultados respetables. Esto mismo ocurre en las ventas, por lo que si eres nuevo en esto te recomiendo encarecidamente que leas este libro.

Por favor, recuerda al empezar tu trayecto que un vendedor «verde» (como el buen golfista que siempre juega sobre la hierba) venderá más que un vendedor «azul» (como el mal golfista cuya bola suele acabar con frecuencia en el agua).

ACERCA DE LOS FUNDAMENTOS

He escrito este libro también para aquellos profesionales que entienden claramente que «quizá no necesitas que te lo digan, pero al verdadero profesional no le importa que le recuerden conceptos». Jack Nicklaus, que fue votado como el golfista destacado del siglo, visitaba periódicamente al hombre que le enseñó este deporte, su maestro, que trabajó con él en muchos de los fundamentos básicos y en las sutilezas del juego, cambios que introdujo en su juego sin ni siquiera darse cuenta. Vender es lo mismo. Incluso profesionales consumados pueden derivar muy lentamente hacia patrones destructivos y hábitos pobres de venta. Los fundamentos básicos que aquí se enseñan son recordatorios, combinados con los últimos datos y procedimientos, y ayudarán a los «viejos profesionales» a entrar en un nuevo escenario de ventas.

DESVIARSE Y PREGUNTARSE

El tercer grupo se compone de personas que han tenido el mismo año de ventas varias veces seguidas. La mayoría de estos vendedores están desviándose hacia generalidades y se preguntan por qué no han hecho más progresos. Pocos de ustedes entran en ese patrón, porque pocas de esas personas estarán leyendo

> *Un vendedor «verde» venderá más que un vendedor «azul».*

estas palabras. Si tú te reconoces como miembro (en realidad «antiguo» miembro) de este grupo, me siento especialmente contento de darte la bienvenida. Existen multitud de casos, y cuando tu fuego empiece a arder con nuevos procedimientos y técnicas, un nuevo entusiasmo y una nueva confianza te abrirán tantas puertas que todo tu mundo, en lo personal, familiar y profesional, mejorará de forma drástica.

TODO EL MUNDO VENDE

Desgraciadamente, no todo el mundo se da cuenta de que *estamos todos en la esfera de las ventas*. El cuarto grupo de gente para los que este libro se ha escrito es el grupo que se da cuenta de que cada persona, en cada profesión (abogado, doctor, contable, ingeniero, maestro, taxista o conductor de autobús, mensajero, consejero, recepcionista, ejecutivo, animador, administrador, entrenador, cocinero, etc.), es un vendedor. Si estás empezando a comprender este concepto, entonces, lleves el tiempo que lleves en tu negocio, eres nuevo en la esfera de las ventas. Este libro te ayudará en muchas maneras, incluso más que a aquellos que se identifican a sí mismos como vendedores, porque la mayoría de tus colegas no han reconocido el hecho de que son miembros de la profesión de las ventas, y tampoco han comenzado «oficialmente» su entrenamiento en ventas. Competitivamente hablando, este libro te aportará enormes ventajas.

EL PRINCIPIO DEL FIN

Tú estás ahora conmigo por una de varias razones. Quizá leas este libro porque has comenzado una carrera en el negocio más antiguo (todo empieza con *marketing*), apasionante (¿a qué velocidad late tu corazón al inicio de una llamada de venta?) y que deja más beneficios (pero sólo si eres bueno) que haya concebido nunca el hombre; quizá leas este libro porque comprendes la importancia de volver a los fundamentos básicos; o quizá porque te resulta evidente como comercial profesional que si vas a sacarle a tu carrera el máximo beneficio, debes darle un enfoque «integral» y «trabajar» para tener éxito en tu vida personal, familiar y profesional. Cuanto más lejos llegues en este libro y más profundamente te sumerjas en él, mejor entenderás este concepto: «Tienes que *ser* antes de poder *hacer* y *hacer* antes de poder *tener*».

Llegados a este punto permíteme decirte: «¡Enhorabuena!» Con este compromiso que has hecho contigo mismo has dado el paso más importante en la fórmula del éxito: ¡has empezado! Estás varios kilómetros por delante de la mayoría de la gente que entra en nuestra profesión hoy en día. Ciertamente éste es el principio del fin de la mediocridad, o de la disminución en las ventas que te ha estado lastrando.

UN HECHO QUE OCURRE EN LA VIDA

Una de las obviedades básicas de la venta es que los «bajones» llegarán. Vas a encontrarte con escenarios donde nada parece funcionar muy bien ni personal ni profesionalmente. Ahora esto puede parecer negativo, pero voy a ser como el niño pequeño que le dijo a su padre que tenía miedo de haber suspendido un examen de matemáticas. El padre le dijo que fuera positivo, y no negativo, y él contestó: «Está bien, papá, estoy *positivo* de haber fallado ese examen de matemáticas». Yo soy positivo al decir que incluso los mejores vendedores caen en bajones.

Inevitablemente, los que sufren esas caídas en sus ventas huyen de los fundamentos básicos. Tras cuarenta años vendiendo de todo, desde tangibles como baterías de cocina o artículos de mesa, hasta intangibles como seguridad, seguros, y formación e instrucción para gente que ha vendido literalmente cualquier artículo que puedas imaginar (y algunos que no querrás ni imaginar), he descubierto el camino infalible para acabar con el bajón: *regresar a los fundamentos básicos con la actitud correcta.*

La razón principal por la que permanecemos en un bajón es que no queremos volver a los fundamentos básicos. Hablando claramente, quedamos atrapados en la rutina y, como muchos de ustedes saben, ¡una rutina no es otra cosa que empezar a cavarse la propia tumba! Una cosa es caer en la rutina y otra muy distinta es quedarse en ella. ¿Cómo podemos salir? Volviendo a los fundamentos básicos. «El manual definitivo» te será de ayuda en este apartado.

EL MANUAL DEFINITIVO, Y CÓMO USARLO

Para asegurarme de que eres capaz de captar y usar las ideas entrelazadas a lo largo de este libro, permíteme animarte a que no sueltes el bolígrafo de tu mano y a que anotes tus pensamientos directamente en las páginas. Me gusta anotar los números de las páginas en la parte interior de la tapa del libro para cuando necesito revisar rápidamente algún concepto. Algunas personas prefieren tener una libreta para anotar sus ideas. Ya que está diseñado para ser un manual y un libro de referencia, y está escrito en lenguaje coloquial,

> *Tienes que ser antes de poder hacer y hacer antes de poder tener.*

te prometo que lo que el libro saque de ti será mucho más valioso que lo que tú saques del libro.

Te animo a tener este libro siempre a mano al menos durante el primer mes después de haberlo leído. Tenlo a mano, hojéalo y échale un vistazo a las partes que tú mismo destacaste, y te sorprenderás al ver cómo te aportarán ideas adicionales.

También te reto a que lo releas unos dos meses después de haberlo terminado, despacio y con más cuidado, esta vez con un marcador de distinto color. Te puedo asegurar que harás más marcas, tomarás más notas y generarás incluso más ideas con esta segunda lectura que con la primera. Permíteme decirlo de nuevo. Tu propósito no debería ser librarte del libro lo más rápido posible sino liberar todo lo que hay en él y dejar que el libro consiga hacer de ti un exitoso comercial profesional.

TU VEREDICTO

Tú eres juez y jurado, y debes tomar la decisión relativa a la efectividad de este libro en tu vida, así que antes de que comiences a formular tu decisión permíteme hacer algunos comentarios para la defensa. Durante años, lo típico en ventas ha sido pedirle a la persona exitosa que compartiera sus «secretos». Por esta razón verás a lo largo de este libro que se intercalan ejemplos reales, ilustraciones e historias de los éxitos de destacados vendedores desde Nueva Inglaterra hasta Nueva Zelanda. Sus historias están tomadas de diferentes profesiones, obreros, empleados de oficina, y otras más. Estos exitosos profesionales de la venta que están en la línea de fuego, haciendo el trabajo día a día, nos pueden dar una información válida y actualizada que realmente funciona.

Cuidado: hay un peligro real en juzgar los principios antes de haberlos estudiado cuidadosamente. Sólo porque un ejemplo dado provenga del sofisticado mundo de la informática o de las altas finanzas internacionales no quiere decir que no se pueda aplicar a los tuyos en la venta directa, y viceversa. El comerciante de materias primas usa los mismos principios de persuasión que un padre amoroso querría usar con sus hijos. Como ya se ha dicho, todos y cada uno de nosotros estamos en el negocio de persuadir a otros. El propósito principal de *Zig Ziglar Ventas* es ayudarte a persuadir a más personas, con más efectividad, con más ética ¡y con más frecuencia! Y esto significa que *te veré en la cima... del mundo comercial.*

Zig Ziglar

P. D.: Al final del libro he incluido un «resumen de habilidades para una venta exitosa» que te permitirá evaluar en qué punto te encuentras hoy (ver pág. 341). Quisiera animarte a que te hagas un examen a ti mismo antes de leer *Zig Ziglar Ventas*. Este análisis te permitirá centrarte en áreas específicas que te gustaría reforzar. Si compruebas tu respuesta después de leer los capítulos 5 y 11, verás un progreso significativo y, al hacer un examen posterior tras el capítulo 16, creo que comprobarás cómo has sacado un gran beneficio de este libro. Sin embargo, y mucho más importante, ¡*sabrás* que has sacado un gran beneficio de ti mismo!

CAPÍTULO UNO

TU ELECCIÓN HA SIDO LA CORRECTA

Una carrera en la profesión más antigua del mundo

Cuando el cliente en potencia reaccionó a la propuesta de compra del vendedor de Biblias puerta a puerta con la frase: «Estoy sin blanca», el vendedor tuvo una respuesta muy ingeniosa. Extendiendo la Biblia, le respondió: «¿Podrías poner tu mano derecha aquí y repetir eso?»

Vender puede y debe ser algo divertido, por tanto, dejemos claro que desde el primer momento el sentido del humor, combinado con una autoestima que te permita reírte de ti mismo, jugará un papel importante en tu éxito en la profesión escogida. ¡Qué bueno habría sido que alguien me hubiera dejado claro este hecho cuando empecé! Reír más a menudo y sentirme mejor conmigo mismo habría prevenido muchas de las magulladuras que recibió mi frágil ego durante los días difíciles del comienzo de mi carrera, cuando intentaba sobrevivir desesperadamente.

EN EL PRINCIPIO

Tuve mis primeros contactos con el mundo de la venta en 1947. Después de pedir prestados cincuenta dólares (una suma considerable en aquellos días) para comprarme un traje nuevo de veintidós dólares, una camisa, un maletín y un sombrero (todos los vendedores profesionales llevaban sombreros a finales de los años cuarenta), ¡ya estaba preparado para entrar en el maravilloso mundo de la venta!

1

Mi misión consistía en buscar usuarios de mi línea de productos que actuaran como «centros de influencia» para «referencias». Realmente no sabía lo que significaba eso. Sólo podía decir que si había personas que ya estaban usando mi producto, debían ser capaces de conducirme a otros que también quisieran utilizarlo. Para gran placer mío y mi eterna gratitud, la Pelirroja (mi mujer, Jean) estuvo dispuesta a acompañarme.

Después de conducir durante un tiempo considerable hasta encontrar el vecindario «adecuado», con temor y temblor, llamé a la primera puerta. El tiempo era brutalmente caluroso aquel día de julio en Columbia, Carolina del Sur, pero habría sudado profusamente incluso sin la ayuda de la naturaleza. Una señora con aspecto de abuela, que muy bien podría catalogarse entre las dos o tres figuras menos intimidantes y atemorizantes sobre la tierra, apareció al abrirse la puerta. Sonrió dulcemente y me saludó. Empecé mi presentación «enlatada» (no planificada) y de mi boca salió casi una frase completa antes de quedarme petrificado. No podía decir nada más. Después de casi tres horas (tres segundos pueden parecer tres horas en esa situación), esa querida y amable señora me preguntó gentilmente si deseaba beber un vaso de agua. Me las arreglé para asentir con la cabeza en señal de gratitud, y ella me invitó a pasar.

Finalmente me di cuenta de que ella no era una persona idónea para adquirir nuestro producto por lo que, en lugar de animarla a comprarlo o preguntarle si conocía a alguien a quien le pudiera interesar, hice lo único que me pareció sensato en aquel momento: volví rápidamente al coche donde aguardaba mi mujer. Obviamente, ¡aquel era el vecindario equivocado!

En los diez días siguientes una autoestima pobre, el temor al rechazo y la falta de confianza, junto a unos hábitos de trabajo mediocres, me condujeron a experiencias que no desembocaron precisamente en grandes negocios de éxito.

¡ABANDONO!

No tardé mucho en llegar a mi límite financiero, y mis reservas de ánimo y de valentía pronto quedaron «bajo cero». Un caluroso día de agosto me encontraba llamando a las puertas en Adelia Drive y, cuando me hallaba mirando hacia un edificio particularmente largo donde acababa la calle, me dije a mí mismo: «Si no conseguimos entrar a una casa antes de acabar este bloque para hacer al menos una presentación, ¡abandono!»

Habían pasado tantos días sin poder siquiera contar mi historia que sería despedido de aquel puesto de ventas.

MI FUTURO: LAS MANOS DE OTROS

En 1947 una apabullante mayoría de mujeres se quedaban en casa, por lo que parecía tener grandes posibilidades de hacer una presentación en otro largo edificio como el anterior. Lógicamente, yo sabía que poner mi destino en manos de otros para determinar si continuaba o abandonaba no era una decisión demasiado brillante. Pero, emocionalmente, sabía que me resultaba insoportable seguir aguantando que me cerraran las puertas continuamente en la cara. Independientemente de quiénes seamos o de lo que hagamos, *todos* necesitamos lo que los psicólogos llaman «retroalimentación positiva al cumplir una tarea», *algo* de éxito, por pequeño que sea, y todavía me quedaba mucho por experimentar antes de obtener el más pequeño atisbo de cualquier tipo de éxito. Esta tendencia continuó hasta que no quedaban más que dos casas.

Supe que la penúltima casa pertenecía a una viuda, la señora B. C. Dickert. Hice mi presentación en la misma puerta, y ella me dijo que llamara a la puerta de al lado para ver a su hermano y a su mujer, el señor y la señora O. J. Freeman. Aquellas fueron las primeras palabras de esperanza que oí en muchos días. Corrí literalmente a la siguiente puerta y, entusiasmado, le dije a la señora Freeman lo que su cuñada había comentado, resaltando que a ésta le gustaría que contáramos con ella en caso de que yo pudiera volver para hacer una presentación. Me cité con ellas para regresar y hacer una presentación después de la cena, cuando el señor Freeman estuviera en casa.

REACCIÓN POSITIVA AL CUMPLIR LA TAREA

Más tarde aquella noche, con la sensación de tener algodón en la boca y miedo en el corazón, realicé mi primera venta: ¡el producto n° 541 con un precio de 61.45 dólares! Acabé de anotar el pedido y me olvidé por completo de la señora Dickert allí sentada. Al final, el señor Freeman dijo: «Sr. Ziglar, creo que la señora Dickert también está interesada». Con todo el aplomo de un verdadero profesional, me dirigí a ella: «¿Qué me contesta, Sra. Dickert?» Ella contestó: «Bueno, no llevo dinero encima». De nuevo, con un tacto y una diplomacia considerables, le dije: «Bueno, usted vive en la puerta de al lado, ¡corra por él!» La señora Dickert sonrió y dijo: «Sí, creo que lo haré». ¡Dos ventas! ¡No podía creer mi buena suerte!

La Pelirroja y yo compramos un kilo de helado para celebrarlo y, si mal no recuerdo, al día siguiente no quedaba nada de él.

Decidí quedarme en el negocio de la venta.

¿Y TÚ?

Al comenzar nuestro viaje por *Zig Ziglar Ventas*, me gustaría hacerlo de una forma algo inusual. Permíteme animarte a dejar la profesión de la venta si puedes. Sí, estás leyendo correctamente. Zig Ziglar te está alentando a dejar de vender, si puedes. Estas dos últimas palabras son las más importantes que debes enfrentar en este punto de tu carrera en ventas: *si puedes*. Aquellos que entran en el mundo de la venta para hacer un poco más de dinero o incluso para ayudar a otras personas son «vendedores de corta caducidad». ¡Tienes que entrar en el mundo de la venta porque tu corazón y tu cabeza no te permiten hacer ninguna otra cosa!

En el mundo de las ventas te tratarán de forma maleducada. Habrá personas que, en ocasiones, incluso te darán con la puerta en la cara. La tomarán contigo sin

> *No se puede salir de donde jamás has entrado.*

ninguna razón evidente. Algunos te evitarán en las reuniones sociales. Tu familia (e incluso *tú mismo*) se cuestionarán tu cordura. Verás a gente cuchicheando y *sabrás* que están hablando de ti y de tu nueva profesión. Observarás a gente que se ríe en los restaurantes y estarás seguro de que están comentando tu última presentación.

Dr. Charles Jarvis, humorista y presentador, dice: «¡Que tú seas un paranoico no quiere decir que no pretendan meterse contigo!» Sí, la paranoia puede ser un efecto secundario de la profesión de la venta.

SALIR O ENTRAR

Mi buen amigo Walter Hailey es uno de los hombres con más éxito del mundo. Comenté acerca de su capacidad para encontrar la parte positiva de las personas y las situaciones en mi libro *Nos veremos en la cumbre*. Además de ser un «buen buscador», Walter es el vendedor por excelencia (¡eso significa que es bueno!) y es un ganador que empleó su vida ayudando a otros a ganar.

A pesar de su éxito, Walter tuvo unos comienzos inciertos en el mundo de la venta. Se encontró con la frustración, la ansiedad, puertas cerradas, ventas bajas, problemas de estómago y prácticamente cualquier síntoma asociado al individuo preocupado por un futuro incierto y por cómo va a sobrevivir en el mundo de la venta. De hecho, su desánimo fue tal que Walter fue a ver a su jefe y le dijo que abandonaba y que se salía del negocio. Su jefe le respondió: «No puedes».

Walter afirmó de forma dogmática que abandonaba, a lo que su jefe volvió a contestar: «No puedes abandonar». En ese momento, Walter empezaba a acalorarse un poco y dijo firmemente: «Bueno, ¡yo *voy* a abandonar!» La respuesta del jefe fue: «Walter, no puedes *salir* del negocio de los seguros porque realmente nunca has estado *dentro* de él».

Walter dijo que aquellas palabras le golpearon como si se le hubiese caído el cielo encima. Al reflexionar en la veracidad de la declaración de su jefe se dio cuenta, posiblemente por primera vez en su vida, de que *no se puede salir de donde jamás has entrado*. Hay mucha gente que se «une» a una compañía de ventas, pero que nunca entra en ese negocio.

¿POR QUÉ NO ENTRAR
EN EL NEGOCIO?

Una razón por la cual los nuevos vendedores no entran «en el negocio» tiene que ver con la información que reciben. ¿Se les dice la
verdad sobre este trabajo a los nuevos vendedores? La respuesta fue
un rotundo «¡no!» según un artículo titulado: *Shell-shocked on the
Battlefield of Selling* [Estrés postraumático en el campo de batalla
comercial], edición de julio de 1990 de la revista *Sales and Marketing
Management* en el que el editor principal, Arthur Brigg, entrevistó a
un gran número de vendedores que se encontraba en su primer año.

Los entrevistados respondieron que sus primeros días fueron más
duros de lo que jamás imaginaron y que estuvieron llenos de sorpre-
sas que ellos no supieron cómo manejar. Si aceptas la observación de
quien se ha visto en la misma posición que ellos, como recién llegado
al mundo de las ventas, y que ha contratado y formado a innumerables vendedores, te diré que aquellos que están mal informados y mal
preparados constituyen más la regla que la excepción.

Es posible que en todos los casos haya habido siempre una información y una preparación pobres y puede que esto no cambie nunca.
Pero hay algunas cosas que *tú* puedes hacer para minimizar el impacto.

NO HAY ALMUERZO GRATIS

Primero: has de saber que la mayoría de los veteranos en el mundo de
las ventas (o en cualquier otro campo), que están muy bien pagados,
son personas que trabajan duro. Mira a tu alrededor y entrevista a
los mejores; pregúntales específicamente por su ética de trabajo. He
podido comprobar que cuanto más reforzaban los rigurosos requisitos los responsables de contratación, más ignoraban los hechos los
candidatos y aseguraban poder manejar el trabajo y llevarlo a cabo.
Escuchaban selectivamente y «oían» aquello que querían oír. Más
tarde, cuando sus posibles clientes hacían lo mismo y se quejaban de
que el vendedor no «se lo había dicho», los vendedores se sorprendían
y hasta llegaban a enfadarse. Solución: escucha bien la totalidad del
mensaje, no sólo la parte de los «beneficios».

El trabajo duro mejor pagado en el mundo es vender, y el trabajo fácil peor remunerado es vender.

Segundo: recuerda que si te aplicas en el trabajo y absorbes la formación ofrecida, tu productividad crecerá y tus niveles de estrés y cansancio descenderán. En los primeros días es posible que te sientas abrumado por la cantidad de tiempo que requiere el trabajo y la cantidad de detalles que debes manejar. Te recomiendo que adoptes un sistema de gestión del tiempo y de productividad junto a la formación necesaria para entender y usar el sistema (tratado en el capítulo 15: «Organización y disciplina»).

Tercero: trabaja para estar al día en las áreas importantes de conocimiento del producto y en las habilidades de comunicación que cambian continuamente. Entender tu producto y saber cómo comunicar ese conocimiento da una gran sensación de seguridad en cualquier situación de venta. Desearás estudiar constantemente el producto y las mejoras que se le hagan. Algunas líneas de producto son tan amplias y complejas que necesitarás estudiarlas diariamente para mantener «la misma velocidad». Nos encontramos en la era de la información, aprovecha las ventajas de nuestra tecnología de comunicación para estar por delante de la competencia.

Importante: cuando se agote tu conocimiento técnico, siéntete libre de decir «no sé». Tu compañía puede proporcionarte el apoyo técnico necesario para que antes de la siguiente ocasión ya te hayas convertido en una autoridad en la materia.

COMPROMISO REAL

Por favor, entiende que es posible que hayas estado presentando tu producto o tus servicios durante años y que, sin embargo, no estés aún «dentro de la profesión» de la venta. Pregunta: «¿En qué momento puedes decir que estás *dentro* del negocio?» Respuesta: cuando la profesión esté *dentro* de ti de una forma tan completa que no puedas salir de ella.

> *El trabajo duro mejor pagado en el mundo es vender, y el trabajo fácil peor remunerado es vender.*

La falta de compromiso es una de las principales razones que le han otorgado a la profesión de la venta la reputación de tener un alto índice de abandonos. Afortunadamente, esto está cambiando y el público está respetando más al verdadero comercial profesional. Los métodos de formación están mejorando, y los niveles de reclutamiento que la venta está consiguiendo hoy en día son más altos que nunca. Los beneficios de unirse a la profesión más importante del mundo van creciendo día a día.

Sé que te gusta esta última frase: es una afirmación completamente imparcial de un hombre orgulloso de decir que ha sido vendedor toda su vida. Siento un profundo amor por la profesión y por el comercial, creo sinceramente en los valores de nuestra profesión y tengo una sed insaciable por aprender a convertirme en un profesional aún mejor.

VIAJE HACIA EL ÉXITO EN VENTAS

Mi carrera en ventas no empezó en 1947. Aquello fue mi primera visita «oficial» como vendedor. Realmente empezó en mi niñez, cuando vendía verduras en las calles de Yazoo City, Mississippi. Asimismo, llevaba una ruta de reparto de periódicos y al principio de mi carrera en ventas tuve la suerte de trabajar en una tienda de comestibles durante muchos años.

> *La oportunidad nace de la independencia gestionada de forma responsable.*

En la Universidad de Carolina del Sur vendía bocadillos en la residencia de estudiantes por las noches para financiar mi boda y mis estudios. Más tarde me pasé a la venta directa que incluía periodos en los negocios de seguridad, seguros de vida y productos para el cuidado del hogar. Mi entrada en el mundillo del crecimiento personal y del desarrollo corporativo fue en el año 1964 y, desde entonces, he venido vendiendo formación y motivación.

Obviamente, tus experiencias no van a ser exactamente iguales a las mías. Puedo incluso aventurarme a decir que muchos de ustedes no dejarán que sus esposas les acompañen en sus visitas de ventas. Probablemente no venderán bocadillos en una residencia de estudiantes y pasarán más tiempo en un ascensor que llamando a las puertas. Pero antes de que descartes esas experiencias, permíteme recordarte que ambos nos hallamos en una peregrinación. Tú y yo estamos trabajando juntos y, repitiendo lo que dije en la «Introducción», nuestro reto es aprender del pasado sin vivir en él, vivir y crecer en el presente y mirar al futuro con esperanza y optimismo. Raramente pasa un día sin que haya aprendido algo nuevo que me ayude a convertirme en un profesional de las ventas aún más efectivo. Acompáñame y aprende conmigo en este viaje.

¡LOS BENEFICIOS SON PARA TI!

Al entrar en la venta profesional (ya sea ésta tu primera experiencia o sea que estés internándote en un nuevo nivel profesional), debes detenerte para entender que elegir ser un profesional de la venta es *una tarea diaria*. De hecho, te animo a hacer la primera anotación en tu lista de «cosas por hacer»: «Hoy seré un vendedor de éxito y aprenderé algo que hará que mañana sea un profesional aún mejor». Si comienzas cada día afirmando este compromiso con nuestra gran profesión, muchos beneficios te esperarán, ¡a ti, al exitoso profesional de la venta! Lo mejor de todo es que este procedimiento te ayudará a asegurarte de que tu mañana sea mejor que tu ayer.

INDEPENDENCIA

Una de las muchas cosas fabulosas de nuestra profesión es que realmente tú eres tu propio jefe. Estás en el negocio, como se suele decir, «para ti mismo, pero no sólo». Cuando te pones frente al espejo cada mañana, puedes mirarte a los ojos y decir: «¡Dios mío!, eres una persona tan buena, tan eficiente, tan efectiva, tan trabajadora y profesional que mereces un aumento!», y la junta que decide ese aumento ya se ha reunido. Podría añadir que el aumento se hará efectivo tan pronto como actúes.

OPORTUNIDAD

La realidad es que como vendedor eres el presidente de la junta, el jefe general de ventas, el director financiero, el presidente ejecutivo; y sí, eres el conserje, el jefe de cocina y el chico para todo. La independencia de ser tu propio jefe se convierte en una tremenda responsabilidad, ¡y esta es la parte apasionante de la profesión! *La oportunidad nace de la independencia gestionada de forma responsable*, y en la profesión de la venta tus oportunidades no tienen parangón.

Aunque es cierto que debes ser versátil, tener una voluntad firme, ser organizado, disciplinado, entusiasta, motivado y poseer una gran actitud, estas características se dan automáticamente en el vendedor profesional que tiene la característica más importante de todas: un corazón que sirve, un espíritu humilde y un deseo de crecer.

SOLUCIÓN DE PROBLEMAS

Con las excepciones posibles de la medicina y el ministerio religioso, nadie está en mejor posición que tú (el persuasor profesional) para resolver los problemas. No hay prácticamente nada en la tierra que proporcione tanta satisfacción personal y sea tan gratificante como ayudar a otro ser humano y fortalecerlo para que se vuelva más eficiente, efectivo y tenga más éxito con respecto a los bienes, productos, o servicios que tú ofreces. ¿Cuánto significa para ti ahorrarle a otro ser humano una considerable cantidad de tiempo, dinero, frustración y/o ansiedad? No hay mayor recompensa que recibir esas cartas de tus clientes, dirigidas al «héroe», en las que cuentan la gran diferencia que marcaste en sus vidas.

SEGURIDAD

Por supuesto, yo no sería honesto si no confesara que el potencial de altos ingresos de la profesión de la venta es un tremendo cebo para aquellos que, en lo que a ambición se refiere, no están satisfechos con los bajos topes salariales por sus méritos y actividades. Confesaré, asimismo, que esto es un añadido a la seguridad de formar parte de la profesión de la venta. Según el general Douglas MacArthur, la seguridad procede de tu capacidad de producir; en otras palabras, es un trabajo «interno». En la venta no tienes que esperar a que pasen las cosas: puedes hacer que las cosas pasen. Cuando el negocio va lento, tú puedes salir, agitar el mercado y ponerlo en funcionamiento.

Tu actitud, tu disciplina, tu buena disposición en cuanto al trabajo y tus habilidades de organización te dan una seguridad que no se encuentra cuando se depende de los caprichos de otras personas incapaces de hacer valoraciones objetivas de tu valía. Como vendedor, puedes inclinar la balanza a tu favor levantándote más temprano, trabajando hasta más tarde, siendo más profesional y aprendiendo a servir y a persuadir mejor. Todas estas cosas significan que tienes mayor control sobre tu vida y tu futuro, ¡y *eso* es una sensación de seguridad!

FAMILIA

Los beneficios de la familia también son enormes. Como muchos de ustedes saben, mi mujer es una pelirroja decidida y esto significa que un día simplemente «decidió» ser pelirroja por lo que, cuando me refiero a ella, la llamo «la Pelirroja» (y ella me alienta con entusiasmo a hacerlo). Cuando hablo con ella, es «mi cielo». Su nombre es Jean.

Desde el principio de mi matrimonio con la Pelirroja, y conforme han ido creciendo nuestros hijos, Suzan, Cindy, Julie y Tom, cada uno se ha ido involucrando íntimamente en considerables detalles de cada aspecto de mi carrera de ventas. Han compartido la emoción, la gloria, los beneficios, la diversión y sí, también las frustraciones y las ansiedades que llegan con la profesión. Mi familia ha sido privilegiada por poder viajar a sitios preciosos donde se celebraba una convención, ha compartido las recompensas cuando la actuación ha sido extraordinaria y han cosechado los beneficios de compartir el primer plano cuando se ganaban trofeos y premios. También estaba allí cuando me encontraba en un bajón de ventas y necesitaba su apoyo y su ánimo. Realmente, esos tiempos nos unían tanto (si no más) que los tiempos en los que las cosas iban maravillosamente bien.

Mensaje: sé honesto con la familia. Ellos quieren «sentirse» y «ser» parte de los momentos duros y de los triunfos. Pueden ser una fuente de fuerza y de aliento y, en el proceso, tu propio crecimiento hacia la madurez se acentuará. Esta gran profesión nos permitió, como familia, tener más intereses comunes, desarrollar más amigos mutuos y ampliar horizontes en la vida asociándonos con otras personas entusiasmadas con la venta así como con los productos y servicios que eran capaces de ofrecer.

Disfrutar de una profesión donde el éxito es específicamente cuantificable y se reconoce tu actuación en base a unos resultados es algo tremendamente satisfactorio. Que tu esposa e hijos oigan de boca de tu jefe el gran trabajo que papá o mamá están haciendo es algo que tiene unos beneficios significativos para toda la familia.

El crecimiento, la formación y el desarrollo que se reciben en la profesión de la venta, combinados con la independencia, la confianza, la disciplina, la seguridad en uno mismo y la preocupación por las demás personas, hacen del verdadero vendedor profesional un mejor marido, mujer, padre y madre.

Comunicación

La profesión de la venta enseña enseguida que las personas hacen las cosas por sus propias razones, no por las tuyas. Este principio te ayuda a ser más efectivo a la hora de comunicarte, no sólo con los miembros de tu familia sino también con los de tu comunidad. Los vendedores profesionales aprenden a ponerse en los zapatos del otro y siempre les resultan confortables, sin importar cuál sea su número de pie.

Las habilidades de comunicación y persuasión aprendidas en tu carrera benefician a la familia y a la comunidad cuando ayudas a otros a ser todo aquello que pueden llegar a ser.

Obtener un ascenso

Los vendedores se mudan sistemáticamente a los grandes despachos ejecutivos. Creo que esta tendencia se va a extender en el futuro mucho más de lo que fue en el pasado, debido a la creciente profundidad y amplitud de las habilidades que el vendedor emprendedor y de éxito debe adquirir. Como grupo debemos ser creativos y abiertos, así como flexibles en nuestro pensamiento. Tradicionalmente, los vendedores han tenido que usar la vía creativa para solucionar problemas casi *en* el preciso momento de hacer su presentación, y han tenido que adaptarse a las necesidades y deseos del cliente. Esta formación es perfecta y prepara para la oficina ejecutiva.

Como vendedores, conocemos a personas de todos los niveles emocionales: gente que está contenta, emocionada y que es entusiasta, pero también a aquellos que se encuentran irritados y hundidos. Aprendemos a tratar con los extrovertidos, los introvertidos, los descuidados, los optimistas, los pesimistas, los detallistas, los impetuosos, los bocazas, los fanfarrones, los egocéntricos, y muchísimos más. Esta es una tremenda preparación para un puesto en la escala ejecutiva, y cuanto mejor usemos esas «habilidades con las personas», más probable será que nos movamos hacia los peldaños directivos más altos.

En ventas aprendemos a persuadir a las personas para que piensen como nosotros, en lugar de ordenarles que hagan las cosas que nosotros queremos que hagan. Hoy en día existe una gran demanda de persuasores eficientes para puestos de liderazgo. Después de un cierto tiempo, la persuasión y la creatividad se convierten en cosas instintivas.

Obviamente, si pretendemos convencer a la gente para que compre, debemos saber cómo persuadir a los demás, y estas habilidades se transfieren a los cuarteles generales de las compañías. Se requiere una habilidad considerable para animar a la gente a cooperar, a trabajar con otras personas en la compañía, y persuadirles de que aun cuando sientan que su idea es la mejor, una vez rechazada la suya y aceptada la de otro, el buen empleado ambicioso dejará de lado los caprichos personales y cooperará por el bien del equipo. ¡Y puedes creerme si te digo que esa tarea requiere grandes dotes de persuasión!

DIRECCIÓN

Los vendedores de éxito son también excelentes directivos. Tienen que gestionar el tiempo, el terreno, los hábitos personales, y la vida en general. Cuanto mejor administren su vida, mejor lo harán con su negocio.

Los vendedores de éxito aprenden a mantener un equilibrio. Esa área es donde falla mucha gente, porque piensan que equilibrio significa darle a todo la misma prioridad y la misma cantidad de tiempo.

No se trata de eso. Tú sabes que debes llevar una dieta equilibrada, y para que eso ocurra no debes comer tanta grasa como hidratos de carbono. Esto mismo se aplica a tu horario. No pasas el mismo tiempo comiendo que durmiendo. Debes distinguir las prioridades del equilibrio; las primeras están relacionadas con un orden cronológico, mientras que «equilibrio» se refiere a la variedad.

Las prioridades y el equilibrio pueden confundirnos. Por ejemplo, la mayoría de las personas invierten más tiempo trabajando que en cualquier otra actividad. Si trabajas ocho horas al día, con toda seguridad no puedes pretender practicar un deporte otras ocho horas diarias, pero harás lo necesario para mantenerte en forma en los aspectos físico, mental y espiritual de la vida. Asimismo, querrás mantener las relaciones sociales y familiares.

La clave está en entender que cuando ya está todo dicho y hecho, debes ser capaz de contestar a la siguiente pregunta: ¿eres feliz, tienes buena salud, una prosperidad razonable, amigos, paz interior y buenas relaciones familiares? Mientras examinas cada una de esas áreas, te animo a echar un vistazo a tus tareas y actividades diarias. ¿Consigues los resultados que esperas de tus tareas cotidianas? De no ser así, ¿por qué? ¿Qué piensas hacer al respecto? Estas preguntas son las que tienen que contestar aquellos que desean tener su nombre en las puertas de las oficinas de dirección el día de mañana.

Esto no significa que habrá equilibrio en todo, cada día. A veces hay proyectos urgentes que te sacan de tus casillas y durante un periodo debes trabajar más duro y más tiempo. Pero, en última instancia, debes hacer que tu actividad vuelva a un equilibrio razonable, o sufrirás un cortocircuito en algunas áreas de tu vida y acabarás con menos de lo que buscabas y de lo que podrías conseguir de otro modo.

¿ESTÁS CONMIGO?

Si no te he podido «vender» el concepto de que la venta es una carrera magníficamente recompensada, apasionante y exigente (y que no se trata de un mero parche mientras encuentras uno mejor), y crees sinceramente que puedes vivir sin tener que vender, ¡adelante, ponte manos a la obra!

Si no concibes vivir sin disfrutar de todos los magníficos beneficios que ofrece nuestra gran profesión, *¡enhorabuena!* Acabas de empezar en la profesión que tiene el poder de influenciar y capacitar drásticamente a nuestra sociedad, de un modo que muchas otras profesiones no pueden. El cambio del paradigma actual hacia el que se dirige el comercial profesional del siglo veintiuno es la verdadera importancia de la venta como profesión.

EL VENDEDOR

Los vendedores son un gran problema para sus jefes, sus clientes, sus esposas, los hoteles y, a veces, para los demás vendedores. Se habla mal de ellos individual y colectivamente y se les pone en entredicho en reuniones de venta, convenciones, detrás de una puerta cerrada, en cuartos de baño, bares y ante sus propias narices, desde muchos ángulos y con mucho fervor.

Hacen más ruido y cometen más errores, levantan más ovaciones, corrigen más equivocaciones, solucionan más diferencias, expanden más rumores, se enfrentan a más discrepancias, escuchan más quejas, apaciguan más beligerancia y pierden más tiempo bajo presión que cualquier otra profesión que conozcamos, incluida la de los ministros, todo ello sin perder los nervios. Viven en hoteles, taxis y tiendas, en trenes, autobuses y bancos del parque, comen y beben todo tipo de comida y bebida (buenas y malas), duermen antes, durante, y después del trabajo sin más horario que el que les marca la climatología, y sin la comprensión de sus superiores.

Aun así, los vendedores son un poder en la sociedad y en la economía pública. En cierta forma son un tributo a sí mismos. Perciben y gastan más dinero con menos esfuerzo y con menos rendimiento que cualquier otro grupo de negocio. Llegan en el momento más inoportuno, con el más mínimo de los pretextos, se quedan más tiempo y soportan más oposición, hacen más preguntas personales, más comentarios, crean más inconvenientes y dan por sentadas más cosas frente a una mayor resistencia que ningún otro grupo o cuerpo, incluido el ejército de los Estados Unidos. Presentan mejores novedades, disponen de mejores productos antiguos, cargan y ponen en movimiento más vehículos de mercancías, descargan más barcos, construyen más fábricas, empiezan más negocios nuevos y cargan más débitos y créditos en nuestros libros de contabilidad que cualquier otra persona. Con todos sus fallos, hacen que la rueda del comercio siga girando y las emociones humanas sigan en marcha. No se podría decir más de ningún hombre. Cuidado con llamar vendedor a cualquiera, *no sea que le halagues.*

Donald Benenson de Levittown, Nueva York, me envió «El vendedor», y pienso que expresa mucho de lo que es nuestra orgullosa profesión.

CAPÍTULO DOS

LA VENTA EN EL MERCADO MODERNO

La década de la tecnología

Joe, mi marido, es oficial de policía en una pequeña ciudad. Recibe muchas llamadas telefónicas de trabajo y decidió instalar un contestador automático para poder grabarlas, especialmente las amenazantes o de acosadores. Éste es el mensaje que preparó:

«Ha llamado a la casa de un oficial de policía. Tiene derecho a permanecer en silencio. Si quiere renunciar a ese derecho, deje su mensaje después de la señal. Cualquier cosa que diga puede, y probablemente será, utilizada en su contra». Desde aquel momento, las llamadas fueron mucho más amistosas.[1]

Sí, las llamadas se volvieron más amistosas porque en la «década de la tecnología» el oficial usó un simple método moderno que le ayudó a «vender» la importancia de la cortesía.

¡LA «TECNOLOGÍA DE LA VENTA» COMIENZA CON *VENTAS*!

En 1943 yo era un estudiante de tercer año en la escuela superior. La Segunda Guerra Mundial se encontraba en su momento cumbre y el patriotismo estaba por las nubes en Estados Unidos. Yo quería ser piloto de la Marina, ayudar a ganar la guerra y volver a Yazoo City, Mississippi, como un héroe triunfante.

Viendo que ni con las clases que recibiera en mi último año de instituto conseguiría el nivel necesario en matemáticas y ciencia para entrar en el Cuerpo de Aviación Naval, tomé la decisión de asistir a la escuela de verano en el Hinds Junior College de Raymond, Mississippi. De este modo podría graduarme en el colegio superior con el nivel necesario para entrar en el programa de entrenamiento de vuelo V-5. A pesar de ser una de mis primeras aventuras a la hora de fijarme metas, el plan parecía sensato.

Bueno, de todas las cosas aparentemente sin sentido que podían ocurrir, la escuela me pidió que hiciera un curso de historia. ¿De qué me serviría saber lo que había pasado cien años antes? ¡Lo que yo necesitaba eran matemáticas y ciencia para ingresar en el cuerpo, hacer volar aquellos aviones, derribar al enemigo, volver a Yazoo City y disfrutar de un desfile triunfal!

Sin embargo, para alistarme en la Marina necesitaba mi certificado de graduación, por lo que decidí «fastidiarme y aguantar el chaparrón». Como podrás imaginar, fui a la clase de historia lleno de resentimiento y eso sólo indicaba lo hueca que tenía la cabeza. Mi actitud era: «Está bien, aquí estoy. Ahora enséñenme lo suficiente para poder salir de aquí y seguir con mi vida. Aceptaré sus ridículas políticas de estudio en la justa medida para conseguir mi diploma. ¡Acabemos ya con esto!»

El maestro era el entrenador Joby Harris, que demostró ser uno de los vendedores más increíbles de cuantos he conocido. Empleó prácticamente toda la primera clase en venderme por qué tenía que conocer mi historia. Imagino que también se dirigía a los demás, pero parecía que me estaba hablando directamente a mí. Hizo un trabajo de venta tan bueno que salí de aquella clase con la decisión de graduarme en historia en la universidad. Fue la única asignatura en la que saqué sobresalientes de forma regular mientras estuve en la universidad. Además, el entrenador Harris me vendió algo más aquel día aparte de la historia.

El entrenador Harris me vendió la idea de que si tienes una capacidad que va más allá de suplir las necesidades propias, tu responsabilidad es usarla para llegar hasta los que no la tienen y ayudarles. Pareció convertirse en algo parecido a un profeta cuando dijo: «De hecho, si no ayudas a salir adelante a los menos afortunados, llegará el día en el que, por pura estadística, ellos te alcanzarán y te derribarán». Esta generación de estadounidenses es la primera que tiene un nivel educativo más bajo que la precedente; asimismo, es la primera con un nivel de vida inferior. Todos deberían oír las palabras del entrenador Harris.

La razón primordial por la que he trabajado tan duro para desarrollar los sistemas de formación Ziglar e introducirlos en las compañías más respetadas internacionalmente en este sector es que podamos *vendernos* unos a otros la importancia de edificar nuestras vidas sobre unos cimientos de honestidad, carácter, integridad, fe, amor, y lealtad. Cuando construimos sobre dichos fundamentos, conseguimos un negocio, una vida, una familia, una amistad y una carrera profesional en ventas mientras marcamos la diferencia en el mundo en el que vivimos.

EL INSTRUCTOR ES UN PROFESIONAL DE LA VENTA

El entrenador Harris no sólo demuestra mi teoría de que cada uno de nosotros está en el negocio de la venta, independientemente de cuáles sean sus actividades diarias; también me enseñó que antes de conseguir al vendedor correcto, debemos encontrar a la persona adecuada.

> «*Si no ayudas a salir adelante a los menos afortunados, llegará el día en el que, por pura estadística, ellos te alcanzarán y te derribarán*».

De joven, Joby Harris era *boy scout*. Su jefe de grupo era Thomas B. Abernathy, primer *scout* jefe y explorador oficial en el estado de Mississippi. Aunque Joby tenía padre, el señor Abernathy le prestó una especial atención y se convirtió en su maestro y mentor. Joby recibió instrucción en las habilidades relacionadas con los *boy scouts*, pero su educación no se detuvo ahí. Aprendió a tener un sentido de la responsabilidad y una honestidad que se convirtieron en carácter e integridad, y todo porque Thomas Abernathy se tomó el tiempo necesario para ayudar a un niño pequeño llamado Joby Harris.

Casualmente, el señor Abernathy tuvo cuatro hijos, tres hijas y un hijo. El nombre de la hija más joven era Jean Abernathy. Durante

> *Ser ético no es la única forma correcta de vivir; es también la más práctica. Los verdaderos profesionales de la venta no se limitan a hablar de ética; ¡viven éticamente!*

más de cincuenta y siete años ya, su nombre ha sido Jean Abernathy Ziglar. El señor Abernathy no sabía que cuando invertía su tiempo en el pequeño Joby Harris lo estaba invirtiendo en el niño que, de mayor, provocaría un gran impacto en su futuro yerno. Fue quien ayudaría a Zig Ziglar a ser un hombre mejor, un mejor marido y padre para los nietos de Thomas Abernathy, que entonces aún no habían nacido.

Punto importante: cuando realizas una «venta» y haces el seguimiento adecuado, nunca imaginarás cuál será su resultado directo o indirecto. Los profesionales que tienen su carrera en mente no escatiman esfuerzos para acabar el trabajo en *cada* venta y oportunidad de servicio.

Aunque la guerra terminó antes de que yo entrara en la fase de vuelo de mi entrenamiento, Joby Harris influenció al hombre cuyos programas de formación están siendo usados hoy en día por los aviadores navales (así como otra mucha gente en la base) en Corpus Christi, Texas, y otras bases a lo largo y ancho de los Estados Unidos.

LA INTEGRIDAD, LA HONESTIDAD Y LA ÉTICA MERECEN LA PENA

Cuando Robert Davis era un destacado vendedor y jefe de ventas de la empresa Terminix Pest Control en Baton Rouge, Luisiana, si se le preguntaba a qué se dedicaba contestaba simplemente: «Mato insectos». Su saludable autoestima y su creencia en los servicios prestados por su empresa le permitían ser excelente en lo personal y también en lo profesional.

En un momento de su carrera en Terminix, Robert tuvo un nuevo vendedor con excesivo entusiasmo. Un viernes por la tarde llamó un cliente que tenía un serio problema. Unas abejas estaban formando un enjambre alrededor de su casa y la familia estaba un tanto angustiada. Robert asignó la tarea a su nuevo hombre. Aparentemente se trataba de un trabajo sencillo pero, mientras se dirigía el vendedor hacia la puerta, se volvió y dijo: «¿Ha vendido alguien alguna vez un trabajo de doscientos dólares relacionado con abejas?» Los demás sonrieron ante su «bravuconada» y dijeron: «No».

Cuando el nuevo empleado volvió en menos de treinta minutos con un cheque de 225 dólares, todos quedaron sorprendidos. El teléfono interrumpió el entusiasmo reinante generado por ese cheque. Robert contestó: era el hombre que había firmado el cheque.

—Sólo quería darles las gracias por su rapidez y por solucionarme mi problema —dijo el hombre—. Esas abejas eran una verdadera preocupación y su hombre ha hecho realmente bien el trabajo. Pero me preguntaba —continuó—, si 225 dólares es la tarifa normal para un trabajo de quince minutos».

—¿Estará usted en casa en los próximos minutos? —respondió Robert de inmediato. Al recibir una respuesta afirmativa, metió al vendedor y al cheque en su coche. Cuando llegaron a la casa del hombre, Robert se fue hacia el hombre y le dijo—: Señor, me temo que hemos llevado nuestro entusiasmo un poco lejos. No le expliqué a nuestro nuevo vendedor los parámetros de este trabajo y cómo debía facturarle; le hemos cobrado más de la cuenta. (Observa que no hizo nada que avergonzara al vendedor, aunque le había explicado exactamente cómo hacer el trabajo y que como mucho serían unos 125 dólares.) Este trabajo corre por nuestra cuenta —dijo, y le entregó al hombre su cheque.

—Bueno, es muy amable de su parte —dijo el hombre—, pero tengo también un problema con cucarachas y hormigas. ¿Podría solucionármelo también sin coste alguno?

Todos se rieron mientras Robert formalizaba con el hombre el contrato por la venta de trescientos dólares, resultado de su ética, integridad y honestidad. Si se hubieran quedado con el cheque «récord» (e injusto) del trabajo con las abejas, el cliente se habría preguntado si no le habrían timado. Al devolver el dinero y hacer lo correcto, la compañía de Robert consiguió la recompensa de una venta mejor y un cliente a largo plazo.

Cuando eres honesto, ético y vives en integridad, tus recompensas están garantizadas. Quizá no lleguen tan rápido como ocurrió con Robert Davis, pero así como depositar dinero en un banco garantiza un rendimiento, demostrar honestidad, integridad, y un comportamiento ético garantiza un rendimiento positivo en tu carrera.

Este libro está diseñado para guiarte hacia la vida ética y equilibrada que te ayudará a alcanzar el nivel más alto tanto en el plano personal como en el profesional. Las técnicas, conceptos, fórmulas y principios de venta te serán de gran ayuda si construyes tu carrera sobre unos fundamentos éticos que se basen en la honestidad, el carácter, la integridad, la fe, el amor, y la lealtad.

EL NUEVO ORDEN DEL PROFESIONAL DE LA VENTA

Hoy en día el comercial profesional no es el tipo con abrigo de cuadros y cinturón blanco que vendía aceite de serpiente por las ferias, ni el estereotipo anticuado del vendedor de coches usados que hablaba muy rápido, daba palmaditas en la espalda y no paraba de contar chistes. En la actualidad, el comercial tiene aspecto de licenciado en Harvard, aunque sólo haya acabado la escuela superior. El comercial de hoy está educado en lo necesario para tener éxito en el mundo moderno, desde el lenguaje informático hasta el conocimiento de los mercados.

> *Construye tu carrera sobre unos fundamentos éticos que se basen en la honestidad, el carácter, la integridad, la fe, el amor, y la lealtad.*

El comercial actual comprende claramente que se puede acabar la universidad, pero que la educación es algo que nunca acaba. Quizá tú hayas terminado los estudios con relativa facilidad, pero seguir con tu educación rara vez resulta fácil. La educación es una experiencia que dura toda la vida. Muchos hombres y mujeres que nunca obtuvieron una titulación tienen sin embargo una brillante educación porque, en realidad, nunca abandonaron la escuela.

Curiosamente, dos de mis amigos que tienen un doctorado y con los que he colaborado en muchas ocasiones, compartieron conmigo un pensamiento curioso. Aunque no disponen de datos científicos, están convencidos de que un individuo con un doctorado sólo habrá acumulado por este hecho menos del 1% del conocimiento total disponible en un entorno educativo. El resto se adquiere en el entorno familiar; con las lecciones de la vida; en el intercambio de ideas con los demás; con la observación; leyendo libros, revistas y periódicos; asistiendo a cursos; asistiendo a seminarios; oyendo grabaciones; viendo videos de formación y aprovechando la gran cantidad de oportunidades educativas disponibles. Esto me resulta totalmente creíble ya que muchos estudios dicen que a la edad de tres años un niño ha adquirido entre el 60 y el 65% de su vocabulario cotidiano.

LA EDUCACIÓN OFICIAL

De ninguna manera intento echar por tierra la educación oficial. Me llevo una gran alegría cuando, a través de las muchas cartas que recibo y de las conversaciones, sé de gente que ha vuelto a la escuela y se ha graduado después de leer alguno de mis libros o de escuchar alguna de mis presentaciones. Estoy a favor de adquirir tanta educación oficial como sea posible. Solamente quiero que entiendas que aunque no tengas una titulación, todavía puedes tener éxito, *y mucho*, en el mundo de la venta... *si* aprovechas las oportunidades de aprendizaje (como leer y aplicar los principios de este libro) a tu alrededor.

Realmente, muchas de las personas más educadas que conozco han recibido muy pocos estudios oficiales, pero su ilimitada curiosidad, su instinto y su ambición las ha capacitado para adquirir una tremenda cantidad de conocimiento y una gran cultura general. La marca de lo que entendemos por persona «educada» es el compromiso de crecer y seguir el ritmo de las tecnologías de este tiempo que cambia con tanta rapidez. Las palabras que más se oyen en el mundo de la venta, en la actualidad, son: *cambio* y *tecnología*.

El vendedor que rehúse adaptarse a los cambios y sacar provecho de la tecnología actual se quedará parado en la línea de salida, su carrera será muy limitada y no será todo lo productiva que podría haber sido.

UN INCREÍBLE EJEMPLO DE CAMBIO Y TECNOLOGÍA

Como dije anteriormente, el profesional de la venta del siglo XXI que quiere estar en lo más alto tiene que ser capaz de adaptarse a los cambios y aprender a usar la tecnología actual. Nuestro grado de adaptación depende directamente de nuestra actitud y, cuando pienso en ello, en el cambio y en la tecnología alimentada por la actitud correcta, me viene a la mente Louise Padgett de Forest City, en Carolina del Norte.

Louise y su marido, al que llamaban «Fifty», «cincuenta», se convirtieron en amigos míos a principio de los años cincuenta, cuando trabajábamos en el mismo departamento de una compañía de venta directa. ¡Con sólo pensar en ella me inspiro!

Louise entró en la compañía Avon a principios de los años sesenta. Treinta años después, cuando ya tenía ochenta y cuatro, estaba en el Club del Presidente, recibió un premio (un espejo de un metro ochenta, biselado, con un marco antiguo y una mesa dorada con encimera de mármol) por reclutar personal y encontrarse siempre entre las diez mejores de su departamento. Tuvo tres operaciones de cadera y dos infartos, ¡y todo ello sin saltarse ni un solo pedido! Como Louise decía siempre: «Donde hay un deseo, hay un camino». Y viniendo de alguien como ella, ¡esto dista mucho de ser un tópico!

¿«NUEVA» TECNOLOGÍA?

Llegados a este punto te estarás preguntando: «Pero, Zig, ¿qué tiene esto que ver con la nueva tecnología de la que estás hablando?» Bueno, como muchos de ustedes saben, durante años Avon se dio a conocer por sus señoritas que iban puerta por puerta, pero cuando ya tienes ochenta y cuatro años esto no resulta demasiado práctico. De modo que Louise Padgett aprendió a usar un equipamiento electrónico para gestionar su negocio. Se le conoce más con el nombre de teléfono. No te rías. Ya sé que el teléfono es algo que lleva más tiempo entre nosotros del que podemos recordar, pero pasar de ir tocando el timbre casa por casa a llamar a la gente por teléfono supuso un gran cambio para Louise. Sólo el cambio en la técnica de venta fue algo similar a la diferencia entre usar un *bleeper* y un ordenador portátil. Hasta donde yo sé, en aquel tiempo era una de las pocas mujeres en todo el país que vendía Avon de esa forma, aunque por su situación personal no tenía otra opción. ¡Louise tenía incluso la habilidad de persuadir a la mayoría de sus clientes para que pasaran por su casa a recoger sus pedidos!

Muchas compañías de venta directa como Avon han avanzado mucho con la tecnología y disponen de sistemas informáticos que facilitan el desarrollo de los pedidos a través del teléfono y la Internet.

MERECE LA PENA RECORDAR

Todos podemos tener éxito cuando combinamos la tecnología moderna con los conceptos «antiguos» de pensamiento positivo, encanto, persuasión, persistencia y compromiso.

Para mí, personas como Louise Padgett resultan lo más apasionante de nuestra profesión. Los cambios y la tecnología no nos pueden sobrepasar a no ser que se lo permitamos, porque lo único que nos restringe a cada uno de nosotros son las actitudes mentales y emocionales. Si controlamos esto, podremos ser todo lo productivos que queramos, en todo lo que queramos hacer. En palabras de Louise: «Zig, tú sabes bien que hay que ponerle entusiasmo, trabajar duro y, como reza el viejo dicho, "muchas agallas". Mantengo el reloj del entusiasmo bien sujeto y siempre trato de pensar positivamente».

¡Este es un gran consejo para todos los que debemos lidiar con los cambios y la tecnología!

TECNOLOGÍA

En 1985, los compradores pensaban que era imposible tomar decisiones de compra sin «palpar el material» o «ver el producto» físicamente. Hoy, a través de Internet, los pedidos se pueden hacer directamente a fábricas y minoristas. Los envíos se hacen directamente a nuestra casa u oficina y ya no hay que conducir hasta una tienda para hacer las compras. De este modo ahorramos una de las cosas más valiosas para nosotros: el tiempo. Algunos ejemplos destacados de compañías que permiten la compra en línea son Office Depot y Walgreen Drugs. Se puede pedir cualquiera de los artículos de sus tiendas a través de Internet. ¡Con frecuencia el producto se entrega al día siguiente y el envío es gratuito!

Los ejecutivos de contabilidad de Mobil Oil, en Dallas, han usado nuestros servicios de formación, y mientras les poníamos al día con el programa que habíamos desarrollado para ellos nos revelaron que algunos de sus ejecutivos importantes tenían sus ordenadores portátiles conectados a la red de la compañía para poder trabajar en casa por las noches. Para entrar en el sistema principal sólo tenían que realizar una llamada. El acceso instantáneo a la información es un deber en la profesión de la venta.

LA OFICINA DE VENTAS DE CUATRO PUERTAS

Perry Solomon (presidente de Alera Technologies) solía con frecuencia concertar citas desde su teléfono móvil; redactaba una propuesta en su ordenador portátil, mandaba la propuesta por fax desde su coche al cliente, recibía respuesta en el fax y llegaba a la puerta del cliente preparado para firmar el contrato. No le importaba tener que perder unos minutos esperando al cliente, porque su teléfono móvil le mantenía en contacto constante con los demás.

«La oficina del futuro —decía a menudo Solomon— tiene cuatro ruedas, no cuatro paredes».

¿CIENCIA FICCIÓN O HECHO CIENTÍFICO?

Evidencia: los ordenadores portátiles pesan menos de cuatro kilos y son más pequeños que la mayoría de los maletines. Tienen más capacidad que las máquinas anteriores, diez veces más grandes, y cuestan menos de 1,500 dólares. Las PDA (agendas de números de teléfono, notas, listas de cosas para hacer, calculadoras y calendarios), *notebooks* (que caben en el bolsillo de un abrigo y pueden subir y bajar archivos), y otros artefactos que son del tamaño de este libro, con disco duro y muchas prestaciones, son una realidad en la actualidad.

Evidencia: impresoras portátiles, pequeñas, comparativamente baratas, que por menos de quinientos dólares te permiten tener una unidad capaz de producir impresiones láser de calidad.

Evidencia: teléfonos móviles con una recepción mejor que los teléfonos fijos, cada vez más pequeños y con costes de llamada cada vez más baratos.

Evidencia: dispositivos de fax que se han vuelto imprescindibles tanto fuera como dentro de la oficina. La frase: «Envíemelo por fax al teléfono del coche» ya no es una broma sino una realidad necesaria.

Evidencia: el buscapersonas se mantiene muy al día con la tecnología actual. Además de que cada vez es más pequeño y ligero, también es menos caro. Un buscapersonas te puede ahorrar dinero en tu factura de móvil permitiéndote determinar qué llamadas debes devolver y en qué orden. También te puede ahorrar mucho tiempo.

CUANTO MÁS CAMBIAN LAS COSAS...

«Cuanto más cambian las cosas, más siguen siendo iguales». El viejo refrán sigue teniendo validez. A pesar de que hay que lidiar con cambios y tecnología, hay que seguir considerando algunas verdades básicas.

Si vas a tener éxito hoy como estrella de la venta, *debes* (no hay otra opción) entender los cambios y la nueva tecnología. Tienes que entender también que, en algunas cosas, la «antigua» plantilla es similar a la «nueva».

CONFIANZA

Aquello que los clientes *siempre* han valorado más en el mundo de la venta es la *confianza*, que también se ha denomina *fiabilidad*, porque es un reflejo directo de la integridad del individuo. La razón principal por la que una persona elige no comprar es la falta de confianza. Cuando haces una promesa en firme a un posible cliente o un «comentario casual» que lleve una promesa

> *La razón principal por la cual una persona elige no comprarte es la falta de confianza.*

implícita, el cliente se lo toma como si fuera el evangelio. Esto es especialmente cierto cuando hay alguna dificultad durante el proceso de la venta e incluso después de ésta. Si la persona tiene algún problema, en cualquier fase de la relación con el producto o con su uso existe la clara posibilidad de que cualquier «falta de seguimiento» sea motivo de una reclamación desproporcionada. Incluso los motivos más insignificantes pueden «echar por tierra un trato».

MUJERES

Las representantes de ventas femeninas están creciendo en número, y forman una parte del negocio que va más allá del número de mujeres involucradas en la profesión de la venta. Existen muchas y excelentes razones para ello. La primera es que las mujeres son más fiables. No, esto no significa que cada mujer vendedora sea completamente fiable o que todos los hombres en la profesión no puedan ser merecedores de confianza. Sin embargo, casi en todos los casos, si una vendedora te dice que te enviará un informe el jueves, lo hará. Cuando un vendedor te dice lo mismo, es menos probable que cumpla ese compromiso. La vendedora que dice que revisará la maquinaria el viernes es generalmente más fiable que el vendedor que adquiere ese mismo compromiso.

Ahora bien, antes de que se me acuse de ofender a los hombres o de ser condescendiente con las mujeres, permíteme decir que lo correcto es lo correcto, la verdad es la verdad, y el éxito es el éxito. Cualquier observador objetivo podrá comprobar lo que estoy compartiendo contigo ahora, y muchos observadores sabios te dirán: «Aquellos que no aprenden de la historia están condenados a repetir sus fallos». Mientras tú y yo estudiamos el éxito en la profesión de la venta, podemos «aprender de las personas que tienen éxito y repetir los principios que las conducen a él». Debemos analizar el *cómo* y el *por qué*, para aprender de los errores y construir sobre el éxito.

LA PERSPECTIVA DE LA MUJER

Sheila West (autora de *Beyond Chaos* [Más allá del caos], un clásico que te animo a leer) es una comercial profesional y una empresaria con un éxito tremendo. Como madre y ejecutiva de las tareas del hogar, adquirió un liderazgo y unas habilidades de gestión muy valiosas. De igual modo, se hizo con una amplia comprensión de la naturaleza humana (habilidades «personales»). Durante esta parte de su carrera tuvo que tomar miles de decisiones de gestión y demostró habilidades tanto de liderazgo como de persuasión. En 1981 entró en el negocio del tiro con arco a pleno rendimiento: John, su marido, se hizo cargo del departamento de venta al por menor del negocio, y ella se quedó con la venta al por mayor.

En el transcurso de una conversación hice la observación de que, instintivamente, en Estados Unidos se confía más en las mujeres que en los hombres y las personas se apoyan totalmente en ellas haciendo caso de sus sugerencias. Los posibles clientes, tanto mujeres como hombres, confían más en las vendedoras que en los vendedores y actúan según sus recomendaciones.

Sheila estaba de acuerdo con esto y me preguntó si yo conocía la razón. Tuve que admitir que no. Ella me explicó: «Bueno, las mujeres son mucho más francas que los hombres. Esto las hace más vulnerables pero, a la vez, genera más confianza en la gente con la que tratan. Los posibles clientes no sienten que estén siendo engañados o timados por alguien que puede ser tan vulnerable».

Entró en detalles y dijo que el ego es proclive a «enturbiar las aguas». Mientras que los vendedores pueden intentar quedar siempre por encima de los demás, las vendedoras suelen inclinarse más a dejar que los clientes potenciales sean el centro de atención y a escuchar lo que tienen que decir. Esto se debe en gran parte a la capacidad de escuchar que tienen las mujeres. Todos los profesionales de la venta con éxito utilizan al máximo su capacidad de escuchar. Hasta ahora, en mi carrera nunca he oído que nadie perdiera una venta por escuchar las necesidades del cliente o sus deseos. Es interesante saber que cuanto más sepa el vendedor de las necesidades del cliente, en mejor posición estará para suplirlas. Y no sólo eso, sino que el factor confianza aumenta más y más cuando el cliente ve que el vendedor escucha atentamente sus necesidades y deseos.

Escuchar *no* es tan difícil como nosotros pretendemos. Somos capaces de escuchar cuando *no* estamos hablando ni nos estamos *preparando* para hacerlo. Existen muchos pasos e incluso cursos de una semana que ayudan a desarrollar la capacidad de escuchar pero, para lo que aquí necesitamos, podemos utilizar el viejo dicho: «Hablar es compartir, pero escuchar es preocuparse por alguien».

ESCUCHAR CON LOS OJOS

Cuando escuchas estás haciendo algo más que prestar oído. Cuando te sea posible, gírate directamente hacia la persona que habla y olvida formas, datos, muestras de productos y cualquier otra cosa. Mira a tu posible cliente a los ojos y céntrate en esas claves del lenguaje no verbal que te darán un conocimiento de él. Fíjate en los gestos, en la forma en que está sentado o de pie, en la sonrisa o en su ceño fruncido, y en todo lo que pueda indicar su estado de ánimo en ese momento determinado.

> *Hablar es compartir, pero escuchar es preocuparse por alguien.*

Escucha «la forma» en la que la persona está hablando, tanto la velocidad como el tono de voz o su intensidad. Escucha atentamente, preguntándote siempre cómo te sentirías tú en el lugar del posible cliente. Escucha con una mente abierta mientras observas cuidadosamente la implicación emocional del hablante en la elección de sus palabras.

Lo más importante: *no interrumpas* y *no acabes nunca la frase o el pensamiento* del cliente cuando éste haga una pausa.

RECIPROCIDAD

Otro factor relacionado con saber escuchar es la «ley de la reciprocidad». Cuando «escuchamos» con atención los intereses detallados del posible cliente, sus deseos, aficiones y otros pensamientos, estamos haciendo que tengan una deuda con nosotros. En ese momento ellos sienten que nos «deben» algo y, por consiguiente, se sienten más dispuestos a escuchar nuestra historia ya que hemos tenido la cortesía de haberles escuchado previamente. No me cansaré de repetir que esta capacidad no es exclusiva de las vendedoras y que todo el mundo puede aprenderla. El vendedor realmente profesional, sea hombre o mujer, desarrollará esa capacidad y, como resultado, conseguirá más ventas.

ASPECTOS ESPECÍFICOS DE LA COMUNICACIÓN

A mucha gente le gusta escuchar a la misma velocidad a la que habla, por lo que siempre que sea posible ajusta tus patrones de conversación para adaptarlos a los del posible cliente. Algunas excepciones de esta política son:

1. El posible cliente «pierde la calma» y empieza a subir el tono llegando a ser maleducado. Cuando la ira entra en escena, baja el tono de voz y ralentiza tu discurso.
2. El posible cliente usa un lenguaje soez o blasfemo. Mantén tu lenguaje limpio y profesional. Existen muchas probabilidades de que el cliente piense que tienes un nivel más alto que el suyo. A más alto nivel de dignidad moral e integridad, más alto nivel de confianza y respeto del cliente hacia

nosotros. Cuanto más respeto y confianza te tengan más oportunidades habrá de cerrar la venta.

3. El cliente habla tan suavemente que debes aguzar el oído para poder captar cada palabra. Mantén un volumen de voz cómodo para que se te oiga con claridad. El cliente no se esforzará tanto para entenderte como tú hiciste con él.

4. La forma de hablar del cliente es exageradamente lenta o increíblemente rápida. Si tú le imitas la distracción sería obvia. En un caso así deberías ajustar hasta cierto punto tu forma de hablar al patrón de conversación del posible cliente.

5. No cambies tu acento ni adoptes la mala gramática, la jerga o los impedimentos en el habla.

FIABILIDAD Y CREDIBILIDAD

Sheila West me ayudó a comprender aun más sobre la perspectiva de la mujer en el mundo de la venta al decir: «La parte más difícil para una mujer en la profesión de la venta (y en otros muchos campos) es ganar credibilidad. A la mujer le resulta imposible hacerlo a menos que sea digna de confianza. Por tanto, aquellas que no poseen esta característica se ven rápidamente barridas del escenario. En otras palabras, su fiabilidad es lo que les da credibilidad; con credibilidad llega la confianza, ¡y con ésta el éxito!»

TUS POSIBLES CLIENTES

Además de su importante impacto dentro de la profesión de la venta, las mujeres constituyen un factor significativo en el área del consumidor. Algunos expertos creen que las mujeres controlan (directa e indirectamente) ni más ni menos que la mayor cantidad del «poder adquisitivo» de cualquier grupo en la historia del mundo. Durante años las mujeres han comprado más libros y ropa que los hombres. No sólo compran ropa para ellas, sino también para sus hijos y, en muchos casos, para sus maridos. Y las mujeres suelen tener más peso que los hombres en las decisiones a la hora de comprar una casa, *así como* los miles de artículos de consumo del hogar. Por esta razón las mujeres merecen más atención de la que están recibiendo.

Desafortunadamente, la consumidora femenina ha sido utilizada de muchas maneras. Demasiados hombres tratan a la mujer con una falta de respeto en lo que se refiere a compras que implican una importante suma de dinero o que requieren un conocimiento técnico. Abundan los chistes, existe el ridículo, el desdén y miles de sutiles menosprecios. Para que no caigas en el error de pensar que estas observaciones son sólo para los hombres, reflexiona de nuevo. Muchas mujeres cuentan que las vendedoras las tratan mucho peor y con menos respeto que los hombres.

Una de las áreas en la que más se ha insultado a las mujeres es en la industria de la automoción. Por decirlo con franqueza, muchos se han aprovechado de ellas. Esto es especialmente cierto en los casos de mujeres jóvenes y solteras, más mayores, viudas o divorciadas, y aquellas que pertenecen a razas minoritarias. El viejo dicho: «Se las ve venir», que significa que son una presa fácil para los desaprensivos, se aplica en demasiados casos.

Pero esta situación está cambiando, y con mucha rapidez. El creciente número de solteras y mujeres trabajadoras ha hecho necesario que tengan que adquirir más conocimientos. Las mujeres han estudiado y perfeccionado las áreas que de una forma chovinista se han etiquetado siempre como «sólo para hombres» (mecánica, finanzas, aplicación de la ley, electrónica y construcción son algunos ejemplos). Las mujeres se están destacando en todas las industrias. En esta era de la informática, ellas han comprendido que poseer la información adecuada es vital para sobrevivir y para seguir adelante. En pocas palabras: en el mundo de hoy lo más probable es que cualquier mujer de la que se hayan aprovechado o a la que se le haya faltado el respeto en una transacción no volverá a hacer negocios de nuevo con esa persona incompetente y poco profesional.

Predicción: Los vendedores incompetentes y poco profesionales están pasando de moda y no deberían haber llegado nunca al mundo de las ventas. Segunda predicción: El profesional de éxito reconocerá y utilizará este increíble mercado, trabajando para llegar a conocer las necesidades de este sector de la clientela que está creciendo más rápido, con diferencia.

Las mismas virtudes que las mujeres están utilizando para llegar a ser vendedoras de éxito son las que las convierten en excelentes clientes potenciales para bienes y servicios: confianza, capacidad de escuchar, fiabilidad, integridad, una creciente confianza en sí mismas y seguridad, es decir, exactamente lo que un profesional de la venta quisiera ver en todos los compradores. Serviremos mejor a las personas si tratamos a las mujeres con el respeto que se merecen.

EL VENDEDOR PROFESIONAL DE HOY

El vendedor profesional de hoy lo es de forma consumada en todos los sentidos de la palabra. Entiende la importancia del equilibrio adecuado entre hogar y carrera, y comprende que tener éxito en una sola área de la vida es el mayor error de todos. El comercial profesional de hoy que tiene éxito sabe que la felicidad no es sólo placer, sino victoria; que cuando haces lo que *es necesario cuando* necesitas hacerlo, finalmente serás capaz de hacer lo que *quieras* cuando desees hacerlo. Y lo más importante, el comercial exitoso *conoce* y *comprende* el credo de la venta: *¡Puedes tener todo lo que desees en la vida únicamente ayudando a otros a conseguir lo que ellos quieren!*

Por favor, entiende que el credo de la venta es una filosofía, no una táctica. Para ayudar a otros a conseguir lo que quieren, primero debes comprender de qué se trata. Entonces, ¿qué es lo que quiere la gente? La respuesta es simple. Lo que quieren de ti, amigo vendedor, es la mejor solución a su «problema». Y tú les proporcionarás esta solución persuadiéndoles de que utilicen tus mercancías, tus productos, o tus servicios. Si haces esto con la suficiente frecuencia ¡te construirás una hermosa carrera en ventas!

CAPÍTULO TRES

ENCONTRAR A ALGUIEN INTERESADO EN COMPRAR

*Cómo mantenerse en el negocio
en la profesión de la venta*

En una ocasión, cuando su coche golpeó un gran bache en la carretera que a pesar de sus repetidas llamadas el servicio de reparaciones no había arreglado, Sheila pintó un inmenso círculo blanco alrededor del agujero, escribió la palabra «*bache*» y puso una flecha gigante debajo. Entonces llamó al periódico local y les dijo que tenían la oportunidad de hacer una buena foto en la carretera 22 cerca de Sun Valley Road. El bache quedó arreglado el mismo día en que la foto apareció en el periódico.[1]

EL GRAN DEBATE

El debate recurrente cuando dos vendedores empiezan a hablar es éste: «¿Cuál es la parte más importante del proceso de venta?» Una cantidad desproporcionada de personas cree que «cerrar la venta» de una forma más efectiva solucionaría todos sus problemas; algunos dicen que el único camino que conduce al éxito es vender el producto adecuado; otros, que la clave del éxito es gestionar bien las objeciones; un grupo proclama que hacer una presentación impactante es lo más importante y otro cree que lo relevante es determinar los deseos y las necesidades específicas del cliente potencial. La realidad es que si no sabes manejar todas las fases del proceso de venta no venderás lo suficiente para permanecer en la profesión.

EN BUSCA DEL CLIENTE POTENCIAL

Sin embargo, independientemente de lo buenas que sean tus habilidades para cerrar la venta, lo bueno que sea el producto, tu capacidad de manejar objeciones, tu presentación o tu destreza a la hora de determinar deseos y necesidades... si no tienes un cliente potencial estás fuera del negocio. El consenso entre los vendedores y los formadores más destacados es casi unánime: la clave más importante del éxito en la venta es encontrar clientes potenciales. Sin ellos quedas descalificado como vendedor profesional aun antes de haber empezado. Es cierto que un viaje de miles de kilómetros comienza con un simple paso y, de igual modo, hasta que no tengas un posible comprador no habrá oportunidad de realizar una venta.

Alguien dijo una vez en tono jocoso: «¡El único problema de hacer una venta es que acabas de perder a tu mejor cliente potencial!» Obviamente, esto es cierto, pero al sustituirlo por muchos más en realidad has ganado dos veces.

Sin clientes potenciales estás fuera del negocio. Con ellos, el vendedor profesional tiene una oportunidad de cambiar el mundo, ¡empezando por el suyo propio! Consideremos, pues, el área más importante de la venta: la búsqueda del cliente potencial.

¿QUÉ?

¿Qué es un cliente potencial? Es un individuo o un grupo de individuos capaces de tomar la decisión de comprar el producto o servicio que el vendedor les está ofreciendo. Existe una diferencia obvia entre «cliente potencial» y «candidato». Un «candidato» es alguien que *podría* llegar a ser un cliente potencial y, por tanto, ofrece esperanza.

Pero a menos que esta persona tenga una base sólida, no será más que un candidato. Un cliente potencial necesita el producto, siente un posible deseo de tener ese producto y la capacidad financiera de tomar esa decisión. Tú «pasas» tiempo con los candidatos, pero «inviertes» tiempo con clientes potenciales.

¿CUÁNDO?

Entonces, la pregunta sería: ¿Cuándo debemos buscar estos clientes potenciales? La respuesta es: ¡*Siempre!* Buscar clientes potenciales no es un trabajo de ocho a cinco. Cuando se hace con elegancia se puede hacer en cualquier entorno, en situaciones sociales, en un avión, en un aeropuerto, en un almuerzo o una reunión, en definitiva, en cualquier sitio donde haya personas.

La actitud de buscar clientes potenciales
Una vez más, el trabajo duro mejor pagado es vender, y el trabajo fácil peor pagado también es vender. El campo que has elegido no es una industria que te permite relajarte. Cuando entras en el negocio de la venta profesional, o mejor dicho, cuando el negocio entra en ti, descubrirás que buscar clientes potenciales no es una lata: ¡es una verdadera oportunidad para triunfar!

Mi amigo Cavett Robert, ya fallecido, solía decir: «Se debe circular antes de propagarse». ¡Qué gran verdad! No se puede negar que esta *actividad* (hacer contactos y llamadas) es fundamental en el mundo de la venta. Los vendedores despiertos están en constante estado de «concentración», con los ojos y los oídos abiertos para el negocio. Esto no significa necesariamente tengan que acercarse a todos los asistentes de un evento social o que arrinconen a la gente en el campo de prácticas de un club de golf, en la oficina de correos o en el supermercado. La actitud de éxito es, sin embargo, agarrar el periódico y sensibilizarse con los eventos locales o noticias que nos lleven a clientes potenciales para nuestro negocio. La actitud correcta es sintonizar con las conversaciones que, directa o indirectamente, impliquen el uso de los productos o servicios que vendemos.

Tener éxito a la hora de encontrar compradores significa saber cuándo se abre un nuevo negocio, o cuándo se muda una nueva familia al vecindario, practicar buena vecindad, y ser un buen ciudadano dándoles la bienvenida. Con frecuencia este tipo de relaciones se materializa en negocios. Como reza el viejo dicho: «Nadie tropieza mientras está sentado».

¿CÓMO?

La mejor forma de empezar a buscar clientes potenciales es mostrar un interés genuino en la otra persona, y esto nos lleva de vuelta a un punto que ya hemos mencionado varias veces. Si eres el tipo de persona adecuado tus oportunidades de convertirte en un vendedor efectivo aumentan. Lo que quiero decir es lo siguiente: mi madre y mi mujer se reirían si les dijera que podrían haber sido unas vendedoras de mucho éxito, ya que ninguna de ellas ha vendido nunca ni bienes, ni productos, ni servicios. Pero cualquiera de ellas podría haber sido magnífica en la venta ya que ambas tienen un don natural para hacer amigos que me sorprende.

Si mi madre hacía un viaje en autobús, cuando llegaba a su destino ya había trabado amistad para toda la vida con la persona sentada a su lado. Desde aquel momento ya mantenían correspondencia durante años. Sentía un interés y una preocupación genuinos por los demás. Lo mismo ocurre con la Pelirroja. Si viajamos en avión o estamos en una cola en el aeropuerto, en la recepción de un hotel, o a la entrada de un restaurante esperando mesa, existen grandes posibilidades de que algo ocurra: se abre la puerta a la conversación y treinta segundos más tarde la Pelirroja ya está sumergida en una conversación de la que uno podría pensar que, inevitablemente, surgirá una amistad de por vida. Me fascina y me asombra la forma en la que esto ocurre.

¿QUIÉN?

En circunstancias normales, cuando se muestra un interés genuino por las personas es bastante fácil y natural conducir la conversación al punto que queremos y averiguar a qué se dedica la otra persona. Luego, al tener tú la formación y el interés adecuados, puedes dirigir educadamente la conversación hacia tu propia profesión. Con frecuencia tu interlocutor no es un cliente potencial, pero debido a la sinceridad y al interés genuino demostrados esa persona no sólo te llevará a un posible cliente sino que, posiblemente, te hará una llamada de su parte por ser tan buena persona.

Mi argumento es simple. Tú siempre estás pensando en buscar posibles clientes y, al hacerlo, es sorprendente ver cómo éstos aparecen en los lugares más inesperados. Es algo parecido a comprarse un coche azul, rojo, verde, negro, morado, naranja o del color que sea. De repente parece que todos tus vecinos han comprado el mismo modelo y han elegido el mismo color que tú.

EL CLIENTE LLEGA MEDIANTE C. O. D.

En la mente de todos los que están en el mundo de los negocios, las siglas C. O. D. corresponden al concepto en inglés *cash on delivery*, que significa «pago contra reembolso», pero en el mundo de la búsqueda de clientes tienen un significado completamente diferente. La C es «comunicación». Cada vez que te comunicas con un posible cliente o con alguien que pueda conducirte a uno, de alguna manera estás comunicando en qué negocio estás y el interés que tienes por compartir lo apasionante que es tu producto.

La O es «observación». Observas y escuchas lo que pasa a tu alrededor, ya sea en un ascensor, en un autobús, en una tienda llena de gente, en un club o en una reunión social.

La D es «dedicación». Debe dedicarte a hacer contactos y conseguir referencias.

Hagamos un análisis más detallado del C. O. D. y veamos qué podemos aprender sobre la captación de clientes.

COMUNICACIÓN

¿Puedo hacerte unas preguntas? ¿Con quién te comunicas más a menudo? ¿Con quién lo haces de una manera más efectiva? ¿Por qué inviertes tanto tiempo vendiendo a todo el mundo excepto a las personas que mejor conoces?

Cuando hice esa pregunta por primera vez una de las respuestas me dejó perplejo. Después de pensarlo un poco, reaccioné diciendo: «Bueno, no me gustaría que mi familia y mis amigos pensaran que les estoy obligando a comprar mi producto».

La pregunta que tuve que responder y que tú debes contestar ahora es que si tu producto, en tu opinión, es lo suficientemente bueno para todos esos extraños, ¿por qué no debería serlo para tu familia y amigos?

Si lo que estás vendiendo no es lo suficientemente bueno para tu familia y tus amigos, ¿entonces por qué lo vendes? Si es bueno, ¿por qué lo apartas de las personas que amas? Sé que existen empresas que te animan a vender los productos a tus amigos y familiares, y luego te dejan caer como si fueras una «patata caliente». Pero tú eres lo suficientemente maduro (o no estarías leyendo este libro) para saber que no te interesa vender para compañías de ese tipo.

¿QUÉ DEBO HACER?

A veces recibo cartas de vendedores que me preguntan cómo determinar la compañía con la que trabajar. Muchos que consideran que la venta es una profesión me escriben y me preguntan cómo pueden estar seguros de estar en el campo correcto. La respuesta se encuentra en el área de la familia y los amigos. ¿Qué producto o servicio te gustaría ofrecer a tus padres, hermanos, amigos, conocidos y demás gente con la que estás en contacto? Yo animo a los que están en el mundo de la venta a que traten con un producto o servicio del que no puedan evitar hablar. Con toda franqueza, el producto o servicio se convierte en una obsesión, y en lugar de tener que acordarse de hablar de ello, los grandes profesionales de la venta tienen que recordar más bien lo contrario: no hablar tanto de lo mismo. Aman tanto lo que hacen que están *siempre* vendiendo y buscando clientes.

Creo que lo que voy a decir es obvio, pero es importante no aprovecharse de una amistad para realizar una venta. Debes recordarles a tu familia y a tus amigos que les estás ofreciendo el producto o servicio porque sinceramente crees que es interesante para ellos. Hay que hacerlo con tacto, pero la clave está en tu convicción de que la amistad, o la relación, se verá reforzada por el valor de lo que estás ofreciendo.

Una ventaja adicional de ofrecer tus servicios a tus mejores amigos y familiares es que estarán realmente interesados en que tengas éxito y estarán encantados de abrirte puertas hacia los mejores clientes potenciales.

POR TU CREDIBILIDAD

No voy a detenerme demasiado en la siguiente información, por lo que te ruego *que lo leas con sumo cuidado*. Ofrece tu producto una sola vez a tus amigos y familiares. Cuando acabes la presentación simplemente di: «Me gustaría recalcar que la próxima vez que hablemos de este producto o servicio será porque ustedes toquen el tema y no yo. En otras palabras, no quiero que piensen que cada vez que nos reunamos como familia o en una reunión de amigos voy a hablar de mis servicios. Eso no va a ocurrir».

Este enfoque eliminará la tensión, en caso de que existiera, y tus posibles clientes se sentirán más cómodos al saber que no te van a tener encima todo el rato. A partir de ahí cumple tu promesa y espera a que sean ellos quienes toquen el tema.

> *Animo a todos aquellos que están en el mundo de la venta a que hablen de un producto o servicio del que no puedan evitar hablar.*

Tú les ofreces el producto porque son amigos. Sin embargo, no esperes (ni permitas) que te compren el producto sólo por eso y porque quieran ayudarte. Ese no es el modo de construir una carrera y, además, se pierden las amistades. Espera a que tus amigos compren por la misma razón que esperas que lo hagan otros clientes: porque esto es lo mejor para sus intereses.

CENTROS DE INFLUENCIA

La familia y los amigos pueden convertirse en grandes «centros de influencia» en tu carrera. No hay restricciones en el desarrollo de esta técnica de búsqueda de clientes en particular. Durante muchos años el centro de influencia ha sido uno de los recursos favoritos del vendedor profesional a la hora de buscar clientes. El comercial buscará y encontrará personas con influencia en una determinada comunidad, área, mercado u organización y cultivará una relación con ellas. Animando a estas personas a que le presenten amigos y conocidos podrá conseguir un gran número de buenos posibles clientes.

Mientras estaba en el negocio de las baterías de cocina, una señora me consiguió once cenas para hacer una presentación, y éstas fueron muy fructíferas. En primer lugar, la señora creía totalmente en el producto (y finalmente se convirtió en una buena amiga). En segundo lugar, conocía, literalmente, a todo el mundo en veinte kilómetros a la redonda en la pequeña comunidad donde vivía. En tercer lugar, era una anciana viuda que disfrutaba teniendo a sus amigos alrededor. Un cuarto punto era que para ella aquellas noches eran todo un acontecimiento social y se aprovechaba plenamente de ello. Quinto, le encantaba recibir a la gente pero, en términos económicos, no se podía permitir recibir a muchos amigos de una vez (desde luego no a seis u ocho parejas) y ofrecerles una cena. Sexto, conseguía bonitos artículos para su casa y su cocina (como regalo de cortesía por parte de nuestra empresa) que, de otra forma, no se podría permitir. No sólo hice esas once demostraciones gracias a ella, debido a que su círculo de amistades era interminable, sino que aquellos amigos que habían asistido a las demostraciones organizaron otras a su vez, por lo que el «método de la radiación» funcionaba a la perfección para la captación de clientes.

Un amigo me contó la historia de un vendedor de fotocopiadoras de Chicago que no se mueve nunca de la avenida Michigan. En un área de seis manzanas ha desarrollado centros de influencia que le permiten gestionar un negocio valorado en un millón de dólares, y que presta servicio a más de 350 clientes.

Una advertencia

Cuando se consiguen contactos por referencias a lo largo de un periodo de tiempo, estas referencias se van debilitando. Alguien te envía a alguien, que te envía a alguien, que a su vez te envía a alguien... Esto es así independientemente de lo diligentes que seamos. La razón es simple. Los clientes en firme y los potenciales tienden a darte referencias de personas de su mismo nivel social, económico, o incluso de un escalón por debajo de ellos. Rara vez un trabajador por horas te enviará a clientes que ocupen un puesto en los niveles directivos más altos, a no ser que el referido sea un familiar o un amigo muy especial. Obviamente hay excepciones pero, por lo general, el nivel de los potenciales clientes disminuye con el tiempo.

Entonces, ¿qué se puede hacer? Te animo a que sigas buscando clientes en todo momento. Sal regularmente de los círculos en los que te encuentras y comienza otra cadena. Utiliza todos tus recursos para que tus listas de clientes potenciales sean largas y variadas, de modo que tu carrera no dependa sólo de un individuo o de un grupo de individuos en concreto.

RECOMENDACIONES ESPECÍFICAS

Los profesionales han preguntado durante años a sus clientes: «Sr. Smith, si su mejor amigo pasara por aquí en este momento, ¿me lo presentaría?» Las posibilidades son cuatro mil contra una de que la respuesta fuera «sí». «Entonces, Sr. Smith, hagamos lo siguiente. ¿Por qué no me presenta a su mejor amigo, que necesita nuestros servicios, proporcionándome su nombre y alguna información sobre él?» Acabas de dar el primer paso para desarrollar un centro de influencia.

Segundo paso: si la persona que es tu centro de influencia ya ha comprado y se ha beneficiado de tus servicios, pregúntale si te puede presentar a su amigo por teléfono. Una buena alternativa al teléfono es una pequeña nota que diga: «John, mi amigo Bill tiene algo que te beneficiará».

Tercer paso: mi experiencia personal me dice que cuando estoy buscando otros posibles compradores no debo exponer delante del cliente mis tarjetas de captación (fichas con la información de nombre, dirección, etc.) y pedirle nombres. En muchas ocasiones el cliente se bloquea mentalmente. Empieza preguntando por un posible cliente y escribe el nombre de esa persona en un papel. No intentes conseguir ninguna información relativa a ese posible cliente en ese momento.

Ve por los siguientes nombres. Cuando el cliente ya no se acuerde de más personas, vuelve al primero y consigue información acerca de su dirección, empleo, números de teléfono, responsabilidades, intereses generales y actividades.

Muchas veces, mientras la persona te está dando información del posible cliente, le vendrán a la memoria otras personas que trabajan en el mismo sitio, van a la misma iglesia, o viven en el mismo vecindario. Su lista de posibles clientes crecerá sustancialmente.

Cuidado: en este punto hay que ser consciente del tiempo del cliente y del posible cliente. Este procedimiento de captación puede alargar la entrevista demasiado, por lo que si ves el más mínimo síntoma de nerviosismo (el cliente mira el reloj, empieza a mover papeles sobre la mesa, etc.), debes dar la reunión por terminada y volver en otra fecha para conseguir clientes adicionales.

Cuarto paso: en la captación de clientes recuerda que algunas veces todos necesitamos hacer un poco de ejercicio de memoria. Puedes conseguirlo mediante algunas preguntas: «¿Con quién sale a correr?, ¿juega al bridge?, ¿trabaja?, ¿va a reuniones sociales o a la iglesia?, ¿quiénes son sus vecinos, compañeros de clase, etc.?»

Quinto paso: una vez conseguidos tus clientes potenciales pregúntale al cliente a quién puedes llamar primero, y trabaja con él para establecer una lista de prioridades. De ese modo también obtendrás información «secreta» (conocimiento de la capacidad de compra del posible cliente).

UNA PALABRA PARA LOS SABIOS

Cuidado: muchas veces los vendedores piensan que porque un cliente les haya dado unos cuantos buenos contactos ya no tiene más. Realmente, la persona que te ha dado algunos buenos posibles clientes probablemente te dará algunos *más* que aquel que no te haya dado ninguno. *Mensaje*: no des por hecho que el pozo se ha secado.

Recordatorio importante: la clave para continuar consiguiendo buenos clientes potenciales a partir

> *El proceso de venta es algo que haces por o con el posible cliente, y no a éste.*

de clientes satisfechos radica en informar a los primeros de los resultados conseguidos con las llamadas. Tanto si son positivos, negativos, o todavía están en el aire, hazles saber lo que ha ocurrido. Mantener a los clientes satisfechos informados es un buen ejercicio de relaciones públicas y de buena venta, y tiene mucho sentido. En la mayoría de los casos, después de irte recordarán otros nombres que podrían haberte dado. Probablemente no te llamen para dártelos, pero si eres profesional y vuelves a ellos para informarles, se alegrarán de proporcionarte algunos más.

DE PARTE DE CLIENTES SATISFECHOS

Mi amigo Walter Hailey dice que la mejor lista de clientes potenciales que puede conseguir procede de las cuentas pendientes de pago de sus clientes. Imagínate la situación: estás visitando a uno de los mayores clientes de aquella persona a la que acabas de venderle tu producto. Este posible cliente tendrá un interés personal en mantener una buena relación con tu nuevo cliente, por lo que cuando entres y lo nombres lo más probable es que, como mínimo, te reciba de forma cortés. Que compre o no ya depende de las necesidades que él tenga y de las habilidades que tú despliegues, pero la puerta ya está abierta y éste es el primer paso para el proceso de venta.

EL VALOR DE TU SERVICIO

Una clave en la búsqueda de posibles clientes es recordar siempre que la persona con la que ya has establecido una relación será probablemente tu mejor cliente potencial para adquirir nuevas mercancías, productos o servicios. Si representas a una empresa con una extensa línea de productos, o si lanzas al mercado nuevos productos, sin duda desearás ofrecerlos a los que ya son clientes. En estos casos los mayores obstáculos del proceso de venta ya están superados. Ya has construido una relación, has desarrollado una confianza y una comunicación, has dejado claro que se puede confiar en ti y has convencido al cliente de la valía de tu oferta. Bajo estas circunstancias es natural que estos clientes sean el mejor potencial para adquirir nuevos productos.

Volver a los clientes ya existentes hace que tu valor aumente para ellos, ya que puedes ofrecerles otros productos que les resuelvan problemas o les ahorren dinero, además de evitarles el proceso de tener que comprar a extraños. Después de todo, el proceso de venta (dando por hecho que tú eres un vendedor íntegro y que tu producto es de calidad) es algo que haces *por* y *con* el cliente, y no *a* éste.

OBSERVACIÓN

Supón que eres un novato. Este libro acaba de caer en tus manos al mismo tiempo que el muestrario de tu producto y no tienes al cliente potencial número uno. ¿Por dónde empezar? Respuesta: comienza abriendo bien los ojos y observando *todo* lo que haya a tu alrededor. Verás que en tu oficina hay un archivo de clientes con el que puedes empezar a trabajar. Hay grandes posibilidades de que la persona que te está instruyendo para la venta y tu propia compañía deseen compartir esta información contigo, por lo que ya puedes comenzar a hacer esos contactos en base al concepto de servicio y referencias como punto de partida.

Cuidado con el error más común del novato: la actividad incorrecta. Por muy importante que sea para ti la lectura de este libro, estarás cometiendo un error si lo haces durante el tiempo que podrías emplear cara a cara (o por teléfono) con un posible cliente. En mi «observación» de los vendedores de éxito, veo que hacen un uso excelente del tiempo. Cada tarea produce el resultado deseado. Si la meta principal es vender, consigue un posible cliente. Lee durante los periodos de inactividad, escucha grabaciones entre llamadas o mientras viajas, pero céntrate en el resultado deseado cuando tengas que elegir la actividad a realizar.

MANTÉN SIEMPRE UN OJO ATENTO

Novato o experimentado, el vendedor usa una técnica que se denomina «búsqueda de clientes con ojo de lince». Si llevas una grabadora mientras conduces, puedes «divisar» a posibles clientes. Puedes grabar el detalle de vallas publicitarias, escaparates y anuncios, cualquier cosa que pueda ser un posible cliente para, más tarde, recoger tranquilamente información adicional (direcciones, números de teléfono, etc.).

Existen fuentes que proveen referencias y datos de los negocios y empresas de la ciudad, nombre del director general, número de empleados, números de teléfono y volumen aproximado de negocio.

En la biblioteca hay un libro de consulta titulado *Contacts Influential* [Contactos influyentes] donde figuran los nombres de las empresas detalladas por calles. Si vas de un negocio al siguiente tendrás la ventaja de conocer el nombre de todos los que se encuentren en esa calle, además del nombre del director general.

La *Chamber of Commerce and the Better Business Bureau* [Cámara de Comercio y Asociación de Buenas Prácticas Empresariales] dispone también de fuentes de información pertinente. Si eres un vendedor «de la casa» podrás conseguir información de muchas empresas de energía y electricidad acerca de los nuevos servicios que han instalado. Los periódicos publican anuncios que proporcionarán posibles clientes si los cribas cuidadosamente. Los nuevos nacimientos indican una necesidad de productos para bebés y de un seguro adicional. Los anuncios de boda abren la puerta a los servicios para novias, ropa, muebles, seguros, servicios de viaje, así como alojamiento en hoteles o moteles para el próximo acontecimiento. Los ascensos de ejecutivos podrían implicar posibles clientes para la adquisición de una casa mayor, ampliación de vestuario, membresía en distintos clubs, fondos de inversión, automóviles, ordenadores y muchos otros artículos. Tu imaginación y tu capacidad de observación será lo único que pueda poner un límite a las posibilidades.

Industrias relacionadas

No olvides a las industrias relacionadas que son compañeras y posibles clientes *para* los productos que tú vendes. Los representantes de ordenadores suelen coincidir con ingenieros de mantenimiento y servicio que son excelentes fuentes de posibles clientes. Mediante el sondeo, el profesional puede descubrir frustraciones, equipos obsoletos, problemas, necesidades y otras muchas cosas que nos llevan directamente a la venta.

El trabajo en equipo con otros vendedores es otra opción para muchos en el sector de la venta. Algunas empresas se especializan en ordenadores y otras en el *software* que éstos utilizan. Una posible relación natural, con ventajas mutuas, sería la formación de una especie de equipo comercial en el que los vendedores intercambiaran datos de posibles clientes. Un socio mío, vendedor de sistemas de comunicación, empezó a trabajar así con otra persona que ofrecía un servicio completamente distinto pero dentro del mismo campo. Se complementaban perfectamente entre sí y no importaba cuál de los dos visitara primero al cliente. Resultado: esta forma de trabajo les permitió doblar sus ventas en tan sólo seis meses. ¡Esto es profesionalidad y trabajo en equipo en su máxima expresión!

LOS VENDEDORES PROFESIONALES SON BUENOS CIUDADANOS

Mientras practicas tus dotes de observación verás que muchos vendedores profesionales están muy involucrados con su comunidad. Me refiero a arquitectos, contables, comerciantes, directores de hotel, doctores, maestros, y muchos otros que son conscientes de la importancia de las habilidades de venta en profesiones que no se consideran «relacionadas con las ventas».

> *Los posibles clientes son perecederos: manejar con mucho cuidado.*

Cave Liniger, fundador y presidente de Re/Max, cree firmemente que los vendedores deberían involucrarse en las actividades civiles. Sin embargo, Dave insiste en que el objetivo de unirse a organizaciones cívicas que merezcan la pena debe estar orientado al servicio a los demás. Él piensa que si lo haces con el objetivo principal de abrirte mercado entre los miembros probablemente alejarás a muchas de las personas a las que quieras influenciar. Estoy de acuerdo con esa valoración porque, en esencia, eso sería manipulación en lugar de motivación. Si formas parte del grupo, organización o club con la actitud de «¿qué puedo conseguir para mí?» en lugar de «¿qué puedo hacer para ayudar?» estarás causando un gran perjuicio al grupo y a ti mismo.

Si amas la ciudad donde trabajas y deseas devolverle algo a tu comunidad para ayudarla a mejorar, debes involucrarte. Dave resalta que tu espíritu y tu actitud causarán una impresión favorable en las personas que te rodeen. Como resultado, se desarrollarán amistades y los miembros querrán hacer negocios contigo.

Una vez establecidas las relaciones, cuando la conversación gire hacia aquello a lo que tú te dedicas, es lícito que le comentes a esos amigos que tienes algo para ofrecerles y que tus productos y servicios pueden resultarles de gran ayuda. Esta forma de crear un entorno de amistad en el que todos salen ganando es algo muy beneficioso para los implicados. *Propósito* e *integridad* son las palabras clave.

DEDICACIÓN

La falta de clientes potenciales es la causa de la venta «con presión» (cuando *se debe* realizar la venta para sobrevivir). Si estás visitando al último cliente potencial que te queda, la sensación que transmites es de desesperación y necesidad personal, y no de calidad en tu producto o servicio. Añade a eso el hecho de que si no le vendes nada a este cliente estarás fuera del negocio. Esa es una presión enorme que inutilizará y acabará matando cualquier carrera en ventas. Es especialmente cierto cuando la despensa está vacía, la cuenta del banco en números rojos y el indicador de la gasolina en la zona roja.

EL «PECADO DEL DESIERTO»

Un individuo que sabe dónde hay agua en el desierto pero no comparte la información con los demás está cometiendo «el pecado del desierto». El vendedor profesional aprende a reconocer a aquellos clientes que habiendo comprado a plena satisfacción cometen el «pecado del desierto» porque no comparten los nombres de otros posibles clientes que conocen.

El «pecado del desierto» para el vendedor es no buscar a posibles clientes de forma activa a diario, sobre todo a través de las personas a quienes hace una demostración. La venta es una transferencia de sentimientos y para ello debes tener sentimientos muy fuertes. Una vez creas sinceramente en el «pecado del desierto» como vendedor, serás capaz de convencer a tus ya clientes y también a los potenciales de que deberían recomendarte a otras personas para que se beneficien de tus mercancías o servicios.

LOS POSIBLES CLIENTES SON PERECEDEROS:
MANEJAR CON CUIDADO

¿Qué haces cuando consigues un posible comprador a través de un cliente, un correo directo o un amigo? ¿Cuánto tiempo esperas antes de ir a ver al nuevo cliente potencial? Psicológicamente, en el momento en el que consigues ese posible comprador por referencia, o de cualquier otra forma, ese posible cliente será el mejor. La psicología tiene mucho que decir cuando obtienes un nuevo cliente potencial, sobre todo si el contacto ha sido propiciado por un cliente entusiasmado. Te animo a que te apresures a visitar a ese individuo. Una semana más tarde ya no sentirás tanto entusiasmo. Aunque las necesidades de esa persona no hayan cambiado durante esa semana, y aunque él ni siquiera sepa que está en tu lista, lo cierto es que tú estarás menos motivado y esto significa que serás menos eficiente cuando hagas la presentación.

El mensaje es corto, sencillo y claro. Cuando consigas el nombre de un cliente potencial procede tan rápido como puedas a hacer el contrato. Obviamente, voy a dar por hecho que tú ya has llegado tan suficientemente lejos en la profesión que podrás sacarle todo el valor a tu producto o servicio para cuando esa persona se convierta en tu cliente potencial (o inmediatamente después), por lo que estarás preparado para hacer la mejor presentación posible basada en las necesidades del posible cliente.

¿Y qué me dices del posible cliente que te llama para concertar una cita? Es aun más importante que respondas a esa llamada a toda prisa. Ya has cruzado el primer puente del camino hacia la venta. El posible cliente es quien ha actuado porque está interesado en tus productos o servicios. Ahora lo único que tienes que hacer es ocuparte del resto de la presentación, y si tus servicios suplen las necesidades y la economía lo permite, ya tienes el negocio hecho. Que el cliente potencial llame indica que existe un interés en ese momento, pero no garantiza que siga habiéndolo más adelante. Además, existe la posibilidad de que otro vendedor con un producto similar (aunque evidentemente de calidad inferior) se te adelante y te arrebate la posible venta. El granjero habló en nombre de todos los vendedores cuando dijo: «Los que quieran leche no deberían sentarse en un taburete en medio del campo a esperar a que una vaca se les acerque para que la ordeñen». Eso no va a ocurrir... y los posibles clientes tampoco irán a buscarte a ti aunque estén, literalmente, por todo el campo.

PARA CONCLUIR

Ahora que ya sabes cómo encontrar a esos «compradores dispuestos», ¿qué vas a hacer? Si has contestado: «Hacer la visita para realizar la venta», la respuesta es correcta. Sin embargo, algunos se equivocan y no inician la acción. En el siguiente capítulo hablaremos de cómo superar la reticencia a efectuar llamadas, te ayudará a seguir adelante con tus «buenas intenciones».

METODOLOGÍA PARA LA CAPTACIÓN DE POSIBLES CLIENTES

1. Desarrolla una actitud de búsqueda. La captación de clientes potenciales es un estilo de vida que debe hacerse de una forma constante y sistemática.

2. Desarrolla un interés genuino en y hacia otras personas.

3. Comunícate.
   A. Comparte con la familia y los amigos.
   B. Encuentra «centros de influencia».
   C. Pide a tus clientes una lista de sus propios clientes.
   D. Regresa a los que ya son tus clientes.

4. Observa.
   A. Conviértete en un buscador con «ojo de lince».
   B. Usa recursos: guías telefónicas, periódicos, la compañía de suministros y energía... y tu imaginación.
   C. Observa las industrias relacionadas.
   D. Trabaja en equipo con otros vendedores.
   E. Involúcrate en proyectos comunitarios y mantén una actitud participativa.

5. Dedícate al éxito.
   A. No cometas nunca el «pecado del desierto».
   B. Maneja a los clientes potenciales con cuidado.
   C. Sal a la calle y «haz que las cosas ocurran».

CAPÍTULO CUATRO

LAS VENTAS EN EL MUNDO REAL

Abordar de forma eficaz la reticencia al primer contacto

Pregunta: ¿crees honesta y sinceramente que puedes hacer algo como vendedor en las próximas veinticuatro horas que empeore tu vida personal, familiar y profesional?

Siguiente pregunta: ¿crees honesta y sinceramente que puedes hacer algo en las próximas veinticuatro horas (y en las siguientes) para mejorar tu vida personal, familiar y profesional?

Obviamente, la respuesta a ambas preguntas es sí, y puesto que estás ocupado leyendo este libro es aún más evidente que *estás* haciendo algo para que tu vida mejore en todas las áreas. ¡Enhorabuena! (Y gracias al psicólogo Bob Wubbolding por compartir estas preguntas con nosotros.)

BRENDA EVOLUCIONA A MEJOR

Brenda era nueva en la profesión de la venta. Formaba parte de la plantilla desde hacía unos años y había observado cómo algunos con menos talento que ella se estaban desenvolviendo muy bien. Su primer trabajo fue como ayudante en el departamento de contabilidad en una de las empresas de la lista *Fortune 100* especializada en productos informáticos. Allí vio cómo el personal de ventas ganaba cuatro, cinco y hasta seis veces más que ella. En trabajos posteriores observó lo mismo. Brenda decidió que tenía que «probar en el mundo de las ventas».

Frente a las oficinas de la compañía Smythe, Dithers, and Dathers Inc., intentaba reunir el valor necesario para entrar. Las dudas bombardeaban su mente: «¿Cómo he podido cometer la locura de entrar en el mundo de la venta?... Voy a necesitar dinero extra para una operación de corazón cuando el mío explote por latir tan deprisa... Ya volveré más tarde, cuando esta gente no esté tan ocupada... En realidad, mi sueldo no era tan malo... Me pregunto si podré recuperar mi antiguo trabajo».

Brenda se encuentra en una encrucijada en su nueva carrera. Está en el mismo punto en que yo me vi (mencionado en el capítulo 1) al final de Adelia Drive, en Columbia, Carolina del Sur. No se va a dar ningún ultimátum a sí misma basándose en actitudes o acciones de los posibles clientes, ¿pero qué debería hacer? ¿Qué harías tú? Antes de contestar, permíteme que comparta una cuestión importante: *aquellos que conocen el «qué» y el «cómo» siempre trabajarán para los que saben el «por qué»*. Mientras analizas cada una de las anécdotas y ejemplos de este manual, te ruego que busques las respuestas a ese «¿por qué?» Después piensa en las formas de adaptar y adoptar las ideas y los principios de manera que funcionen para ti en tu área específica de persuasión.

UN FENÓMENO NATURAL

Los sentimientos de Brenda, descritos más arriba, no son inusuales. Los profesionales de la persuasión, igual que los actores, presentadores, directores, maestros, doctores y vendedores, tienen mucho en común, sobre todo la angustia en el «momento de la verdad». Sea que este momento llegue ante una audiencia, una cámara, una multitud de personas, el personal de la oficina, estudiantes, pacientes, o clientes potenciales, esa angustia es real.

EVITAR LA ANSIEDAD

Pocos de los que se unen a la orgullosa profesión de la venta pueden evitar los angustiosos nervios que acompañan a un primer encuentro. De hecho, según un estudio sobre los «miedos a la hora de actuar» hecho por George W. Dudley y Shannon L. Goodson, coautores de *Earning What You're Worth? The Psychology of Sales Call Reluctance* [¿Ganas lo que mereces? La psicología de la reticencia al primer encuentro], los vendedores reticentes a ese primer encuentro de ventas ganan como media un 80% menos en comisiones al año que aquellos que superan ese problema, incluso en igualdad de talento, capacidades, motivación, inteligencia, preparación y experiencia. No importa la cantidad de tiempo y de dinero que invierta el vendedor en aprender lo que debe hacer; no significa nada si, emocionalmente, es incapaz de aplicar lo que sabe.

EL FACTOR MÁS IMPORTANTE EN LA RETICENCIA AL PRIMER ENCUENTRO

La buena noticia es que *tú* puedes unirte al grupo de personas que han logrado superar su reticencia al primer encuentro haciendo que ese sentimiento de ansiedad obre a su favor y no en su contra. Puedo asegurarte que aquellos que ganan el máximo en comisiones también saben lo que es sentir aprensión. La diferencia radica en la capacidad de dirigir la energía nerviosa. Como les encanta decir a mis amigos de la destacada organización Toastmasters International: «No te librarás de las mariposas en el estómago, pero puedes hacer que vuelen en formación».

De hecho, si no sientes angustia frente a ese primer contacto con el cliente tus oportunidades de éxito disminuirán mucho. Cuando el cuerpo humano está sano y funciona correctamente tiene un sistema endocrino que provee las sustancias necesarias para lograr el éxito en la vida. La ansiedad que sentimos al hacer la llamada o la visita es una respuesta biológica a una situación de estrés. La glándula pituitaria segrega adrenalina, que aumenta nuestra capacidad mental y física. Los científicos han demostrado, más allá de cualquier duda, que cuando nuestra adrenalina se libera correctamente reaccionamos más rápido, con más precisión y entusiasmo en esa situación. Dicho de una forma simple, cuando mantienes a tus «mariposas» volando en formación estás dirigiendo tu adrenalina de forma positiva, haciendo que funcione a tu favor y no en tu contra. Ser consciente de que la ansiedad es un factor positivo y no negativo te permitirá centrarse en el factor más importante de la reticencia: ¡tú!

BRENDA NO ESTÁ SOLA

Según los expertos en ventas, el 84% de todos los vendedores sienten reticencias en algún grado a la hora de enfrentarse al primer contacto con el cliente. Este miedo se manifiesta de mil y una formas, pero la *dejadez* es el indicativo número uno de que se está desarrollando un problema. Cuando el vendedor crea tareas que no son esenciales y se empeña en hacerlas antes de salir a enfrentarse al público, la reticencia se está instalando dentro de él.

De muchas formas, el miedo a enfrentarse al público tiene mucho que ver con la imagen que uno tiene de sí mismo. Si el vendedor se siente atemorizado o abrumado por el posible cliente, llevar a cabo una presentación eficaz es tremendamente difícil. El vendedor que piensa: *¿Quién soy yo para decirle a esta persona que mis productos o servicios le van a ayudar?*, no conseguirá el nivel de entusiasmo, fuerza y confianza necesarios para triunfar.

Hasta que el vendedor aprenda a no mirar a nadie hacia arriba (inferioridad) ni hacia abajo (superioridad), el miedo prevalecerá. Con respecto a tu producto o servicio, *tú eres el experto*. Tienes más experiencia, más conocimiento y más pericia que la que el posible cliente tendrá jamás en tu área. Una actuación mediocre estará a la orden del día hasta que el vendedor se convierta en un profesional de la venta, cuando sea consciente de que cada individuo tiene sus puntos fuertes.

CONSTRUIR LA CONFIANZA

Una de las mejores maneras de reconocer tus puntos fuertes es repetir en el «reproductor de DVD» de tu mente las grabaciones de la época en la que tuviste éxito. Regresa a todas y cada una de tus experiencias exitosas: una gran venta; una buena nota en la escuela; una buena actuación en la orquesta, en la banda o en atletismo; un buen golpe en el campo de golf o en la pista de tenis; un momento en el que tú y tu familia experimentaron un sentimiento de amor y de unión; un acontecimiento en el que recibiste reconocimiento por una actuación excepcional. Céntrate en un momento en particular y captura las vistas, los olores y los sentimientos que acompañaron al éxito. La próxima vez que sientas crecer las dudas en tu interior repite esa grabación positiva y gráfica.

A continuación, reconoce que por mucho éxito, riqueza o poder que pueda tener tu cliente potencial, comete errores como tú y como yo. Nadie ha tenido nunca un 100% de éxito en la vida. Por regla general, mi experiencia es que cuanto más éxito ha tenido una persona, más obstáculos, errores y dolor ha superado. Si eres consciente de que el posible cliente es humano, probablemente te sentirás menos intimidado por él.

Entérate de todo lo que puedas de tu posible cliente. Cuanto más sepas sobre él más respeto te tendrá. Además, esa preparación hará que tú y tu negocio le transmitan buenas sensaciones. El respeto que te muestre tu posible cliente será un gran estímulo para la imagen que tienes de ti mismo.

UNA AUTOESTIMA SALUDABLE

Una alta autoestima y un buen concepto de la imagen propia son vitales, ya que los vendedores que tienen esas cualidades se considerarán siempre empleados autónomos y actuarán de acuerdo a eso. Los profesionales que tienen una alta autoestima asumen la responsabilidad de los resultados de las ventas sin recurrir al consabido: «sólo ha sido cuestión de suerte». Son conscientes de que *al esfuerzo le siguen los resultados* cuando se trata de un vendedor competente y seguro. Rara vez, por no decir nunca, tendrá la suerte de permanecer sentado.

A la persona que tiene una alta autoestima le encanta vender y se siente ansiosa por verse cara a cara con un cliente potencial, por convertirse en «ayudante del comprador», y se preocupa profundamente de que el cliente se sienta satisfecho, porque «el deseo de agradar» no es suficiente en el mercado actual. Cuando se «da en el blanco» a la hora de satisfacer a los clientes, el concepto que se tiene de uno mismo aumenta, lo que nos hace más efectivos, lo que hace que nuestra autoestima crezca... ¡Creo que captas la idea!

Los vendedores profesionales que tienen una sana autoestima se gustan y están en armonía con ellos mismos. Están entregados a su profesión, a su producto y a su empresa.

Puedes empezar a usar esa ansiedad a tu favor en lugar de en tu contra, centrándote en el único factor que puedes controlar: ¡*tú*! Acepta tu responsabilidad personal para fabricar confianza en ti mismo y autoestima y habrás dado el primer paso para superar la reticencia.

EL PLANTEAMIENTO CORRECTO

El segundo paso para aliviar la angustia es comprender que *la venta es una transmisión de sentimientos*. Después de aprender a centrarte en *ti* de tal forma que tu concepto de ti mismo mejore de una forma positiva, necesitas darte cuenta de que los vendedores profesionales más exitosos realizan su primer contacto de venta centrados en el *posible cliente*. He leído algunos libros que enseñan (e incluso un hermano mío me lo dijo) que hay una sola razón para hacer una visita de ventas: conseguir dinero. Y créeme si te digo que conseguir dinero puede ser un factor muy motivador (y necesario). Después de todo, si no consigues dinero no durarás mucho en el negocio. Pero si estableces el primer contacto pensando exclusivamente en el dinero, la mayoría de las veces saldrás de ese encuentro sin haber realizado la venta.

> *Al esfuerzo le siguen los resultados cuando se trata de un vendedor competente y seguro. Rara vez, por no decir nunca, tendrás la suerte de permanecer sentado.*

Incluso mi hermano, que llegó a afirmar que los posibles clientes tenían *su* dinero en *el* bolsillo, aclaró posteriormente que esto no era ningún problema porque él tenía *en su inventario* el producto *de los clientes*. Mi hermano nunca vendió un producto en el que no creyera al cien por ciento.

Aquí está el peligro. Cuando te centras *únicamente* en el dinero, o si te encuentras en una situación económica que te *obliga* a tener que cerrar la venta, instintivamente presionarás mucho o no pensarás más que en tu necesidad, añadiendo presión sobre ti mismo y aumentando tu sensación de ansiedad.

EL PESO DE LA PRESIÓN ECONÓMICA

La presión económica acabará cobrándole un peaje incluso al más fuerte de nosotros, por lo que me atrevo a decir sin temor a equivocarme que si tú quieres llegar a lo más alto como vendedor profesional deberás administrar muy bien tu dinero. Como dice mi amigo Fred Smith: «El dinero es una opción. Con dinero tienes muchas opciones, y sin él muy pocas». Debo añadir que sin dinero entras en el negocio de la esperanza: «Espero que no se me pinche una rueda en esta carretera infernal; espero que el coche no se vuelva a averiar; espero que los niños no enfermen otra vez; espero que este traje aguante poniéndomelo tres días a la semana... ». Todos necesitamos tener esperanzas positivas, porque este tipo de esperanzas negativas son una forma deprimente de vivir que reducirá seriamente tu efectividad.

Para aquellos que sufren males económicos he agrupado una serie de ideas y pasos a seguir para superar los problemas de dinero, y estos principios y técnicas se encuentran en el capítulo 14: «El exitoso sistema de soporte de ventas». La clave a corto plazo (hasta llegar al capítulo 14) es doble. Primero, abre una cuenta de ahorro inmediatamente; aunque sólo sea con una cantidad mínima, empieza hoy. Incluso aunque tengas que regresar mañana y sacar el dinero, ¡comienza hoy con el hábito de ahorrar! En segundo lugar, evita el uso indiscriminado de tarjetas de crédito. El viejo dicho: «El que pide prestado es siervo del que presta» es totalmente cierto. Vuelvo a citar a Fred Smith: «Si no dispones de ahorros serás un esclavo económico de tu jefe». Y en el mundo de la venta tu jefe es el cliente potencial.

LAS BUENAS NOTICIAS

Te sorprenderá lo relajado que vas a estar como persuasor cuando tu situación económica no sea una carga y puedas centrarte en el posible cliente en lugar de en tus propios problemas. Si transmites la sensación de que *debes* hacer la venta para *tu* beneficio propio, las oportunidades de que se concrete disminuyen notablemente. Si transmites la sensación de que quieres hacer la venta para beneficio del cliente, tus oportunidades de éxito se incrementan drásticamente.

PRESIÓN POR VENDER

Entiendo que habrá ocasiones en las que deberás vender bajo presión. Cuando nació nuestra primera hija costaba sesenta y cuatro dólares sacarla a ella y a su madre del hospital. El único problema era que yo no los tenía. Tuve que vender dos conjuntos de baterías de cocina para poder llevarlas a casa desde el hospital. ¡Eso es presión por vender!

Tengo un amigo que por culpa de una serie de acontecimientos incontrolables (incluyendo un negocio fallido y una bancarrota personal) debía a la Hacienda Pública más de 80,000 dólares. Cuando vio la factura casi se desmaya por la impresión. En lugar de eso, durante dos años estuvo vendiendo con más efectividad que nunca antes en su carrera. Permíteme resaltar que en ambos casos el vendedor sacó de su mente las circunstancias y se centró en las necesidades y deseos del cliente, y no en su problema personal.

> «Si no dispones de ahorros serás un esclavo económico de tu jefe».

Los profesionales de venta con éxito establecen un primer contacto pensando en el beneficio del posible cliente y en su ganancia personal, *en ese orden. Puedes obtener todo lo que desees en esta vida si ayudas en lo necesario a los demás a conseguir lo que ellos desean.* Mantener en mente esta afirmación es el tercer paso para superar la ansiedad.

TERROR AL TELÉFONO

El vendedor que comprende el uso del teléfono y lo utiliza con *habilidad, confiando* en que tiene esa destreza, será un vendedor mucho más efectivo que el que tiene «miedo» al teléfono. Deja que te tranquilice: en la historia de la venta telefónica nadie ha perdido la vida por concertar una cita o una venta por ese medio. Dado que se han hecho miles de millones de llamadas en nuestra profesión, tranquiliza saber que es una herramienta segura para el vendedor.

Una de las mayores causas del miedo al teléfono es no establecer un objetivo para la llamada. ¿Qué es lo que quieres hacer? ¿Un sondeo del mercado, concertar una cita, o cerrar la venta?

Mientras no lo tengas claro, tu *buena disposición* para «sonreír y marcar» se verá seriamente limitada. No dejes pasar este punto que parece tan simple pero que es tan importante: *¡determina por qué estás haciendo la llamada!* Comienza preguntándote: «¿Qué voy a decir?, ¿por quién voy a preguntar?, ¿cuál es el propósito de la llamada?, ¿tengo claro cuál será mi procedimiento sin importar quién conteste la llamada?»

Una vez que tengas claro tu objetivo, ya sea buscar clientes, concertar citas, o cerrar la venta, ya puedes hacer la llamada con mucha más confianza.

Diviértete al teléfono

En todos los años que he estado vendiendo no recuerdo haber sentido mucho entusiasmo por lo que muchos vendedores llaman «el contacto frío». Ya sea llamando a la puerta o a través del teléfono, casi todos los que he conocido (que hayan tenido éxito) han sentido algo de temor e inquietud en los primeros contactos de venta del día, y yo no soy una excepción. Sin embargo, sabía que según me iba adaptando al ritmo y seguía haciendo varias llamadas, me iba acercando más y más a la venta. Con eso en mente ya no pensaba en la llamada. Establecía la hora de empezar y comenzaba exactamente a esa hora.

Te animo encarecidamente a hacer lo mismo. Después de la tercera, cuarta, o quinta llamada verás que cada vez disfrutas más del proceso. Sabes que estás cobrando por cada llamada independientemente del resultado, porque cada una de ellas te acerca más a la venta.

En el caso del teléfono, puedes divertirte calculando lo que te reporta cada llamada. Al final de la semana o del mes comprueba el volumen total de lo que has vendido y divídelo por el número total de llamadas que has realizado, aunque la línea estuviese ocupada, desconectada o no contestaran. De esta manera sabrás exactamente cuánto has ganado cada vez que marcabas uno de esos números.

Por ejemplo: una de nuestras teleoperadoras tuvo un mes muy bueno y vendió 58,500 dólares en productos y servicios. Durante ese mes hizo unas 682 llamadas, es decir, marcó esa cantidad de números de teléfono de posibles clientes (treinta y un números durante

> *Una de las causas del miedo al teléfono es fallar en establecer un objetivo para la llamada. ¡Determina por qué estás haciendo la llamada!*

cada uno de los veintidós días que trabajó). Por lo tanto, cada vez que levantó el teléfono y marcó un número generó 85.77 dólares. Consiguió 264 clientes potenciales (doce presentaciones al día multiplicadas por los veintidós días que trabajó), lo que significa que cada vez que habló con alguien generó 221.59 dólares. Obviamente no todas las conversaciones acabaron en venta, pero una venta de 5,000 dólares compensa muchas llamadas negativas. Con este pequeño juego de números se sentía entusiasmada cada vez que hacía una llamada, ¡y mucho más cuando alguien respondía!

En ocasiones, cuando encuentres alguna resistencia (y a veces grosería) al teléfono, sé consciente de que el rechazo telefónico es más fácil de llevar que la mala educación en persona. Después de todo, puedes decirte a ti mismo: «Si los clientes supieran lo buena persona que soy me habrían abierto su casa o su oficina y me habrían invitado a pasar». Comprende que incluso cuando los posibles clientes son maleducados y te «rechazan» al teléfono, en realidad no te están rechazando a ti. Se están negando a escucharte. Lo más seguro es que no hubieran prestado atención a ninguna otra persona, por lo que no debes sentirte mal. Sé realista. Después de todo, nadie que te conozca de verdad podría rechazarte jamás. Y si eso no es cierto al cien por ciento ahora mismo, lo será por completo si aplicas todos los principios recomendados en este libro.

Rechazo del recepcionista

Con frecuencia, al llamar por teléfono suele responder un recepcionista o un auxiliar administrativo. No debes pensar que esa persona es un «filtro» o un «portero». Estás hablando con alguien que puede tener alguna *influencia*, y lo que tú quieres por todos los medios es que esa persona se sienta importante, ¡porque esa es la verdad! Si tiene una actitud positiva hacia ti lo más probable es que le diga a su jefe: «Le llama alguien con quien le gustará hablar».

Deberías saber y utilizar el nombre de esa persona. Cuando empiezas la conversación diciendo «Hola Betty, soy Hillary, de la compañía Sistemas de Formación Ziglar», estás mostrando un interés real en la persona y le estás ayudando con sus responsabilidades, que son conocer tu nombre y el de tu compañía. En ese momento, y sin vacilar, añade: «¿Puedo hablar con el señor Jones?» Por lo general, siempre te preguntarán: «¿Quién le llama?» y «¿de qué compañía?» Al dar esta información desde un principio tendrás más oportunidades de que te pasen sin demora.

Cuando, por fin estés al habla con la persona que toma la decisión de compra, debes hacer comentarios positivos, generales o directos. Aquí tienes un ejemplo: «Hola Ed, soy Hillary. Recordarás que te visitamos la semana pasada por un seminario de ventas. Como te comentamos, hemos conseguido incrementar los ratios de ventas cerradas en un 27% siguiendo unos procedimientos muy simples. ¿Cuándo te vendría bien que habláramos del tema?» Y otro: «Como recordarás, estuvimos comentando la reducción de la rotación de personal, y tengo el artículo que prometí hacerte llegar». Y otro: «Te llamo con relación al artículo publicado en tu revista sobre la reducción de los gastos generales, y tengo una idea de cómo puedes aplicarlo y además sacar un beneficio adicional. ¿Cuándo sería un buen momento para reunirnos?» Los capítulos 9 y 10 tratan del modo en que puedes desarrollar comentarios positivos que te ayuden a cerrar más ventas con más frecuencia.

CÓMO TRATAR LAS OBJECIONES

Siempre que te sea posible debes anticiparte a las objeciones. Puedes elaborar frases contundentes que superen las objeciones antes de que éstas se formulen. Aquí hay muy buenas noticias para el vendedor principiante: ¡las objeciones son casi siempre predecibles! Si llevas más de seis meses en el negocio, a través del programa de formación de tu compañía y tu experiencia personal no deberías encontrar más de una o dos objeciones «nuevas» cada trimestre. Te encontrarás con las objeciones «estándar», pero no habrá muchas que no hayas oído con anterioridad. Por tanto, con una buena planificación y previsión, podrás disponer de respuestas razonables listas para presentar. El capítulo 11 trata con bastante detalle el modo de superar las objeciones.

Muchas veces, cuando llamas a tu posible cliente y hablas primero con la persona «influyente», las tres razones más populares para no pasarte con él son éstas: «Está al teléfono», «está ocupado» o «está en una reunión». En ese momento tú preguntas: «¿Cuál es la mejor hora para volver a llamar?» En la mayoría de los casos la respuesta será parecida a ésta: «Está siempre en la oficina de dos a cuatro». Con esa información tu respuesta debe ser: «Por favor, ¿podría decirle que le he llamado y que volveré a llamar esta tarde a las 14:35?» Por lo general, fijar una hora para la segunda llamada es la mejor forma de conseguir que te pasen con el posible cliente. La persona «influyente» suele sentirse obligada a pasar la llamada porque, en cierto modo, siente que su palabra está en juego.

Otra buena pregunta es: «¿Cuál es el mejor momento para contactarle, y que su agenda no esté tan apretada?» Esto indica consideración por tu parte y suma puntos con esa persona «influyente».

Un «truco» que te puede ayudar si estás teniendo muchas dificultades para contactar con tu posible cliente es hacer las llamadas muy temprano por la mañana. Muchas veces tu posible cliente contestará al teléfono personalmente a las 6:30, 7:00 o 7:30. Su nivel de energía estará alto y, por lo general, será más educado y estará más dispuesto a escucharte. Hay algo igual de importante y es que respetarán, e incluso admirarán, a alguien que tenga la misma ética de trabajo que ellos.

SÉ SENSIBLE AL TIEMPO

De vez en cuando te acercarás a alguien y le preguntarás: «¿Tiene usted un momento para hablar?» La respuesta será: «En realidad no, pero adelante con lo que tenga que decirme». Te animo a que no pases inmediatamente a la presentación, porque tendrás que hacerlo con prisa y olvidarás detalles importantes. Esto conducirá a decisiones rápidas que, en muchos casos, no serán las que tú deseas. Si la persona dice estar ocupada o tiene prisa, pero aún así quiere oírte, respóndele: «Creo que lo mejor será que hablemos en otro momento,

porque así no podré darle la información completa y ambos desa-
provecharíamos el tiempo. ¿Cuándo sería un buen momento para
llamarle de nuevo?»

Lo que tienes que decir y el valor que el posible cliente dé a tu
producto deben ser tan importantes para ti que nunca debes dar una
información incompleta que no prepare a tu posible cliente de una
forma adecuada para tomar una decisión.

En esa misma línea, si oyes ruido de papeles o el sonido de un
teclado mientras hablas con esa persona y le haces una presentación, o si
el posible cliente se está moviendo, o hay más ruido de lo normal alrededor de él, eso te debe indicar que no te está prestando toda su atención.
Recuerda que nunca harías una presentación seria en la recepción de un
hotel donde hubiese mucho ajetreo ni en un teatro esperando obtener
los mejores resultados. Lo mismo ocurre con el teléfono. Sé sensible a
lo que tu posible cliente te dice o *no* te dice. Los primeros segundos de
la llamada establecerán el escenario, el humor de la otra persona y el
ambiente de la presentación. Por lo tanto, ten a mano un plan.

VÍSTETE PARA TENER ÉXITO AL TELÉFONO

Aunque estés trabajando desde casa o desde un lugar donde sepas que
nadie te va a ver, ¿es tu atuendo el adecuado?, ¿te has duchado esta
mañana?, ¿te has afeitado?, ¿te has maquillado? En resumen: ¿te has
vestido apropiadamente para el encuentro? Las abrumadoras pruebas
señalan que para estar listo mentalmente tienes que estar listo físicamente. El viejo anuncio de las maquinillas de afeitar Gillette tenía
razón: *Look Sharp —Feel Sharp— Be Sharp!* [¡Luce elegante, siéntete elegante, sé elegante!]. Y, efectivamente, todo está relacionado.
Aunque el posible cliente no se encuentre delante de ti, tu aspecto
marcará la diferencia en tu predisposición a hacer llamadas. La
expresión de tu cara y las expectativas de tu mente serán diferentes, y
también habrá una diferencia en tu voz.

¿Estás preparado para hacer esas llamadas? Por «preparado»
quiero decir: ¿has tenido una charla sobre ventas contigo mismo?
¿Te has recordado a ti mismo que eres un ganador, que estás en una
misión importante, que las personas están deseando atender a tu llamada? ¿Los visualizas respondiéndote favorablemente a lo que les vas

a decir? ¿Puedes ver con claridad en tu mente que estás concertando la cita o cerrando la venta? ¡Cuando haga estas cosas, tus resultados serán espectaculares!

Una gran herramienta de venta

Como tema práctico, los gastos de viajes y los problemas crecientes del tráfico hacen que el coste en dinero y tiempo por venta sea cada día más elevado. Si podemos utilizar el teléfono de forma eficaz, los resultados positivos de nuestras ventas y nuestros ingresos netos serán sustancialmente mayores. No pretendo ser un experto en el uso del teléfono, pero tengo un significativo bagaje de experiencias que se ha ido desarrollando al utilizar este importantísimo medio con los años. A lo largo de este libro se intercalan múltiples consejos sobre las llamadas telefónicas. He intentado colocar cada idea y cada concepto en aquellos capítulos en los que encajan mejor según el tema tratado. El cuarto paso para superar la reticencia a realizar este primer contacto es «domar al teléfono» y hacer que trabaje para ti en lugar de en tu contra.

¡PRESENTANDO A UN GANADOR!

Creo sinceramente que independientemente de quién seas, dónde vivas, y de lo buena (o mala) que haya sido tu carrera en la venta hasta este momento, ¡*tú* naciste para ganar en esta profesión! Te preguntarás cómo soy capaz de hacer esa afirmación sin saber quién está leyendo este libro. La hago con total confianza porque a través de la formación y de la experiencia (mi cabeza y mi corazón) sé que cuando tú comprendas y apliques la siguiente afirmación, ¡*ganarás!*

Para llegar a ser ese ganador que siempre quisiste ser, debes *planear* ganar, *prepararte* para ello y *esperar* conseguirlo. En realidad, la voluntad de ganar no tiene ningún poder sin la voluntad de prepararse para ganar.

La planificación y la preparación empiezan con la más simple de las ideas. ¿Cómo empiezas el día? ¿Te vistes de forma adecuada? No me refiero al estilo de ropa que llevas. Estoy hablando de algo tan simple (¡y tan importante!) como una *sonrisa*. No importa lo sofisticado que sea el escenario de ventas, nunca estarás completamente vestido sin una sonrisa. Un viejo proverbio judío dice: «Aquel que no sonríe no debería ser comerciante».

Ahora estás preparado para considerar tu apariencia física. ¿Estás «vestido» de forma apropiada para el trabajo? Independientemente del sector, tu atuendo debe ser pulcro, bien combinado, de primera categoría y de buen gusto. ¿Encaja tu ropa con tu clientela? Obviamente, un vendedor de fertilizantes que va de granja en granja debe vestirse en consonancia con el entorno y con un estilo que haga que sus posibles clientes se sientan cómodos. El vendedor de maquinaria o el consejero financiero se vestirán de una forma totalmente diferente. ¡La clave está en vestir apropiadamente! En menos de tres segundos el posible cliente toma una decisión acerca de ti basándose en tres partes esenciales de tu «aspecto».

1. Tu sonrisa.

2. Tu camisa y tu corbata.

3. Tus zapatos.

¡Una vendedora que conozco tiene más zapatos que Imelda Marcos! Parece como si tuviera dos pares para cada conjunto. Dice que sus zapatos le dan una sensación de confianza, y los días que está cerca de casa se cambia los zapatos a mediodía para provocar una «subida de confianza». Un vendedor que conozco saca brillo a sus zapatos cada día. Muchas veces no lo necesita, pero usa ese tiempo como periodo de reajuste de la actitud. Dice que es como empezar de nuevo, con esa sensación adicional de confianza que le aporta el brillo de sus zapatos.

¿QUÉ HAY DE TU PLAN?

¿Cuáles son tus planes para el día, la semana, el mes, el año, la carrera? ¿Te has dado cuenta alguna vez de lo bien que te sientes contigo mismo cuando tienes un plan de acción? Debes recordar que la voluntad de ganar no es nada sin la de prepararse para ello. No he visto nunca a

> *Para llegar a ser ese ganador que naciste para ser, debes planear ganar, prepararte para ello y esperar conseguirlo.*

un vendedor que no quisiera vender más, empleando menos tiempo y esfuerzo. Vender más únicamente es posible cuando se hace un esfuerzo adicional en el área de la preparación. Todos hemos oído hablar del leñador cuya producción fue en disminución porque no dedicó tiempo a afilar su hacha (prepararse).

Prepararte para el día implica algo más que echarle un rápido vistazo a este libro (o a cualquier otro libro), o escuchar de pasada un seminario de formación o una grabación. La preparación y la formación incluyen tomar la información que recibes de una fuente externa y adaptarla a tu situación, aprendértela a conciencia de tal forma que pase a ser tuya, y aplicar esos procedimientos o técnicas sobre el terreno.

He incluido en este libro ejemplos de personas que me han escrito diciendo que han adoptado y adaptado ideas de mis libros (así como de otros autores). A medida que vayas leyendo, comprobarás cómo una preparación meticulosa permitió a estos hombres y mujeres trasladar los principios a su sector específico.

El quinto paso para superar la reticencia a la primera visita es este: *planea ganar, prepárate para ganar, y confía en hacerlo en el mundo de la venta.*

EL SÍNDROME EXPERIMENTAL

Hace muchos años, mi amigo Fred Smith estuvo reunido con una compañía de venta directa y se enteró de que el índice de abandono del personal del equipo de ventas era extremadamente alto. La razón principal era la reticencia al primer contacto, resultado de lo que el personal de venta llamaba «rechazo». ¿Te resulta familiar?

La solución de Fred al problema de los vendedores que se sentían tan rechazados que acababan abandonando su trabajo fue *convertir una experiencia en un experimento*, el sexto paso para superar la reticencia. Por definición, un *experimento* es algo limitado por un periodo de vigencia y, vistas las *experiencias* de algunos miembros del personal de ventas, cuanto más limitada su vigencia, ¡tanto mejor! Las buenas noticias para ti son que si lo intentas con este experimento, tu periodo de vida como vendedor aumentará.

Este concepto es válido en todo tipo de situaciones de contacto, por lo que, independientemente de lo que vendas o de cómo lo hagas, este principio puede funcionarte. No te dejes engañar por su simplicidad. ¡Realmente funciona!

El «síndrome experimental» funciona de la siguiente manera: cuando te acercas a un posible cliente (por teléfono o en persona), debes recordarte a ti mismo que estás realizando un experimento para determinar cómo reaccionará esa persona hacia ti. Confeccionarás un gráfico con todas las personas y todas sus respuestas. Por ejemplo, puedes encontrarte con: «hombre joven/cierra la puerta en la cara» o «anciana/recibimiento amistoso». Fundamentalmente, tus posibles clientes serán más jóvenes o más viejos que tú, y con personalidades diferentes. Su respuesta (o reacción) puede ir desde «cerrar la puerta» hasta «dar un portazo». Al teléfono, puedes encontrarte con un «hombre que masculla» o una «mujer melindrosa». En una visita cara a cara puedes encontrarte con un «hombre gruñón, varón de tipo A» o una «mujer fría y distante». Utiliza tu imaginación para clasificar a tus posibles clientes.

Cuando te dirijas al cliente potencial, no califiques la reacción negativa como un «rechazo», sencillamente anota en el gráfico exactamente lo que hayas observado. Este enfoque hará que las reacciones del posible cliente tengan un efecto mínimo sobre ti. Tu concentración y tu foco de atención estarán en el «experimento», y no en la «experiencia». Después de todo, eres una persona amable, simpática, amigable, optimista, servicial, con una magnífica presentación y un producto fabuloso. ¡El problema lo tiene ese «cliente desagradable»! Deja que él se quede con el problema, y tú continúa con el experimento.

OBSERVACIÓN EN TERCERA PERSONA

Cuando visitas a un cliente potencial que «no está interesado» y que «no ha mostrado curiosidad o una buena opinión sobre el producto», estás observando a través de los ojos de una tercera persona: ¡tú! Este «experimento» te permite desligarte de los sentimientos de rechazo o «presunto fracaso», porque ahora puedes comprender que ese posible cliente no habría estado interesado de ningún modo, independientemente de quién hiciera la visita.

Ahora viene la parte apasionante. Al adaptar, adoptar y hacer tuyo este procedimiento, tu confianza va a crecer de forma sustancial y serás mucho más eficiente en el acercamiento y la presentación. Tras un periodo de tiempo, encontrarás menos reacciones negativas y más respuestas positivas. Y aquí es donde se encuentra el peligro. Al recibir menos reacciones negativas, es probable que dejes de usar este procedimiento, por lo que la negatividad podría volver a aumentar. Mantén este libro a mano para poder repasar este principio (y otros) cada tres o seis meses y así mantener un alto nivel de efectividad.

Reúne toda la información en un resumen de notas al final del día, registrando cada «experimento» realizado. Cuando revises tus registros observarás que los resultados positivos van en aumento y sobrepasan los negativos. Además, cuando revises tus «experimentos» del día ¡esperarás con ansia los nuevos el día siguiente!

CLAVE PARA SUPERAR LA RETICENCIA AL PRIMER CONTACTO

He dejado para el final el paso más esencial para superar la reticencia al primer contacto. Basándome en mi experiencia personal y en la observación profesional, puedo decir sin reservas que si sigues las ideas perfiladas en las próximas páginas, *no* te verás frenado por la dejadez o cualquier otra manifestación de la reticencia. En la vida hay muy pocas cosas garantizadas. Lo que sigue es lo que más se aproxima a «algo seguro», como muchos vendedores experimentarán.

Cuando era un vendedor novato, mis mayores problemas eran la organización y la disciplina. Hasta que comencé oficialmente mi carrera en ventas, ceñirme a un horario específico no había supuesto ningún problema para mí.

Cuando estaba en el instituto, trabajaba en una tienda de comestibles bajo una estricta supervisión. Casi de inmediato pasé de allí a la Marina, donde experimenté una estrecha y directa supervisión. De la Marina regresé a la tienda durante dos meses, hasta que empecé la universidad, donde tenía una estricta agenda, por lo menos en lo que había sido hasta entonces mi vida laboral. Vendía bocadillos en la residencia de estudiantes por las noches y pronto aprendí que no había mucha necesidad, por no decir ninguna, de comenzar mis rondas por las habitaciones antes de las nueve de la noche. A esa hora todos los estudiantes habían vuelto de la cena, habían estudiado un par de horas y estaban listos para tomar un respiro.

Cuando empecé mi carrera en ventas a tiempo completo, nos mudamos a ochenta kilómetros de cualquier otra persona de la compañía. Mi único contacto con mi jefe se producía los lunes por la mañana en la reunión de ventas y en alguna que otra llamada telefónica. Básicamente, ¡*todo* dependía de mí! Y yo disfrutaba de esa libertad. *Sin* un horario para comenzar mi jornada, *sin* horario para terminar, *sin* supervisores por el medio. El único problema... ¡que también estaba *sin* ventas y *sin* dinero!

En esos primeros años también sufrí un serio problema de autoestima y cuando alguien no me dejaba hacer mi presentación me lo tomaba como algo personal. Yo interpretaba la resistencia de los posibles clientes como un rechazo personal. Esto significaba que tenía que perder más tiempo replanteándome mi situación y alternar entre hacer mohines, meditar, compadecerme de mí mismo y planear lo que iba a hacer a continuación. Pon todas estas percepciones erróneas juntas y obtendrás una terrible combinación de dejadez y reticencia.

¡Cuánto me habría gustado que en ese momento alguien me hubiera explicado que cuando la gente no me dejaba hacer mi presentación o declinaba mi maravillosa oferta no me estaban rechazando a mí! En sus mentes era una simple *negativa a un negocio*. Realmente, los posibles clientes no tenían interés en mi oferta o no tenían el dinero para efectuar la compra. Le habrían dicho que no a cualquiera.

Mi amigo Fred Smith, a quien tanto respeto, dice que incluso esas personas mezquinas, groseras, feas y que se portan mal contigo no lo hacen para hacerte daño, sino porque *ellas* tienen heridas interiores. Si yo hubiera comprendido este concepto en mis primeros años, mi producción habría sido considerablemente más alta y mi vida mucho más estable. Además, mi autoestima no se habría resentido tanto.

Cumplir un horario

Después de estar dos años y medio en el mundo de la venta profesional, una experiencia con el señor P. C. Merrell marcó una diferencia drástica en mi vida. El señor Merrell era el ejecutivo de ventas que desarrolló los programas de formación de mi compañía, batió varios récords de ventas, y además era un maravilloso modelo de conducta. En pocas palabras, me convenció de que yo realmente tenía capacidades y valía. De hecho, me persuadió de que podía llegar a ser un campeón nacional. También me convenció de que para hacer realidad mi potencial y estabilizar mi producción necesitaba *tener un programa organizado y seguirlo de una forma disciplinada.*

Sugirió de manera específica que, acabara a la hora que acabara mi trabajo por la tarde, debería concertar una cita conmigo mismo para hacer la primera visita comercial del día siguiente exactamente a la misma hora todos los días. Recalcó que la hora elegida no era tan importante (dentro de unos límites razonables), pero debía llevar a cabo el compromiso y cumplirlo, a pesar de los pequeños «obstáculos» o «interrupciones» que se cruzaran en mi camino. Reconozco que suena muy simple, pero el éxito en la vida y en las ventas consiste exactamente en eso: llevar a cabo las pequeñas cosas que marcan la gran diferencia. Para los vendedores que no están bajo la directa supervisión de un jefe, no trabajar con un horario regular y establecido es una de las principales razones del fracaso. La organización, la disciplina y el compromiso conllevan una producción sistemática de gran volumen.

> *Esas personas mezquinas, groseras, feas y que se portan mal contigo no lo hacen para hacerte daño, sino porque ellas tienen heridas interiores.*

Si no le sacas ningún provecho a este capítulo (o incluso al libro), te ruego que escuches este punto clave. El séptimo paso para superar la reticencia al primer contacto es éste: *establece un horario regular y proponte a ti mismo verte cara a cara con un posible cliente a la misma hora cada día.*

HAZLO AHORA

La valentía no se define por realizar una acción sin sentir temor. Es hacerlo convencido de que es lo *correcto* (en muchos casos lo deseable). Como ya he dicho muchas veces, en todos los años que he estado en el mundo de las ventas rara vez he afrontado con entusiasmo la primera llamada o el primer contacto cara a cara. Pero proponerme a mí mismo empezar cada día exactamente a la misma hora, y *respetar esa costumbre*, me ayudó a derrotar la dejadez y la reticencia. ¡Y tú también puedes hacerlo!

Concierta la cita contigo mismo y cuando sea la hora ve sin dudarlo por el teléfono, o por ese posible cliente. ¡Cuando hice ese ajuste los resultados de las ventas fueron fabulosos! Hay una razón muy simple pero profundamente filosófica para ello: *¡la lógica no va a cambiar una emoción, pero la acción sí lo hará!* La reticencia al primer contacto es una emoción y no se supera con la lógica. Entra en acción y apoya esa acción con la lógica, ¡y el éxito en las ventas será tuyo!

PREPARADO PARA VENDER

¡Ya estás vestido y preparado para vender! Tienes una sonrisa que le da más valor a tu cara; tu atuendo es el adecuado; te sientes bien contigo mismo; conoces perfectamente tu producto o servicio y cómo presentar la información de la mejor forma posible, a la persona adecuada y en el momento adecuado.

Has conseguido el enfoque entusiasta desarrollando la actitud mental correcta mientras construyes tu vida y tu carrera sobre los fundamentos de la integridad. Tu arma es la confianza, basada en el conocimiento del producto y de las personas. Estás lleno de buenas intenciones, lo que significa hacer todo lo que beneficie los intereses del posible

> *La valentía de ha descrito como una acción que haces no por la ausencia de miedo, sino porque sabes que hacerlo es lo correcto (y en muchos casos lo deseable).*

cliente. Estás convencido de que tu producto suple una necesidad real del posible cliente y que satisface sus deseos. Sabes que lo que ofreces al cliente vale cada céntimo de lo que cuesta. Sientes un entusiasmo extraordinario por resolver cada problema y has aprendido a *dirigir* tu ansiedad y hacer que trabaje para ti creyendo en ti mismo y acudiendo al trabajo con un horario regular.

Ya estás realmente preparado, dispuesto y capacitado para vender. ¡Adelante! No importa si hoy es el primer día de tu primer año o el último día del vigésimo, ahora tienes una comprensión superior a la del 90% de las personas que han vendido alguna vez un producto o un servicio. Estás preparado para hacer tu carrera en esta década. ¡Estás preparado para la persuasión profesional del siglo XXI!

Recuerda: ¡El secreto del progreso es empezar con entusiasmo!

PARA SUPERAR LA RETICENCIA AL PRIMER CONTACTO Y COMPRENDER QUE LA ANSIEDAD ES UN FACTOR POSITIVO EN LA VENTA PROFESIONAL, RECUERDA:

1. Toma la responsabilidad personal de construir tu autoconfianza y tu autoestima.

2. Vender es una transferencia de sensaciones.

3. Puedes tener todo lo que desees en la vida únicamente ayudando a otros a conseguir lo que ellos quieren.

4. Domestica el teléfono. Haz que trabaje para ti y no en tu contra.

5. Para llegar a ser ese ganador que siempre quisiste ser, debes planear ganar, prepararte para ello y esperar conseguirlo.

6. Usa el «síndrome experimental» para superar el rechazo, haciendo de cada llamada un «experimento» positivo en lugar de una «experiencia» negativa.

7. Establece un horario regular y proponte a ti mismo verte cara a cara con un posible cliente a la misma hora cada día.

CAPÍTULO CINCO

VENDE CON UN PLAN, NO AL AZAR

La fórmula para desarrollar habilidades comerciales de éxito

L os profesionales de la venta tienen una mente abierta (y no una cabeza hueca) y están preparados para los cambios. ¡Los no profesionales tienen la mente tan estrecha que podrían mirar por una mirilla con los dos ojos a la vez!

CONSTRUIR SOBRE LOS FUNDAMENTOS APROPIADOS

El tenis de mesa era un deporte recreativo muy popular en mis años de instituto. Uno de mis amigos me enseñó a usar el «agarre de tres dedos» en la paleta. Como jugador estaba por encima de la media y eso hacía que me divirtiera mucho. Jugaba a menudo contra un amigo que tenía capacidades físicas y un espíritu competitivo similares a los míos, y alternábamos victorias y derrotas.

Un día llegó a la ciudad un chico nuevo que usaba un agarre de la paleta del tipo «apretón de manos» y me masacró completamente. Sobra decir que me sentía un tanto disgustado y, sin embargo, de inmediato observé que él podía hacer cosas con ese agarre que yo nunca sería capaz de hacer con mi forma de agarrar la paleta, al margen de que entrenara más tiempo o con más frecuencia.

Cambié inmediatamente mi agarre y en las semanas siguientes el nivel de mi juego bajó considerablemente. De hecho, en las siguientes seis semanas, mi contrincante habitual me ganó prácticamente todos los partidos. Sin embargo, conforme dominaba los nuevos conceptos, me iba acercando poco a poco a su nivel hasta que llegó un día en que le gané. Desde ese momento mi tenis de mesa mejoró notablemente. Me enorgullece poder decir que gané el campeonato que se celebró en el Instituto de Yazoo City. Fue algo importante, ya que participaron cuarenta y dos estudiantes (incluido el chico que me enseñó el nuevo agarre).

Aquí está la enseñanza: a veces, a medida que uno cambia y aprende, es posible que el progreso no sea inmediato. Sin embargo, si los fundamentos básicos son los correctos (y los de este libro lo son) puedes estar seguro de que el cambio y el aprendizaje de los nuevos procedimientos elevarán sin duda tu carrera a un nivel mucho más alto (y tu vida personal también).

UN NUEVO «AGARRE» PARA ALGUNOS DE USTEDES

En 1987 Bryan Flanagan y Jim Savage tomaron los conceptos de mi libro *Grandes secretos de Zig Ziglar para cerrar la venta*, y alguna de mis grabaciones de audio y video. Combinaron mi investigación y mi experiencia con las suyas propias para desarrollar un seminario de ventas para nuestra compañía llamado «Vende con un plan, no al azar». Bryan había sido instructor nacional de ventas para IBM, así como un exitoso vendedor y jefe comercial antes de entrar en nuestra compañía como conferenciante e instructor. Jim, que era nuestro vicepresidente y director en aquellos momentos, también tenía experiencia en educación, ventas y dirección. Esto le permitió darle forma al programa y preservar su integridad educativa. La meta de «Vende con un plan, no al azar» era desarrollar un programa de formación que sirviera como *plan previo* para triunfar en el mundo comercial. Gran parte de este libro se desarrolló a partir del mencionado seminario.

ENLATADO O PLANIFICADO

En la actualidad, el persuasor de éxito debe tener un plan específico de acción. Si tuviéramos que detenernos y desarrollar un plan para cada visita, la planificación superaría a la venta. Dada la correlación directa que hay entre «el dinero ganado» y «el tiempo invertido en un posible cliente» podemos eliminar la planificación innecesaria buscando una «fórmula» con un valor *concomitante.*

Concomitante es una palabra no muy conocida que significa «habilidades transferibles». Por ejemplo, un buen jugador de tenis de mesa probablemente tendrá algunas habilidades que pueda aplicar en el bádminton o el squash. En el mundo de la venta necesitamos un plan de acción que vaya más allá de una línea de productos y de las diferentes situaciones. Nuestro proceso de venta planificado consiste en una fórmula de cuatro pasos que veremos aquí de forma general y desarrollaremos con detalle en los siguientes capítulos. El primer paso es la necesidad de análisis; el segundo, tener conciencia de esa necesidad; el tercero, solucionarla y el cuarto, satisfacerla.

LA VENTA PAVLOVIANA

En 1904, el médico ruso Iván Petrovich Pavlov ganó el premio Nobel de Medicina por sus investigaciones. Pavlov investigó en el área de la digestión y el sistema nervioso. Hizo un experimento con perros en el cual hacía sonar una campana justo antes de la comida. En siguientes experimentos, cuando la campana sonaba, los perros salivaban, tanto si había comida como si no.

En el sofisticado mercado comercial actual, ponerte frente a un cliente con un catálogo y decirle: «Deténgame cuando vea algo que le guste», sencillamente no te servirá de nada. Quizá hagas alguna venta ocasional, pero no podrás vivir de ello y, desde luego, no podrás hacer una carrera.

La fórmula de cuatro pasos:
1. Análisis de la necesidad
2. Conciencia de la necesidad
3. Solución de la necesidad
4. Satisfacción de la necesidad

Demasiados vendedores llaman al timbre esperando que los posibles clientes empiecen a salivar cuando en realidad ocurre todo lo contrario. Si tus acciones dan la impresión de ser lo que algunos perciben como una actitud de ventas estereotípica, matarás el deseo de los posibles clientes.

Como ejemplo diré que hubo una época en la que los restaurantes de autoservicio ponían los postres al inicio de la línea. Esto se hace menos ahora porque en la actualidad el público sabe más de *marketing* que nunca antes en la historia del mundo. Los dinosaurios se extinguieron, y lo mismo ocurrirá con las esperanzas de cualquiera que se presente como el típico vendedor de coches de segunda mano que habla atropelladamente y presiona al cliente y que tiene un coche que su abuela sólo utilizaba para ir a la iglesia (debía ir a menudo porque el cuentakilómetros ha dado ya dos vueltas).

Con toda seguridad verás artículos junto a la caja registradora en supermercados y tiendas minoristas. La razón es que la compra por impulso es una parte importante de la venta y el *marketing*, pero el sofisticado nivel del público comprador impide que la venta pavloviana alcance un gran resultado. En algunos sitios se usa esta técnica para ventas adicionales. Es decir, que si compras un traje lo normal es que acabes comprando también una camisa y una corbata. De todas formas, la venta pavloviana es vender al *azar*.

Los vendedores de éxito utilizan un plan o diseño, un esbozo general. Y las buenas noticias son que hay un único esbozo general para el éxito en la venta, independientemente del producto o del servicio. Sé que esto puede parecer difícil de creer, ¡pero sigue leyendo!

PROCESO

Lo que sigue es una fórmula de cuatro pasos que puedes incluir en tus esfuerzos por vender. El tiempo invertido en cada paso puede variar, pero si tienes éxito en la venta te verás, de algún modo, involucrado en todos estos pasos.

PRIMER PASO: ANÁLISIS DE LA NECESIDAD

La venta dirigida por el cliente (deseos) y orientada a las necesidades (necésidades) comienza con un análisis de la necesidad por parte del vendedor profesional. Aunque los posibles clientes vengan a ti y soliciten tu producto o servicio, es muy posible que no hayan identificado adecuadamente lo que están buscando.

Permíteme ofrecerte un ejemplo concreto. Es una realidad de la vida que todo lo que respira vaya envejeciendo. Y cuando consideras la alternativa, ¡comprendes que hacerte mayor no es tan malo! También es cierto que nuestra población se compone cada vez más de ciudadanos ancianos, y en unos treinta años ese número se incrementará de forma significativa. Hay un enorme mercado de productos y servicios dirigidos a estas personas mayores, pero debería puntualizar que muchos de los productos actuales eran completamente desconocidos hace tan solo unos años. Algo tan simple para algunos como los contestadores automáticos, los ordenadores y los teléfonos móviles pueden resultar «artilugios» bastante desconcertantes para otros. El vendedor actual que está «al día» haría bien en sintonizar con los pensamientos, los miedos, las preocupaciones y los intereses de todos los posibles clientes, incluidas las personas mayores.

> *La venta dirigida por el cliente (deseos) y orientada a las necesidades (necesidades) comienza con un análisis de la necesidad por parte del vendedor profesional.*

El ejemplo siguiente, tomado del libro *Agewave* de Ken Dytchwald y Joe Flower indica lo importante que es identificar adecuadamente la necesidad del posible cliente y se sirve de una persona mayor para ilustrar su planteamiento.

Robert Beck fue director de beneficios en IBM durante sus años de crecimiento espectacular, entre finales de los setenta y principios de los ochenta. Por las implicaciones de su trabajo, Beck, de mediana edad por aquel entonces, adquirió una gran habilidad a la hora de utilizar una amplia variedad de ordenadores y tecnologías electrónicas.

Seguramente no le sorprendería que su padre, de setenta y ocho años, comentara un día que le gustaría tener un reproductor de video como el de su hijo.

«Puedes tenerlo papá, lo único que tienes que hacer es salir y comprarlo», le dijo Beck a su padre. «Para ti es fácil decirlo —replicó su padre—. Primero, aunque quisiera tener uno, no sabría cuál comprar. Segundo, no sería capaz de llevarlo hasta mi casa. Tercero, no sabría cómo instalarlo. Y cuarto, no estoy seguro de saber seguir las instrucciones de uso, y no quiero comprar algo que no voy a poder usar». Para este hombre el problema no era el dinero; el verdadero problema era tener que ir a comprarlo, instalarlo y aprender a usar el reproductor de video.

Para solucionarlo, el hijo acompañó a su padre a la tienda de electrónica y le ayudó a comprar un buen reproductor de video de fácil manejo. Después, llegaron a un acuerdo con el jefe de tienda para que uno de sus técnicos lo llevara y lo instalara en su casa. Por veinticinco dólares más, el técnico (que ahora era el «asistente personal de atención al cliente» del señor Beck) le dio tres lecciones, una cada día, para aprender a usarlo. Una vez familiarizado con la nueva tecnología, el señor Beck se convirtió en un gran fan de los videos y reunió la mayor colección de películas de su edificio. Incluso inició un club en el que se reunía una vez a la semana con sus vecinos y amigos jubilados para ver películas.

Disfrutó tanto con su reproductor de video que volvió a la tienda e hizo el mismo tipo de acuerdo para adquirir un equipo de música, un teléfono inalámbrico y una cafetera. Para él, hacer la compra más conveniente y que le enseñaran a utilizar el equipo era algo tan importante como el producto en sí.

Espero que este punto haya quedado claro. En inglés, vender *(sell)* se deriva de una palabra noruega *(selje)*, que significa «servir». Para poder servir a tus posibles clientes tienes que entender con toda claridad qué es lo que *ellos* necesitan antes de actuar.

VER EL INTERIOR DEL POSIBLE CLIENTE

En el análisis de la necesidad el objetivo es hacer una «radiografía» del posible cliente. El profesional de la venta desarrolla la habilidad y el talento necesarios para mirar dentro del cliente, encontrar sus necesidades y desvelarlas. Estas necesidades pueden estar visibles o no, pero sin duda existen. Tu deber (y tu oportunidad) como vendedor profesional es sacarlas a la luz, descubrirlas.

Mientras buscas las necesidades, los «deseos» y anhelos saldrán a la luz. No cometas el error de descartar esos deseos por frívolos, porque los posibles clientes actúan dejándose llevar por sus «deseos» en la misma medida que por sus necesidades.

Sé consciente de que no dije que tú debas *inventar* o *crear* las necesidades y los deseos. Eso no es vender. Lo que tú haces es descubrir una necesidad que ya existe y, en el proceso, rendir un servicio real.

Hace poco tuve problemas con una de las ruedas de mi coche, de modo que fui a la tienda de neumáticos para que me la cambiaran. Para mi disgusto, la persona que me atendió encontró un pequeño problema en otro de los neumáticos que indicaba que las ruedas delanteras no estaban alineadas. Me explicó que si no corregía el alineamiento pronto tendría que cambiar otra rueda. Sobra decir que volver a alinear las ruedas de mi coche costaba dinero, pero fue una *inversión* que me ahorró gastos adicionales en el futuro. El mecánico (un vendedor) que me atendió no causó el problema, simplemente lo identificó y me ofreció una solución, que es exactamente lo que un profesional debe hacer. Nosotros no creamos problemas; los identificamos y ofrecemos soluciones a través de nuestros productos y servicios.

NECESIDADES Y DESEOS: RAZONES Y EXCUSAS
El vendedor de éxito actual se deja llevar por *el deseo del cliente* y *se orienta por sus necesidades*. Los días en los que las ventas se guiaban y se orientaban por el producto se han acabado. Así pues, independientemente del producto o servicio, el cliente tiene necesidades y deseos que deben satisfacerse. Si tu producto o servicio satisface una necesidad o un deseo, entonces tendrás una oportunidad de llevar a cabo la venta. Si no se satisfacen necesidades o deseos, ¡no hay venta!

Básicamente, las personas compran porque *necesitan* o *quieren* algo. Si podemos dar una razón a las personas y una excusa para comprar, las probabilidades de que lo hagan aumentan considerablemente.

Hace muchos años tuve el privilegio de formar parte de una compañía que recaudó más dinero que cualquier otra en la venta directa de valores en el estado de Georgia. Vendiendo acciones en el mercado directo recaudamos más de cuarenta millones de dólares para construir una fábrica de papel en Blakely, Georgia. En muchas, muchísimas ocasiones, cuando vendía unas pocas acciones a alguien, prácticamente todos los miembros de la familia del comprador también las adquirían. Con frecuencia tenía que prometerles que no hablaría de cuántas adquirían (algunos sólo invertían cincuenta o cien dólares), pero todos podían decir que eran accionistas junto con sus familias, y eso les hacía felices.

El mismo principio funcionaba en el negocio de las baterías de cocina. Muchos conjuntos se vendían porque otros miembros de la familia los habían comprado. El orgullo familiar puede ser un factor muy motivador. Las *razones* por las que compraban eran: 1) querían las baterías, y 2) los otros familiares las tenían. Las *excusas* que ponían para comprarlas eran: 1) ahorro en la factura del combustible, del aceite para cocinar y de la electricidad, y 2) los alimentos encogían menos y su valor nutricional se incrementaba. Cada «excusa» era legítima, pero el factor abrumador en la compra (igual que en el caso de las acciones) era «el deseo».

En la actualidad, los ordenadores domésticos, los ordenadores portátiles y los teléfonos móviles se compran por razones similares. Las *razones* que las personas dan son: 1) quieren esos productos de alta tecnología y 2) otros miembros de su familia y gente de su edad ya los tienen. Las *excusas* que da la gente para comprar los últimos productos tecnológicos son: 1) conveniencia y 2) mejora de las comunicaciones. De nuevo, cada «excusa» es legítima pero el factor abrumador para la adquisición es el «deseo» (que se intensifica cuando otros ya poseen el producto).

La gente siempre compra lo que desea, incluso por encima de lo que necesita. ¿Cuántas veces hemos visto familias que viven literalmente en la pobreza y en donde, aun así, todos sus miembros fuman, beben refrescos y ven la televisión? ¿Cuántos abrigos de pieles se necesitan realmente en

> *Si podemos dar a la gente una razón y una excusa para comprar, las probabilidades de que lo hagan aumentan considerablemente.*

Dallas, Texas? La gente no los compra en primera instancia por necesidad; lo hace porque los desea. Cuando empiezas a comparar las necesidades y los deseos, ¿cuántos trajes necesitamos realmente? ¿Qué tamaño debe tener la casa que necesitamos? ¿Cuántas camisas, vestidos, blusas, jerséis, o pares de zapatos? Afortunadamente para los que estamos en el mundo comercial, nuestro trabajo *no sólo* debe determinar las necesidades (en el sentido más estricto de la palabra *necesidad*) porque las personas compran más de lo que necesitan.

Sospecho que si tú y yo parásemos a mil personas en las calles de cualquier ciudad y les preguntásemos a quemarropa: «¿Necesita usted... (un coche nuevo, aire acondicionado, un nuevo ordenador, más seguros de vida, o cualquier otro producto o servicio)?», muy pocos dirían: «Bueno, en realidad sí... ». Estoy aun más convencido de que si le contáramos nuestra historia de ventas de una forma persuasiva, de las mil personas al menos cincuenta (o quizá trescientas o cuatrocientas, dependiendo de nuestro producto, claro está), comprarían.

¿Qué pasó con esas personas que no «necesitaban» nuestro producto? Permíteme recordarte que con frecuencia las personas no saben cuáles son sus necesidades porque quizá no saben lo que existe en el mercado. Hace cincuenta años no sabíamos que necesitábamos aire acondicionado en nuestros coches, ordenadores en nuestras casas, extensiones en la línea de teléfono y muchas otras cosas. No hacemos infelices a la gente por revelarles que tienen nuevas «necesidades». La realidad es que podemos hacer que disfruten de un estilo de vida más agradable, y facilitarles operaciones eficaces y de buen rendimiento, u ofrecerles ahorros significativos con el uso de nuestros productos. La pregunta básica no es: «¿Necesita un nuevo ordenador?» La pregunta es: «¿Le gustaría reducir errores en los caros correos promocionales así como ganar tiempo a la hora de introducir los nombres?»

Si eres lo bastante afortunado como para vender un producto o servicio que las personas quieren y necesitan (y crees que ellos lo quieren y lo necesitan aunque no estén convencidos aún) ¡te encuentras en el camino del éxito comercial!

Un vendedor armado con *integridad*, una firme *creencia* en el producto y el *deseo* de llevar ese producto a las manos de la mayor cantidad posible de personas, es una *fuerza poderosa* con la que tratar. Y es incluso más poderosa si se le añaden habilidades de persuasión al arsenal de venta.

Para nuestros propósitos utilizamos básicamente las palabras *deseos* y *necesidades* de una forma intercambiable a lo largo de este libro.

Habla la experiencia

Hace muchos años, cuando estaba en la venta directa vendiendo baterías y utensilios de cocina, hice una presentación a una familia que *necesitaba* desesperadamente mi producto. Tuve la oportunidad de hacer un inventario de sus utensilios de cocina mientras preparaba la comida de la presentación, y no tenían *nada*. A pesar de ser tan grande su necesidad, invertí casi dos horas en cerrar la venta. La señora y su marido tenían la misma habilidad que yo a la hora de insistir y seguían diciendo: «No hay dinero, es muy caro, ¡no nos lo podemos permitir!»

Mientras recogía mi maletín con el muestrario para marcharme, alguien dijo «porcelana». No se me olvidará nunca la forma en la que se le iluminaron los ojos a esa mujer. Dijo: «¿Porcelana? ¿Vende usted porcelana fina?»

«Sí, señora —le respondí—. ¡Vendemos la mejor porcelana del mundo entero!»

Menos de treinta minutos después me fui de aquella casa con un pedido mucho más caro que todo el conjunto de utensilios de cocina. Ahora piensa conmigo. Si ella no podía permitirse los utensilios de cocina que tanto necesitaba, ¿cómo pudo permitirse la porcelana que no necesitaba? La respuesta es que *no podía* permitirse unos utensilios que no quería, pero sí *podía* permitirse la porcelana que deseaba.

El punto clave es que *la gente compra lo que desea cuando lo desea más allá de lo que aprecian el dinero que eso cuesta.*

¿Cómo descubrir los deseos y las necesidades? Me alegra que hagas esa pregunta.

El sondeo

Con el esfuerzo adecuado en el sondeo puedes descubrir las necesidades de tu posible cliente. Cada uno de nosotros tiene un saco de necesidades y deseos, a menudo enmascarados por síntomas. El vendedor que vende a síntomas fracasa en la venta y no entiende el por qué, o tiene *caídas, retiradas* o *devoluciones*, cualquiera que sea el término que uses para la pérdida de ventas, comisiones y la oportunidad fallida de ayudar a un posible cliente.

Andrew Downie, de Nueva Gales del Sur, Australia, compartió la siguiente historia conmigo. En ella explica cómo sondeó hasta llegar a la raíz de la necesidad del cliente sin quedar atrapado en el síntoma del problema. También muestra una gran dosis de creatividad adaptando principios de toda la vida a su situación específica (¿recuerdas el valor «concomitante»?).

Andrew concluyó su presentación diciendo: «... y, por tanto, la inversión total asciende a x, y la mayoría de las personas lo abonan en efectivo, por cheque o mediante tarjeta de crédito. ¿Qué forma prefieren ustedes?» El posible cliente parecía totalmente abrumado y contestó: «El problema no es el dinero. ¡Es que hay tantas cosas que debemos considerar!»

Andrew captó inmediatamente la señal que le estaba enviando el cliente: *aquí hay un problema y no voy a comprar.*

Sondeo psicológico

Andrew utilizó uno de los recursos disponibles más antiguos del que dispone el vendedor a la hora de sondear: el método de Ben Franklin, y se puso a trabajar de inmediato. Las personas de Nueva Gales del Sur, Australia, quizá no saben quién es Ben Franklin, e incluso sabiendo de quién se trata es posible que su nombre no tenga tanto impacto como en Estados Unidos. Así que Andrew adaptó la idea y usó la frase: «Grandes hombres y mujeres de estado».

> *La gente compra lo que desea cuando lo desea más allá de lo que desean el dinero que eso cuesta.*

«Sr. Cliente, los grandes hombres y mujeres de estado de todos los países se han encontrado en una situación parecida a la suya. Quieren estar seguros de tomar la decisión correcta y no equivocarse. ¿Es así como se siente usted en este momento?» El señor Cliente asintió con un movimiento de cabeza algo sospechoso. Con la habilidad de un verdadero maestro de la profesión, Andrew se colocó en el lado de la mesa donde estaba el cliente. No, físicamente no se levantó para colocar una silla junto al cliente, cosa que algunos vendedores hacen. De hecho, algunos maestros del ajedrez se levantan y se colocan detrás de su oponente durante un momento para mirar el tablero desde el otro lado y tener una perspectiva diferente. Lo que Andrew hizo fue colocarse al otro lado de la mesa y contemplar la situación desde la perspectiva del posible cliente.

«Lo que los grandes hombres y mujeres de estado hacen en situaciones como ésta, Sr. Cliente, es agarrar una hoja de papel en blanco y trazar una línea de arriba abajo que divida la hoja en dos partes. En el lado izquierdo escriben las razones a favor de la decisión y en el derecho las que están en contra. Luego toman la decisión basándose en el número de razones positivas y negativas anotadas. ¿Por qué no hacemos lo mismo?» De nuevo, Andrew recibió una respuesta afirmativa con un movimiento de cabeza algo menos sospechoso en esta ocasión.

Andrew y el cliente hicieron juntos la lista y llegaron a doce razones positivas para tomar la decisión. Cuando Andrew le preguntó al cliente lo que no le gustaba del programa, respondió con una palabra: «Dinero».

Un desafío moderado

«Entonces, Sr. Cliente, la única razón para no seguir adelante es el nivel de inversión. ¿Correcto?» Esta vez hubo un movimiento de cabeza afirmativo y la respuesta fue un rotundo «sí». Recuerda que antes el cliente había dicho que el dinero no era un problema; «demasiadas cosas que considerar», así expresó su preocupación. Andrew le ayudó a analizar la situación con el método Franklin y el cliente tuvo toda la información que necesitaba. Andrew le dijo: «Pero usted me dijo que el dinero no era un problema, ¿no es así?» Tras una pausa muy pequeña el cliente asintió, por lo que Andrew prosiguió: «Entonces, no hay razón para no formalizar hoy el papeleo, ¿verdad?» Y el cliente respondió con ese tipo de «no» que a Andrew le encanta escuchar, ese que dice: «Rellena el formulario, ¡compraré!»

Lecciones importantes

Andrew estaba tremendamente entusiasmado tras cerrar la venta, y también lo estaba el cliente, porque ambos tenían lo que querían. Al irse, Andrew repasó la exitosa presentación de la venta en su mente (los grandes profesionales de la venta reproducen constantemente en sus mentes las presentaciones de éxito antes, durante, y después de las visitas).

Andrew comprendió que en ella había muchas lecciones que aprender. Se puso en el lugar del cliente; implicó al cliente en el proceso con el método Ben Franklin; comprometió al cliente y le obligó a realizar acciones, haciendo las preguntas de forma adecuada; y Andrew cerró la venta de una forma decisiva, consiguiendo el resultado que beneficiaba al cliente y al vendedor. Sin embargo, la venta no se habría realizado si él hubiera aceptado la primera negativa del cliente: «No, hoy no puedo comprar».

La raíz del problema era la falta de información y la dejadez. Andrew resolvió ese problema facilitando la información necesaria (no sólo las razones expuestas para no comprar) e hizo preguntas que animaron al cliente a entrar en acción.

¿A quién sondeamos?

Muchas veces las necesidades y los deseos deben descubrirse seleccionando el mejor mercado posible para el sondeo. Durante muchos años en Ziglar Trainning Systems han trabajado con Dunn's *Marketing*, comprando listas de correo directo con información específica que permite penetrar en mercados propensos a necesidades específicas.

Vendedores profesionales destacados hacen sus deberes y encuentran información sobre los antecedentes de las compañías (suelen hacerlo antes de realizar la llamada de venta), especialmente si venden un artículo de alto precio o se especializan en negocios de compra repetitiva. Mi amigo Jerry Aull vende productos y seminarios de formación en el área de Atlanta, Georgia. Jerry tiene un ayudante que va a una compañía y recoge información que va desde el informe anual hasta el nombre del ayudante administrativo de la persona que toma las decisiones... ¡y el asistente de Jerry está haciendo tele*marketing*! Está haciendo miles de dólares en ventas y su único contacto cara a cara lo hace en forma de investigación.

Jerry Aull, un auténtico conferenciante e instructor destacado y un vendedor profesional de muchísimo éxito, recopila la información y realiza las visitas cara a cara para dar las explicaciones necesarias. Jerry y su ayudante forman un gran equipo que está estableciendo récords para la compañía mientras ayudan a miles de personas a ser más eficientes y efectivas en sus vidas.

Independientemente de cómo o en qué medidas hagas tu tarea, el sondeo final lo realizarás *con* el cliente o posible cliente. Una vez más, no importa de qué producto o servicio se trate porque se aplicarán los mismos «principios básicos del sondeo».

Las preguntas son las respuestas

El sondeo comienza con preguntas. Debes desarrollar una actitud de curiosidad y un interés sincero en las respuestas a tus preguntas. Deja que salga el niño pequeño que hay en ti. Algunos estudios dicen que los niños de dos a doce años pueden hacer hasta ochenta preguntas al día. Cuando llegan al instituto, esa media baja a unas cuarenta preguntas diarias. En el mundo de los negocios sólo preguntamos entre diez y quince veces al día. Necesitamos preguntar tantas veces como un niño.

Mi amigo y socio Bryan Flanagan, al que mencionaré muchas veces a lo largo de este libro, es un destacado conferenciante y entrenador, a la vez que un modelo de conducta y un hombre de familia. Sus presentaciones van siempre generosamente salpicadas de ejemplos sacados de su vida familiar. Él y su mujer, Cyndi, tienen dos hijos, Patrick y Quinn y, como muchos de nosotros, aprenden continuamente de sus hijos.

Hace varios años, cuando Patrick tenía siete, tuvimos unos de esos escasos días nevados en Dallas, Texas. Bryan y Patrick estaban en el jardín delantero y hacían un muñeco de nieve mientras Cyndi y Quinn observaban alegremente (y sabiamente) desde el calor del salón de la casa. Más tarde salió el sol. Mientras el muñeco de nieve se iba derritiendo, Patrick le hizo a su padre una de esas grandes preguntas de «niño pequeño» que debemos imitar. Le preguntó: «Papá, ¿dónde va lo blanco cuando la nieve se derrite?»

Bryan enseñó la importancia de formular las preguntas correctas de una forma adecuada. Tras una breve pausa, Bryan respondió a su hijo con la única respuesta posible ante una pregunta de tal magnitud. Le dijo: «Pregúntale a tu madre».

Las preguntas adecuadas

Tú quieres hacer preguntas para recopilar información, no recopilar hechos. Aunque te vendrá bien conseguir información objetiva, los simples hechos no te ayudarán a descubrir las necesidades del posible cliente. En el capítulo 6, «Las preguntas son las respuestas», veremos detalles sobre este tema. La fórmula P. O. M. O. del capítulo 7 te ayudará a mantener una conversación agradable y a no «quemar» al posible cliente.

PASO DOS: CONCIENCIA DE LA NECESIDAD

En este paso hay dos partes distintas. En primer lugar, el vendedor debe identificar una o dos necesidades específicas que puedan expresarse claramente. En segundo lugar, el posible cliente debe comprender que hay una necesidad *además* de comprender también los detalles de esa necesidad. La «bombilla» debe encenderse primero en tu mente y luego en la del posible cliente.

Material volcánico

Empiezas con la conciencia de la necesidad de la misma manera que con el análisis de la necesidad: haciendo preguntas. Pero, en este caso, es difícil porque las preguntas deben conseguir que tanto nosotros como el posible cliente entendamos sus necesidades y deseos. ¡Necesitamos *pensar* para llegar a eso! La dificultad radica en que nosotros, los vendedores, estamos a menudo tan centrados en conseguir la venta que dejamos de pensar, o pensamos en el resultado que queremos conseguir, en detrimento del proceso por el cual hay que pasar para llegar a ese resultado.

Aunque los posibles clientes vengan a ti en un entorno de venta minorista, y especialmente cuando no vienen a ti, es vital desarrollar la conciencia de la necesidad. Sé que para algunos de ustedes será difícil de creer, pero algunos posibles clientes dirán que quieren comprar y luego cambiarán de opinión (sí, lo estoy diciendo con tono sarcástico). La verdad es que cuando te enfrentes al hecho de que estás pidiendo una cantidad de dinero que (para el posible cliente) parece la deuda nacional, muchos se van a echar atrás. Tu producto o servicio puede costar poco dinero, pero debes ser consciente de que tu percepción del dinero puede ser muy distinta de la del posible cliente. Si no has identificado la necesidad adecuada y no se la has dejado perfectamente clara al posible cliente, la venta no se llevará a cabo o el cliente cambiará de opinión.

Preocupaciones reales

Un vendedor de éxito debe ser capaz de escuchar atentamente lo que el posible cliente está diciendo. Por ejemplo, el cliente de una inmobiliaria podría decir: «No me gusta el sitio. Está demasiado lejos de mi trabajo, no está en un buen barrio, está demasiado lejos del colegio, es la casa más cara del bloque», y muchas cosas más. Pero podría estar diciendo realmente: «No sé mucho del mercado inmobiliario. No sé qué tipo de financiación tengo disponible», o «francamente no puedo decir si la casa está bien construida o no». Un vendedor sensible y con conocimientos sondearía con amabilidad y acabaría descubriendo tanto las objeciones obvias como las «no obvias». Un buen profesional le facilitará al cliente los precios de casas similares vendidas en ese mismo barrio en los últimos meses y le informará adecuadamente de las posibilidades de financiación así como de los intereses aplicables.

Quizá una de las objeciones más importantes que no suele expresarse es el «miedo a perder» que entra en la mente de alguien cuando contempla hacer una compra de gran magnitud y, para la mayoría de las personas, una casa es la compra más grande que harán en toda su vida. El vendedor debe dar la mayor seguridad a su posible cliente y mostrarle la última inspección que se haya hecho de la propiedad o animarle a verla y examinarla de nuevo.

La paz mental que el cliente también está comprando junto a la propiedad bien vale una pequeña inversión en forma de una inspección a fondo del lugar cuando el desembolso total en la casa va a ser de miles de dólares o incluso más. Sigue sondeando (haz preguntas que demuestren que tienes un interés sincero en el cliente) hasta descubrir cuál es su preocupación real. Perder una venta y no saber por qué es extremadamente frustrante.

En el capítulo 8, «Hacer que las luces se enciendan», aprenderás los detalles para ayudar al cliente a entender que tiene una necesidad real y específica, alterando el «equilibrio homeostático». Aprenderás a llevar de nuevo a esa persona al equilibrio antes de que un competidor pase por ahí y te arrebate la venta.

PASO TRES: SOLUCIÓN DE LA NECESIDAD

El paso tres de la fórmula de cuatro pasos que encaja con todos los productos y servicios es la solución a la necesidad. Ahora es el momento de dejar de preguntar y de aportar soluciones a las necesidades.

Ya has invertido dos fases del proceso de venta descubriendo y sintonizando las necesidades y los deseos del cliente, pero no le lleves aún a tu producto. Y ahora me imagino que alguno de ustedes estará diciendo: «Un momento, Ziglar. En el último párrafo dijiste que era el momento de presentar el producto. He pasado meses aprendiéndome la presentación de la venta. Leo este libro en el que has dedicado todas estas páginas a decirme que tengo que encontrar las necesidades del cliente, ser consciente de ellas y hacer que el cliente también lo sea. Por fin llegamos a la parte en la que puedo presentar mi producto (que es, después de todo, la razón por la que estoy haciendo

> *Nunca empezamos por el producto, sino por la necesidad.*

la visita de venta), ¿y ahora me dices que todavía no empiece hablar de mi producto? ¡Explícate, hombre!»

Muy bien, lo haré. Déjame hacerte una serie de preguntas trampa. Ya he dicho que están diseñadas para ser engañosas, así que considérate advertido. ¿Alguna vez compraste una cama? ¿Un nuevo conjunto de ropa? ¿Un coche? ¿Una póliza de seguros? ¿Una fotocopiadora para la oficina? ¿Un programa de entrenamiento? ¿Cintas de audio? ¿Un libro?

Permíteme decir que ninguno de los que están leyendo este libro ha comprado jamás alguno de esos artículos.

Lo que han comprado ha sido un buen descanso para la noche; la manera en la que te sientes y te ves con una ropa determinada; transporte; protección para tu familia con ventajas de ahorro e inversión; más comunicación y organización en la oficina; productividad adicional; más información; un programa de ventas fundamental que te ayudará a tener más éxito aún en tu carrera comercial.

Ninguno de nosotros compra productos. Compramos los productos del producto, que se denominan beneficios o soluciones de la necesidad. No compramos lo que el producto es; compramos lo que el producto *hace por nosotros*.

Empieza por la necesidad

No empezamos nunca por el producto, sino por la necesidad. Según mi amigo y colega en la formación de vendedores, Don Hutson, todo el mundo escucha la misma emisora de radio. Él dice, y yo estoy completamente de acuerdo, que todos escuchamos la WII-FM (que quiere decir *¿Qué hay aquí para mí?* por sus siglas en inglés, *What's In It For Me*). Debemos relacionarnos con el cliente con respecto a la necesidad y no al producto.

El asesor de comunicaciones Nick Dalley trabajó un tiempo para nuestra compañía. Pasaron varios meses hasta que lo volvimos a ver, y muchos notaron algo diferente en Nick cuando regresó para ayudarnos con un proyecto en particular. Finalmente nos dimos cuenta de que llevaba un corrector dental. Al final alguien tuvo la suficiente curiosidad para preguntarle por qué quería llevar el corrector.

La respuesta de Nick contiene una lección muy valiosa acerca de empezar por la necesidad. Respondió: «No quiero un aparato dental, quiero unos dientes rectos».

Por favor, no pierdas tu tiempo ni el de tus clientes explicándoles lo que *es* el producto. Cuéntales lo que el producto puede *hacer* por ellos y por qué.

En el capítulo 9, «Vender soluciones para los problemas de la gente», aprenderás a explicarle a la gente lo que estás vendiendo, qué es lo que hace, y por qué lo hará mejor que cualquier otro producto.

PASO CUATRO: SATISFACCIÓN DE LA NECESIDAD

El cuarto paso en el proceso es la satisfacción de la necesidad. Es el más importante para el vendedor a la hora de ayudar a los demás. Si de verdad deseas ayudar a otras personas; si de verdad crees en tu producto o servicio; si de verdad quieres que el cliente se beneficie; si de verdad tú quieres beneficiarte de tu trabajo duro y de tu esfuerzo; entonces debes recordar.

S. S. O. P.: SOLICITA SIEMPRE LA ORDEN DE PEDIDO

Por tonto que pueda parecer, a veces nos quedamos paralizados, nos apagamos, o simplemente echamos por tierra la venta cuando estamos a punto de cerrarla. Es un error tan común que escribí todo un libro sobre este tema titulado *Grandes secretos de Zig Ziglar para cerrar la venta*. Se han vendido cientos de miles de copias, porque todos queremos cerrar más ventas con más frecuencia.

UN «NOVATO» EN ACCIÓN

Realmente he recibido muchas bendiciones en mi carrera comercial, pero no pienses que siempre fue así. Permíteme compartir contigo una historia que te dará una nueva visión (y espero que también algo de ánimo).

En mis primeros días en la venta hice algo que muy pocas compañías hacían en esa época: demostraciones en grupo. Agrupar a varios posibles clientes para hacer una presentación, en lugar de hacerlo individualmente seis u ocho veces tiene sentido, ¿verdad? Mi primera demostración en grupo fue algo que nunca olvidaré. Los señores M. P. Gates y los señores Clarence Spence se reunieron en casa los señores Moore en Columbia, Carolina del Sur. Los Moore ya tenían el producto, pero no terminaban de usarlo correctamente por lo que, en agradecimiento por haber invitado a sus vecinos, accedí a darles algunas ideas de cómo darle un mejor uso. Aun a riesgo de parecer presuntuoso, fue una gran demostración. Al terminar, los posibles clientes me dieron una docena de razones de por qué no debían y no podían comprar. Sin embargo, para mi deleite, todos acabaron diciendo: «Nos lo quedamos».

Ahora, querido amigo lector, permíteme que te haga una pregunta. Sabiendo que por mi situación financiera estaba a dos velas, y sabiendo que había pasado un tiempo considerable desde la última vez que había cerrado una venta, ¿qué habrías hecho tú en mi lugar? Tengo que creer que el 99.9% de los vendedores del mundo con dos dedos de frente habrían tomado la orden de pedido. Adivinen lo que hizo el «viejo Zig». Consulté mi reloj y dije: «Amigos, me encantaría rellenar yo mismo su orden de pedido, pero tengo otra cita y llego tarde». Y después de eso recogí mi maleta de muestras y me fui.

Con dos clientes y el dinero en la mano prácticamente pidiéndome que tomara nota del pedido, yo les vine a decir algo así como: «No, tengo algo más importante que hacer». Ni siquiera en tu día más negro habrías cometido ese error. Yo lo hice. Todo esto es para decirte que por muy nuevo o inepto que seas (o que creas ser), *hay* esperanza para ti.

Las buenas noticias son que regresé al día siguiente, pero la señora Gates no estaba en casa de la señora Spence como habíamos acordado. La señora Spence tenía su cheque preparado y estaba contenta de haber adquirido el producto. Y estaba a punto de marcharme cuando la señora Gates llegó corriendo con su cheque en la mano. Cuando me lo entregó, y tras una pausa para recobrar el aliento, me dijo: «¡Pensé que se me escapaba otra vez!»

Aprende tu ABC

En el capítulo 10, «El ABC de cerrar una venta», aprenderás a solicitar y conseguir la orden de pedido.

CUATRO PASOS HACIA EL ÉXITO...
PARA TI

En este capítulo, «Vende con un plan, no al azar», hemos presentado una lección para los vendedores principiantes y un repaso de los fundamentos básicos para los vendedores ya experimentados. Si en estos momentos tus ventas están bajas o no acabas de despegar tan rápido como esperabas, estas páginas te ayudarán a identificar los errores básicos.

Advertencia: los próximos cinco capítulos sólo deben leerlos aquellos que quieran vender mucho, ya que incluyen los procedimientos y los pequeños detalles de cada uno de los pasos que compondrán *tu* plan para el éxito.

LA FÓRMULA DEL ÉXITO PARA LAS VENTAS

1. Análisis de la necesidad
   A. La venta dirigida por el cliente (deseos) y orientada a las necesidades (necesidades) empiezan con un sondeo del vendedor para descubrir y entender cuáles son las necesidades y deseos del cliente.
   B. Durante el análisis de la necesidad, el vendedor hará una «radiografía» al posible cliente.
   C. Un sondeo profesional se hace con preguntas.

2. Conciencia de la necesidad
   A. La «luz» (entendimiento) debe encenderse para el vendedor.
   B. La «luz» (entendimiento) debe encenderse para el cliente.
   C. Los posibles clientes suelen centrarse en los síntomas en vez de en los problemas arraigados; éstos se descubren mediante el sondeo.

3. Solución de la necesidad
   A. Empieza por la necesidad.
   B. Los clientes no compran productos; compran lo que el producto hace por ellos.
   C. Recuerda: WII-FM ¿Qué hay aquí para mí? (el cliente).

4. Satisfacción de la necesidad
   A. S. S. O. P. = Solicita Siempre la Orden de Pedido.
   B. Creer en tu producto o servicio requiere solicitar la orden de pedido.
   C. Cuando el vendedor satisface necesidades y deseos, ¡los futuros clientes están garantizados!

CAPÍTULO SEIS

LAS PREGUNTAS
SON LAS RESPUESTAS

Comenzar por un análisis de las necesidades

El vendedor consiguió nuestra dirección a través de otro profesional de la venta y vino a nuestra casa a última hora de la tarde. Cuando la Pelirroja abrió la puerta, él se encontraba a varios metros para mostrar que no constituía una amenaza para ella. Las primeras palabras que dijo fueron: «Sra. Clienta Potencial, creo que ustedes tienen una piscina y que el Sr. Cliente Potencial es quien se ocupa de ella, ¿no es así?» La Pelirroja sonrió viendo que había identificado la situación correctamente, por lo que el vendedor prosiguió: «Bueno, Sra. Cliente Potencial, si yo le limpio la piscina y le suministro los productos necesarios para su mantenimiento por 2,50 dólares al día, ¿le merecería la pena, teniendo en cuenta que su marido quedaría libre de esa responsabilidad, lo que les permitiría disponer de unas tres horas más a la semana para hacer lo que les apetezca en vez que tener que hacer lo que hace falta?»

Con esas convincentes preguntas, el vendedor empezó una presentación muy positiva y beneficiosa (positiva porque él consiguió la venta y la comisión; beneficiosa porque el cliente vio suplida una necesidad muy importante).

Tuve una experiencia parecida en el aeropuerto de Lubbock. El mozo de maletas me echó una mano con mi equipaje, que incluía una bolsa de palos de golf muy pesada. Ansioso como estaba por llegar de una vez a Dallas después de muchos días fuera, me vi absorto en una conversación con el agente del mostrador y me olvidé del caballero que me había ayudado tan cortésmente. Su pericia en la venta se manifestó en una pregunta muy entusiasta y agradable: «Señor, ¿puedo hacer algo más por usted?»

Esa «presentación de venta» de siete palabras no era más que una pregunta, pero produjo los resultados deseados. Rápidamente le di la gratificación que tanto merecía. ¡Eso es vender!

EN EL PRINCIPIO

¿Cuál es la mejor forma de empezar la presentación de venta? ¡Con preguntas! ¿Cuál es el propósito de empezar con preguntas? Las preguntas nos permiten reunir información importante que nos capacita para ayudar a nuestros clientes, e igual de importante (o quizá más) es que al formular las preguntas de forma profesional establecemos el aspecto más importante del proceso de venta: ¡la *confianza*!

Aunque la persona que nos vendió el servicio de limpieza de piscinas pensaba que conocía nuestras necesidades, hizo preguntas. Estas preguntas demostraron que conocía nuestras necesidades y que quería ayudarnos, y eso animó a la Pelirroja a creer que podíamos confiar en él.

EL PRIMER PASO EN EL PROCESO DE VENTA CON ÉXITO

La presentación de una venta con éxito empezará siempre con un análisis de la necesidad. Cualquiera que sea el producto o el servicio, debes analizar las necesidades del cliente. Como ya he afirmado antes, aunque el cliente potencial venga a ti con una necesidad aparentemente obvia, el vendedor profesional debe hacer las preguntas necesarias para comprobar que la necesidad es realmente la que parece ser.

PREGÚNTATELO

Si tú fueras a hacerme una serie de preguntas de un modo profesional que demostraran un interés *sincero* en mí y en mi compañía,

¿qué pensaría yo de ti? Al manejar esta parte de la presentación de venta en la forma adecuada, enseguida notaría que no se trata de «un vendedor más que viene a sacarme el dinero». En lugar de eso, ¡descubriría que estás verdaderamente interesado en ayudarme! La *mejor* manera de descubrir las verdaderas necesidades de un cliente o posible cliente es hacer las preguntas adecuadas.

Ya que las preguntas son el tema, tu pregunta debe ser: ¿por qué formular las preguntas adecuadas conduce a la confianza? Respuesta: porque demuestran que el propósito de nuestra llamada es descubrir las necesidades e intereses del cliente y reunir información para que *juntos* podamos averiguar en qué forma puede nuestro producto o servicio suplir la necesidad del cliente (resolver el problema). Estaremos comunicando este mensaje: «Trabajemos juntos para descubrir la necesidad (problema) antes de ofrecer una solución».

Psiquiatras, médicos, abogados, consejeros matrimoniales, y demás profesionales de «ayuda» escuchan atentamente antes de diagnosticar un problema y prescribir soluciones. Los posibles clientes quieren que se les escuche para asegurarse de que comprendemos que su situación es «diferente». Su situación no tiene por qué ser diferente, pero la realidad, como la belleza, se ve según el cristal con el cual se mira. Nunca ganaremos la confianza de los posibles clientes si no llegan a creer que estamos realmente interesados en resolver su problema «único».

El vendedor profesional del siglo XXI debe comprender claramente que el cliente de su tiempo está mejor informado y es más cínico que cualquier otro consumidor a lo largo de la historia. Se hace tanto énfasis en el *marketing* (en los medios: radio, televisión, Internet, y prensa) que el consumidor actual es muy sofisticado. Las preguntas *son* importantes, pero el cliente no tolerará esas preguntas obvias, expresamente diseñadas para llevarle por donde nosotros queremos y manipularle con el fin de meter la mano en su bolsillo y quitarle ese dinero que tanto le ha costado ganar. Como profesionales, debemos «motivar» al posible cliente para que comparta con nosotros cuáles son sus necesidades, sus deseos, sus problemas e intereses, con el fin de poder «incentivarles» para que usen nuestros servicios como solución a sus problemas.

¿MOTIVACIÓN O MANIPULACIÓN?

Esto nos conduce a una cuestión ética, y la ética es el fundamento sobre el cual debemos construir nuestra carrera. ¿Cuál es la diferencia entre motivación y manipulación? Desgraciadamente, estos términos se suelen confundir a menudo, pero compararlos es como comparar bondad con engaño. La diferencia radica en la intención de la persona. La motivación hace que las personas actúen por voluntad y deseo propios mientras que la manipulación suele ser el resultado de una conformidad forzada. Una es ética y de larga duración, mientras la otra no es ética y es temporal.

Thomas Carlyle dijo:

> Un gran hombre muestra su grandeza en la forma en la que trata a alguien más pequeño. El valor que le das a las personas determina si eres un motivador o un manipulador de hombres. La motivación es actuar juntos para un beneficio mutuo. La manipulación es trabajar juntos para mi propio beneficio. Hay una diferencia sustancial. Con el motivador todos ganan. Con el manipulador sólo gana él mismo.

A esos pensamientos añadiré que, para el manipulador, la «victoria» es temporal y su precio prohibitivo. Esta victoria empañada y vacía cortocircuita la relación, y probablemente signifique que acabas de cerrar tu primera y única venta con ese cliente. Es posible esto haga que tu jefe te vea con buenos ojos por la venta, que quedes bien en el informe y que temporalmente esto te reporte una recompensa económica, pero bloqueará definitivamente tu camino hacia lo más alto y es un planteamiento autodestructivo para una carrera en ventas.

> *La motivación hace que las personas actúen por voluntad y deseo propios mientras que la manipulación suele ser el resultado de una conformidad forzada.*

Este chico puede vender

Leonard Harvison cuenta cómo tras un duro día de trabajo en el jardín recibió una llamada de su sobrino Robert Gibson, de siete años de edad. Ésta fue la conversación:

> Robbie: Tío Bubba, ¿hay alguien contigo?
> Leonard (Tío Bubba): No, estoy solo.
> Robbie: ¿Te molesto con mi llamada?
> Tío Bubba: No, en absoluto.
> Robbie: ¿Estás tan aburrido como yo?
> Tío Bubba (pensando que Robbie quería pasar la tarde con su tío favorito): Sí, estoy aburrido, Robbie.
> Robbie: Se me acaba de ocurrir una idea. Podríamos ir a pescar.

Lo único que a Leonard le apetecía hacer en aquel momento era darse una ducha y descansar, pero Robbie ya había tapado todas las salidas lógicas de antemano. «Yo fui el pez más grande que se pescó aquella tarde —dijo Leonard—, ¡y me encantó!»

Bajo ningún concepto podría acusar de manipulador al pequeño Robbie Gibson, porque él ni siquiera comprendería lo que eso significa. Sin embargo, él sabía exactamente lo que quería y, de una forma natural, como el niño que era, hizo algunas preguntas importantes. También debo destacar que el amor entre tío y sobrino es obvio. El corazón de la historia se encuentra en las tres últimas palabras de Leonard: «... y me encantó». Es un claro ejemplo de venta a partir de la motivación (ambos ganan).

PENSAR LAS PREGUNTAS O SENTIRLAS

Te haces un gran favor a ti y a tu cliente cuando haces preguntas del tipo: «¿Qué le parecería... ?» al comienzo de la fase de análisis de la necesidad en el proceso de venta. Cuando aprendes a ver cómo se siente el cliente, con toda probabilidad conseguirás averiguar lo que piensa. Muchos de nosotros decimos que tomamos decisiones lógicas, pero la realidad es que son, principalmente, decisiones emocionales.

El ejemplo clásico es el del cinturón de seguridad. Mucha gente «montó un escándalo» cuando en sus estados aprobaron las leyes que regulaban el uso del cinturón de seguridad, reivindicando cosas como que éste era «un país libre, ¿y qué será lo siguiente que el gobierno obligue a hacer?» Y había estas quejas a pesar de las probabilidades de que en caso de accidente el cinturón de seguridad sirviera para prevenir heridas graves o la muerte eran de tres contra una. Por otra parte, he volado en avión más de seis millones de kilómetros y todavía no he oído a un solo pasajero sentirse desdichado cuando se le pide que se abroche el cinturón de seguridad. Todos obedecemos dócilmente y hasta con entusiasmo. Debo puntualizar que si el avión se estrella hay una posibilidad entre mil de que el cinturón de seguridad del avión nos sirva de algún bien. Sí, somos gente emocional, no lógica.

Sin embargo, como vendedores debemos entender que si nos limitamos a las preguntas que crean emociones es posible que hagamos actuar al cliente, ¿pero qué ocurre cuando la emoción del momento se desvanece? El «remordimiento del comprador» puede aparecer y podemos perder unas ventas que parecían muy firmes en el momento de cerrarlas. Por otra parte, si sólo hacemos preguntas lógicas (que el cliente contestará desde el intelecto), es posible que le hagamos ver claramente sus necesidades y los beneficios de nuestro producto o servicio, pero existe una gran probabilidad de que salgan a la calle y compren el producto a alguien que los involucre emocionalmente en los beneficios del mismo. Por lo tanto, nos corresponde a nosotros combinar emoción y lógica. Las emociones llevan al cliente a actuar en el momento, y la lógica le ayuda a justificar la compra después. Esto es importante porque muchas veces el cliente tiene que dar explicaciones a familiares y amigos.

¿Te has visto alguna vez obligado a justificar (o has querido hacerlo) una compra a un familiar o amigo? Te puede ocurrir como a aquel hombre al que su mujer hizo tantas preguntas sobre el coche usado que acababa de comprar que regresó al concesionario. Cuando el vendedor vio a nuestro «héroe» llegar, rápidamente empezó a explicarle la política de devolución de la compañía.

—No, no quiero devolver el coche —declaró el hombre categóricamente—, sólo me preguntaba si podría volver a hacerme su presentación de venta una vez más.

Comprender y utilizar el aspecto emocional *y* el lógico de la venta ayudará al vendedor profesional a ser más efectivo.

VER, OÍR Y CREER

Por lo general, cuando vemos algo (tablas, gráficos, demostraciones), es más probable que respondamos según la lógica. Cuando escuchamos un mensaje, especialmente si el que lo transmite lo hace de una forma entusiasta y/o sincera, tendemos a implicarnos de una forma más emocional. Desde pequeños nos dicen: «No puedes creer todo lo que escuchas», y «ver para creer». Conclusión: deja que los clientes vean para que puedan creer, y permítales oír para que actúen.

COMBINAR EMOCIÓN Y LÓGICA

Supongamos que tienes un producto o servicio que ahorrará dinero a tu posible cliente. Al final de la demostración o presentación, cuando haya demostrado de forma concluyente que tu producto o servicio efectivamente ahorra el dinero del cliente, debes hacer estas tres preguntas:

1. «¿Puede ver en qué le ahorra dinero nuestro producto?»
2. «¿Le interesa ahorrar dinero?»
3. «Si usted decidiera comenzar a ahorrar dinero, ¿cuándo sería el mejor momento para empezar?»

Una de las emociones más fuertes a la que nos enfrentamos es el *temor*. Probablemente escuchaste el viejo dicho de las ventas: «El temor a perder es mayor que el deseo de ganar». Obviamente, tú estás intentando ayudar al cliente eliminando ese miedo a perder dinero (tú no creaste ese miedo; estás ayudando a eliminarlo). Tu primera pregunta («¿Puede ver en qué le ahorra dinero nuestro producto?») inicia el proceso de «eliminación del miedo». En ese momento estarás hablando con tu cliente a nivel *emocional*.

La segunda pregunta puede parecer bastante obvia, pero debe hacerse. Esta pregunta directa («¿Le interesa ahorrar dinero?») hace que el posible cliente pase del mundo emocional al mundo *lógico*. «Por supuesto que estoy interesado en ahorrar dinero; cualquier persona sensata lo estaría». Ésta sería la respuesta mental, aunque la respuesta oral sea un simple sí.

En este momento el propio cliente en potencia estará admitiendo que el producto que tú le ofreces le ahorra dinero y que él tiene el firme deseo de ahorrarlo. La pregunta tres («Si usted decidiera comenzar a ahorrar dinero, ¿cuándo sería el mejor momento para empezar?») impulsa a una acción inmediata. También es un recordatorio (emocional) de que si no actúa puede perder más dinero.

¿Pero funcionará eso para mí?

Si (y aquí hago un *gran hincapié* en el si) has hecho la presentación de tal forma que se pueda esperar una respuesta afirmativa a la primera pregunta, entonces el proceso te funcionará. El principio funciona también en muchas otras áreas.

Si tu producto o servicio tiene beneficios en el campo de la salud, puedes usar las mismas tres preguntas que combinan emociones y lógica. En las áreas de equipos de ejercicio, vitaminas, afiliación para un gimnasio o fisioterapia, las preguntas pueden ser:

1. «¿Puede ver en qué beneficia este producto a su salud?»
2. «¿Está usted realmente interesado en mantener (o recuperar) su buena salud y su energía?»
3. «Bajo estas circunstancias, ¿cuándo cree que es el mejor momento para empezar a cuidar realmente de la salud que tanto aprecia?»

Te desafío a que te detengas aquí y determines el beneficio principal del producto o servicio que vendes. ¿Cuál es la razón principal por la que las personas apostarían por tu producto o servicio? Ahora desarrolla tu versión personalizada de las tres preguntas que combinan emoción y lógica.

Mi beneficio principal (lo que mi producto o servicio hace por los demás) es:

Mis tres preguntas personalizadas son:

1. «¿Puede ver de qué manera esto le _____?»
2. «¿Está usted interesado en _____?»
3. «Si alguna vez quisiera empezar a _____, ¿cuándo piensa que sería el mejor momento para hacerlo?»

Si no has invertido tiempo en escribir estas preguntas, ¿puedo hacerte yo algunas? ¿Puedes ver cómo te servirá de ayuda combinar emociones y lógica para cerrar más ventas? ¿Te interesa cerrar más ventas? ¿Cuándo piensas que sería el mejor momento para empezar a cerrar más ventas?

PINTA ESE CUADRO GRÁFICO Y EMOCIONAL

Los vendedores profesionales más destacados son «comerciantes de palabras» y «pintores de cuadros». Mientras seleccionas cuidadosamente las palabras para formular tus preguntas emocionales y lógicas, recuerda pintar cuadros gráficos con esas palabras en la mente del posible cliente.

Greg Watt de London, Ontario, Canadá, vende planes financieros. Él usa una simple analogía que denomina «El paseo hacia el cierre de venta en Toronto». La idea se basa en tres preguntas en las que usa palabras que pintan un cuadro muy claro a los clientes de Greg. Su objetivo es ayudar a que las personas vean con claridad que no es ninguna tontería intentarlo con un pequeño plan de ahorro porque las pequeñas cantidades ahorradas con regularidad poseen un factor multiplicador que convierten esos cien dólares al mes en una importante cantidad de dinero con el paso del tiempo.

Greg pinta la escena claramente con estas tres preguntas:

1. «Sr. Cliente, si le ofreciera cien dólares por ir andando a Toronto, ¿lo haría?» (Por favor, entiende que Greg vive a 180 kilómetros de Toronto, por lo que no suele recibir respuestas afirmativas).

2. «Si hubiera un millón de dólares esperando para cuando usted llegara, empezaría a andar ahora mismo, ¿verdad?»

3. «Si le pudiera mostrar cómo llegar a un millón de dólares ahorrando cien dólares al mes, daría el primer paso hoy, ¿verdad?»

¡La respuesta casi siempre es sí!

MÁS CUADROS GRÁFICOS CON PALABRAS

Connie Cox trabaja para una importante compañía de publicidad y cree que las palabras son fundamentales. Enseña a su gente que preguntar acerca del contrato no es tan efectivo como decir: «Para reservar el espacio». Lo que en principio era un contrato que intimidaba se convierte ahora en un formulario para reservar un espacio, y el posible cliente está mucho más contento.

Jay P. Curry de San Francisco, California, puntualiza que en lugar de hacer llamadas frías (o llamadas templadas), él anima a los vendedores a realizar llamadas de «presentación». Su pregunta es: «Cuando oyes la palabra *presentación*, ¿qué palabra te salta a la mente? Cuando estás con alguien especial, ¿acaso no presentas a esa persona a tus amigos con orgullo? Cuando sales con tu pareja y te encuentra con un conocido, le presentas a tu pareja ¿verdad? Cuando sales a vender tienes que presentarte a ti mismo, a tu compañía y, lo más importante, a tu producto o servicio.

«Dado que las palabras son los colores que usamos para ilustrar nuestros cuadros, debemos utilizar los mejores matices posibles. Tenemos la responsabilidad de pintar un cuadro que se pueda entender y usar fácilmente».

> *Los vendedores profesionales destacados son «comerciantes de palabras» y «pintores de cuadros».*

Las palabras *son* los colores que usamos para pintar los cuadros de la vida. ¿Acaso elegir los colores adecuados (palabras) no es una manera apasionante y hermosa de hacer exactamente aquello que intentamos hacer: pintar cuadros gráficos con palabras?

EL PROCESO DE LAS PREGUNTAS ADECUADAS

Por lo tanto, ¿cómo haces el tipo de preguntas que te permiten realizar un análisis adecuado de la necesidad con el cual empezar tu presentación de venta? Permíteme que te recuerde la afirmación que hice antes: los que saben el «qué» y el «cómo» trabajaran siempre para los que saben el «porqué». Mientras exploramos las preguntas que hacen los vendedores profesionales y la forma en la que éstas se deben desarrollar para suplir las necesidades de nuestros clientes y posibles clientes, te animo a trabajar para que comprendas el «porqué» que se esconde detrás del proceso de formular preguntas.

PREGUNTAS DE PUERTAS ABIERTAS

Existen tres tipos de preguntas que nos permiten descubrir las necesidades y deseos de nuestros clientes y posibles clientes. Todas ellas (emocionales o lógicas) se encuentran en una de esas tres categorías.

La primera es la pregunta de puertas abiertas. A las personas a las que se le formulan se les permite ir donde quieran con sus respuestas. Después de todo, tu propuesta no sirve para arrinconar a los posibles clientes: quieres que se muevan con libertad en las áreas que ellos elijan. Con las preguntas de puertas abiertas los deseos, necesidades, ideas y opiniones del cliente son el centro de atención. Tú no has impuesto nada y te has mostrado con un interés sincero hacia tus clientes.

Las preguntas de puertas abiertas se identifican con las preguntas tipo «quién, qué, dónde, cuándo, cómo y por qué». También pueden empezar con la frase: «¿Qué piensa usted sobre... ?» o «¿Qué le parece... ?»

Por ejemplo

Veamos algunos ejemplos de preguntas de puertas abiertas que permitirán al vendedor profesional recopilar información mientras muestra un interés sincero en el cliente.

1. ¿Cuál es el aspecto más apasionante de su trabajo?
2. ¿Cómo ve que puedan cambiar sus responsabilidades en los próximos cinco años?
3. ¿Cuáles son sus metas con respecto a sus áreas de responsabilidad?
4. ¿Cuáles son en su opinión los grandes retos que tendrán que afrontar usted y su empresa en los próximos seis meses?

Una vez más, el propósito de la pregunta de puertas abiertas es permitir los posibles clientes la libertad de responder por el camino que elijan. Si formulas preguntas solamente puedan tener como respuesta un «sí» o un «no», facilitarás que los posibles clientes no se comprometan ni te facilite información alguna. Haz preguntas de puertas abiertas.

Una pequeña manía que irrita

Un error importante en las preguntas de puertas abiertas es que el vendedor facilite las respuestas. ¡No se trata de un test con distintas opciones a elegir! Cuando haces preguntas de puertas abiertas, con frecuencia habrá un momento de silencio. Aunque esto pueda resultar terriblemente incómodo, la pausa suele ser necesaria para que la persona pueda tener una buena percepción de la pregunta y responda de forma inteligente. Evita ofrecer respuestas a la pregunta porque te sientas incómodo o por tu deseo de mostrar tu visión personal de la situación.

Cuando haces preguntas del tipo: «¿Cómo se siente con respecto a sus áreas de responsabilidad? (pausa) Quiero decir: ¿Siente que esas responsabilidades crecen o, por el contrario, se reducen?» La persona puede contestar: «Crecen»; «ninguna de las dos» o «me siento bien con mis responsabilidades». Y ninguna de estas respuestas es lo que tú estás buscando con la pregunta de puertas abiertas. Haz la pregunta... ¡y luego escucha!

Tradicionalmente, esto ha sido un problema para los vendedores. Sin embargo, comprobarás que hay una relación directa entre los resultados del volumen de tu comisión en cheque o dólares y tu capacidad de hacer preguntas de puertas abiertas y *esperar a escuchar la respuesta*.

Preguntas de puertas cerradas

El segundo tipo de pregunta es el de puertas cerradas. Si la pregunta de puertas abiertas está diseñada para permitir que los posibles clientes se dejen llevar libremente por sus pensamientos, la de puertas cerradas es para mantenerlos en un área determinada que te dé pie a aclaraciones o embellecimientos. La pregunta de puertas cerradas empieza con frases como: «¿Le gustaría decirme algo más sobre... ?» o: «Eso es fascinante. ¿Qué quiere usted decir con... ?»

A menudo basta con repetir las palabras del cliente con una interrogación al final o convertir la contestación en otra pregunta. Aunque muchos de ustedes no se encontrarán con este ejemplo, sirve para explicarlo: si el posible cliente se pone de pie bruscamente y sugiere con firmeza que no tiene interés en hacer negocio contigo y que es «inútil» seguir con la entrevista, podrías responder lenta y suavemente: «¿Una pérdida de tiempo, Sr. Cliente?» Después espera.

Has enviado la pelota a su terreno y, con frecuencia, la verdadera razón que se esconde tras la acción del posible cliente sale a la luz y tú ampliarás tu información básica. Si esto ocurre, te encontrarás en una posición más favorable para futuros negocios, aunque el posible cliente no esté emocionalmente dispuesto a hacer la compra en ese momento. Incluso si el cliente no responde, el viejo dicho sigue siendo verdad: «La respuesta blanda calma la ira». Tras reflexionar, el posible cliente reconocerá tu profesionalidad y esto significa que la puerta por la que te invita a salir podría abrirse en el futuro para ti.

Por ejemplo

Aquí tienes algunos ejemplos de preguntas de puertas cerradas que te aportarán información útil para ayudar al posible cliente y construir una relación de confianza:

1. ¿Cuánto tiempo dedicó a la enseñanza antes de entrar en el mundo de los negocios?
2. ¿Cómo se compara su departamento en tamaño con respecto a los otros departamentos?
3. Puesto que su meta es incrementar las ganancias, ¿cómo usaría la empresa esos beneficios adicionales?

4. Si el absentismo laboral es un obstáculo importante para la productividad, ¿qué está usted haciendo para reducirlo?

TU HERRAMIENTA DE TRABAJO MÁS DESCUIDADA

Sin reservas, una de las herramientas de venta más importantes (y la menos desarrollada) es la voz del vendedor. La mayoría de los logopedas coinciden en que sólo un 5% de las personas en nuestra sociedad tienen la voz agradable de forma natural. Prácticamente todos los demás pueden entrenarla.

La Pelirroja recuerda con cariño una reunión con un joven ejecutivo en Dallas. En la conversación, ella le preguntó de dónde era. Él nombró una pequeña ciudad del sur rural. Ella se sorprendió porque su tono de voz y su acento no se podían identificar con ningún área específica y menos con el sur. «¡Su dicción es mejor que la de Zig!», le dijo ella (aquellos de ustedes que me hayan oído hablar entenderán esta afirmación).

Sonriendo, el joven dijo que cuando era niño sus padres se esforzaron por explicarle que una voz agradable que no se pudiera identificar con ninguna zona específica del país sería una verdadera ventaja. Su dicción era excelente y su voz muy agradable al oído. La verdad es que tiene un futuro más brillante ante él por haber trabajado y desarrollado su voz hasta el máximo potencial.

Muchos ejecutivos y entrenadores de la voz creen que cualquiera puede mejorar su voz, y yo estoy de acuerdo. Muchas veces la pereza evita que las personas den los pasos necesarios para mejorar pero, con más frecuencia, lo que ocurre es que no son conscientes de que sus voces «chirrían», son ásperas, chillonas, o desagradables.

Una mejora sustancial no se consigue de un día para otro. Sin embargo, la entrenadora de voz Gertrude Fogler dice que el esfuerzo y el tiempo invertidos en trabajar para mejorar la voz constituyen una inversión que merece la pena. Algunas personas llegan a perder su empleo por tener una voz desagradable (¿sabes que muchos empleadores hacen al menos una llamada de comprobación a la persona antes de tomar la decisión final de contratarla?). Maestros y alumnos se irritan los unos a los otros o no se prestan la debida atención a causa de una voz desagradable, o áspera. Conozco a un conferenciante con una presencia escénica extraordinaria. Dirige un seminario fantástico, y es realmente capaz de ayudar a mucha gente. Sin embargo, fue rechazado por una importante compañía de producción de audio debido a la calidad de su voz. Cuando le plantearon el problema, intentaron buscar una solución y esta persona tomó, a regañadientes, dos lecciones con un entrenador de dicción. Después, con la excusa de que no tenía tiempo, lo dejó. Es triste, pero cierto.

Pasos a dar

¿Cómo puede mejorar la voz el vendedor profesional entregado a su trabajo? Empecemos con una doble sugerencia que hará maravillas. Ahora, mientras lees estas palabras, te animo a que entres a una habitación donde puedas estar solo y *no te limites* a leer estas palabras en voz alta, grábalas también. Haz lo mismo con el resto del libro. Esto no sólo mejorará sustancialmente la calidad de tu tono de voz sino que los conceptos y lecciones del libro se arraigarán en tu memoria de una forma más profunda que si te limitas al modo normal de lectura. Con toda probabilidad no grabarás todo el libro, pero te recomiendo que leas y grabes aquellas partes en las que memorizar y poder recordar textualmente las ideas pueda ser beneficioso. Mientras vas conduciendo o cuando te sea imposible leer, podrás ir revisando las partes importantes de este libro y hacer una evaluación de la voz. Mientras oyes tu propia voz, recuerda hacerte esta pregunta: «¿Le comprarías algo a esta persona?»

Leer y grabar

Asimismo, te animo a que te impliques en la lectura especializada y la grabación. Permíteme recordarte que aunque suene muy complicado, tu voz sí alcanza al cliente en el nivel emocional. Dado que vender es una transferencia de sentimientos, ¿qué mejor forma de empezar que haciendo un uso adecuado de tu voz?

Un pasaje verdaderamente destacado de la literatura son las poderosas palabras que pronuncia Marco Antonio: «Vengo a enterrar al César, ¡no a alabarle!» A medida que vayas leyendo reconocerás una de las mayores presentaciones de venta de todos los tiempos. Marco Antonio convierte a ese grupo de posibles clientes airados en una multitud completamente distinta por la hábil elección de las palabras. Como vendedor, te verás frente a posibles clientes hostiles (o medio hostiles), y esta presentación puede proporcionarte muchas ideas buenas para saber cómo tratar con ellos. Con la ventaja adicional de grabar la información, podrás obtener mucha información acerca de tu calidad de voz.

Otra gran pieza de literatura de la que podemos aprender es la Biblia. Te animo para que consigas una y leas en voz alta los libros de Salmos y Proverbios. Por ejemplo, la elocuencia del Salmo 23 (que muchas autoridades consideran la pieza más bonita que jamás se ha plasmado sobre papel) te conmoverá y te inspirará. Puedes leer también el «Discurso de Gettysburg» de Lincoln o leer lo que Martin Luther King Jr. dijo en su discurso *I Have a Dream* [Tengo un sueño]. Si inviertes quince minutos al día para mejorar tu voz, en unos tres meses la gente empezará a notarlo, y en un año te sorprenderá ver lo efectiva que se ha vuelto tu voz.

La tensión nerviosa conduce a los «chillidos»

Charles Rondeau, una autoridad en dicción, mantiene que la mayoría de las voces de mujer son demasiado agudas y pueden mejorar de forma espectacular y bajar de tono haciendo un esfuerzo consciente. Tanto para los hombres como para las mujeres el paso clave es la capacidad de relajarse al hablar y concentrarse en relajar los músculos de la garganta. Cuando yo dirijo un seminario, siempre pido a la persona a cargo del acto un jarro con agua caliente para mi uso en el escenario. Cuanto más caliente esté, mejor. En el momento en que yo bebo ya está a una temperatura agradable. Beber agua fría durante un seminario es no pensar. El frío hace que los músculos se contraigan mientras que el calor los relaja, aumentando el riego sanguíneo. Te animo a que bebas un poco de agua caliente antes de hacer tus grabaciones de voz. Asimismo, te aliento a que hagas un esfuerzo consciente por abrir la boca. El problema de muchas personas que tienen una voz pobre es que, en realidad, no abren bien la boca. Exagera este gesto hasta que hayas asimilado la idea. Habla frente al espejo para asegurarte de que sonríes mientras hablas y grabas. La voz sonriente, en persona o por teléfono, suena cálida, franca, y amistosa.

Practica, practica, y practica

Peter Lowe, mi buen amigo y colega en el entrenamiento de vendedores, dice que muchos posibles clientes utilizan un gran número de frases universales que, por lo general, no son ciertas. Nos facilita métodos y palabras que podemos usar para tratar con ellos si usamos nuestra voz adecuadamente:

POSIBLE CLIENTE: En mi empresa todos están descontentos con el servicio recibido.

PETER (sonriendo): ¿Todos?

POSIBLE CLIENTE: ¡Nadie confía en este individuo!

PETER (sonriendo): ¿Nadie?

POSIBLE CLIENTE: ¡Su gente nunca hace las entregas a tiempo!

PETER (sonriendo): ¿Nunca?

POSIBLE CLIENTE: Siempre que probamos algo nuevo, ¡nos arrepentimos!

PETER (sonriendo): ¿Siempre?

Estos ejemplos son universales y, probablemente, te habrás encontrado con muchos más. Si sonríes, haces una pausa, y repites las palabras principales, manejarás perfectamente la objeción con la entonación de tu voz.

Permíteme animarte a que repitas cientos de veces las preguntas que formularás y practica utilizando la entonación de voz adecuada. Si eres el verdadero vendedor profesional que yo creo, darás «un paso más» y practicarás usando la entonación de voz adecuada para las respuestas y objeciones con las que te encontrarás con regularidad. Si usas la grabadora para practicar respuestas a las afirmaciones de los clientes, conseguirás ser un profesional consumado.

Por ejemplo, si tu posible cliente dice: «Estamos muy satisfechos con nuestro actual vendedor», tu respuesta podría ser: «¿Están satisfechos con su actual vendedor?» (Observa el tono de interrogación al final de la frase). Si la respuesta es un monosílabo, haz una pausa y asiente con la cabeza. Si esperas lo suficiente, tu cliente te explicará por qué. Otras afirmaciones comunes que puedes convertir en preguntas de puertas cerradas son:

CLIENTE: Su precio es demasiado alto.
Tú: ¿El precio (pausa) es demasiado alto?
CLIENTE: Ya no necesitamos _____.
Tú: ¿Ya no *necesitan* _____?

¿Te tomarás un momento ahora mismo para repasar tu presentación y buscar las dos respuestas más comunes a las que te enfrentas y que podrás manejar con la inflexión de voz adecuada?

¿Qué? ¿No tienes *tiempo* para detenerte ahora?

PREGUNTAS DE SÍ O NO

El tercer tipo de pregunta es la pregunta de sí o no. Esta pregunta requiere una respuesta directa. Sin embargo, sólo utilizaremos esta pregunta cuando sepamos cuál va a ser la respuesta. El peligro de este tipo de pregunta es que cuando se usa demasiado se puede percibir como condescendencia.

Por ejemplo

Mientras preparamos simples preguntas de sí o no, recuerda hacerlas con tus propias palabras y en el marco de tu personalidad.

1. ¿Está usted de acuerdo en que esto le ahorrará dinero?
2. ¿Es este el tipo de producto que puede beneficiar a su compañía?
3. ¿Encaja en sus objetivos lo que le estoy proponiendo?
4. ¿Estamos de acuerdo en que este servicio soluciona sus problemas, al menos de forma parcial?

Las preguntas de sí o no te permiten reconocer el terreno y comprobar tu progreso en el proceso de venta. Algunos entrenadores definen estas preguntas como «cierres de prueba», porque te pueden indicar si estás consiguiendo inclinar la balanza hacia la venta basándose en la respuesta.

Simplemente él no podía permitírselo

Art Lamstein de San Francisco, California, vendía calefacción por paneles solares. Tras una demostración y presentación, el posible cliente pronunció el consabido: «No puedo permitírmelo». Art usó preguntas de sí o no para ayudar al cliente.

«Sr. Cliente —dijo Art—, aprecio su sinceridad al decirme que no se puede permitir este sistema, pero permítame hacerle esta pregunta: A usted le gusta el sistema ¿verdad?» Consiguió la respuesta esperada. «Entonces, de poder permitírselo, lo compraría hoy mismo, ¿no es cierto?» De nuevo el cliente dijo que sí.

«Muchos de mis clientes pensaron en un principio que no podían permitirse este sistema, pero cuando entendieron cuánto se ahorrarían en posteriores facturas, vieron que era muy asequible». Art recurrió a su «libreta parlante» (una libreta de notas grande que permite que el cliente siga sus palabras por escrito). Le mostró al posible cliente que no hacer nada le saldría más caro que el sistema de calefacción solar, sobre todo teniendo en cuenta el aumento del precio de los suministros. Mientras hacía números sobre el papel, Art seguía sondeando y el posible cliente admitió que los números eran exactos y razonables.

A continuación, Art volvió al proceso de cierre de la venta, pero sin intentar cambiar la opinión del cliente (esto es algo muy difícil de conseguir). Le animó a tomar una nueva decisión basándose en la nueva información. Lo hizo con esta frase: «Sr. Cliente, no le estoy pidiendo que gaste más dinero del que está gastando ahora. Lo que le pido es que cambie su costumbre de pagar a la compañía eléctrica

> *Usa tus propias palabras y trabaja dentro del marco de tu personalidad.*

esos precios cada vez más elevados y que empiece a pagarse a sí mismo con lo que ahorre, gracias al sistema solar. En lugar de ver cómo se esfuma su dinero, usted lo tendrá en la mano para hacer con él lo que le apetezca. En otras palabras, Sr. Cliente, lo que tiene que decidir es pagarse a usted mismo o a la compañía eléctrica, de modo que debería ser una decisión fácil. Así que la pregunta final es: ¿Seguirá pagando cantidades cada vez más altas, que quizá un día no podrá permitirse, o instalará un sistema solar que mantendrá sus gastos al mínimo y bajo su control?» Como era de esperar, se llevó a cabo la venta.

Art utilizó las preguntas de sí y no de una forma muy efectiva. Además, nos enseñó a implicar al cliente consiguiendo que estuviera de acuerdo; le implicó visualmente usando la presentación por escrito; Art usó las preguntas de sí o no para llevar al cliente a una conclusión lógica y no intentó hacerle cambiar de opinión, sino que le animó a tomar una nueva decisión basada en la información adicional.

¿Entrevista o interrogatorio?

Aunque espero que el siguiente concepto sea obvio, permíteme que comparta contigo que es vital para ti *que uses tus propias palabras y trabajes en el marco de tu personalidad.* Tu trabajo es entrevistar, explorar y desvelar los deseos y necesidades, y no interrogar.

¿Muestras un interés sincero en el posible cliente? ¿Tus preguntas se basan en lo que se está hablando (respuestas previas), o simplemente vas siguiendo una lista hecha de antemano? Lo único más frustrante que ese mal entrevistador televisivo que hace preguntas sin relación con la respuesta anterior del invitado es un vendedor poco profesional que hace lo mismo.

Un representante de ventas empezó con la parte del análisis de la necesidad de su visita de venta, y el cliente le interrumpió para preguntarle, «Disculpe, ¿me dijo usted que estaba con BFI o con el FBI?»

No se debe hacer más hincapié de lo necesario en la importancia del análisis de la necesidad en el proceso de venta. Sin embargo, antes de poder sentirte cómodo con el análisis de la necesidad, debes hacerlo con el proceso de preguntas. La mayoría de los vendedores profesionales no quieren tener la apariencia de agentes del FBI o de malos entrevistadores de programas televisivos. La pregunta es obvia entonces, ¿cómo puedes conseguir la información que necesitas de manera que tanto tú como el cliente se sientan cómodos? Me alegra que lo preguntes, porque ese es el tema del capítulo 7.

PARTE I DEL PROCESO DE VENTA CON ÉXITO: ANÁLISIS DE LA NECESIDAD

1. Hacer las preguntas adecuadas te permite ganar la confianza del posible cliente.

2. Para combinar emociones y lógica, usa preguntas que hagan «pensar» y «sentir».
   A. Usa el método de cierre de las tres preguntas.
   B. Usa la «libreta parlante» para que el cliente pueda «ver» la idea.

3. El vendedor profesional es un comerciante de palabras y un pintor de cuadros.

4. Sondea al cliente con tres tipos de preguntas:
   A. Preguntas de puertas abiertas.
   B. Preguntas de puertas cerradas.
   C. Preguntas de sí o no.

5. La herramienta de venta menos desarrollada del vendedor profesional es la voz. Para desarrollar esta importante herramienta:
   A. Practica, practica, y practica.
   B. Lee y graba este libro y tu presentación.
   C. Bebe agua caliente antes de hablar.
   D. Exagera abriendo la boca al hablar.
   E. Sonríe.

CAPÍTULO SIETE

EL «INTERROGATORIO» DE LA CONVERSACIÓN

Cómo conducir una entrevista cómoda

La bombilla de cuatrocientos vatios cegó a Ralph de tal forma que, cuando miró a su secuestrador, solamente veía una sombra con un tono amarillo y rojo alrededor del perfil del hombre corpulento que le pedía respuestas.

—No lo sé —gritaba Ralph, preguntándose si la tortura acabaría en algún momento.

—Bien —gritó su secuestrador— si no lo sabes tú, entonces ¿quién lo sabe?

Aunque esta escena puede ser de cualquier película de finales de los años cuarenta, es una escena que muchos clientes imaginan cuando *tú* les pides una cita. Para algunos clientes, la cita de venta está a la altura de una visita a la jefatura de tráfico o una reunión con inspectores de Hacienda. ¿Cómo se puede cambiar esta actitud? Únicamente si te conviertes en el mejor entrevistador posible y en el más profesional.

UNA «INTROSPECCIÓN»

Mi amigo y colega, el conferenciante Jim Cathcart, imparte un seminario que trata de la «introspección». ¿No es un nombre estupendo? Hacer una «introspección» del cliente en lugar de una entrevista te ayudará a pintar en tu mente el tipo de cuadro necesario para conseguir recopilar información en la fase de análisis de la necesidad del proceso de venta. Si haces que tu objetivo sea realizar una «introspección» (del posible cliente), ¡tu carrera de venta mejorará de forma sustancial!

119

LA FÓRMULA P. O. M. O.

Incluso algunos de los vendedores con más éxito tienen dificultades para «disparar» una serie de preguntas a un posible cliente que están viendo por primera vez. A otros les cuesta *pedir* información sin *proporcionar* alguna de su parte previamente.

La formula P. O. M. O. te permitirá realizar un proceso de entrevista en forma de conversación que resultará cómoda para ti y para el posible cliente. Esta fórmula te facilitará un sendero sobre el que podrás correr y la dirección específica en la debes ir para conseguir ese nivel en el que el posible cliente se sienta cómodo.

PERSONA

En la fórmula P. O. M. O. la *P* significa *persona*. El parámetro tuyo como vendedor interesado en ganarse la confianza y descubrir los deseos y necesidades del posible cliente es conseguir (y proporcionar) información relativa a *las personas* implicadas en el proceso de venta.

Cuando entres en la oficina del posible cliente para hacer la visita en persona, busca las pistas visuales (cuadros, trofeos, el diseño de la oficina) que te permitan establecer un «terreno común». Si entras en la oficina del cliente potencial por medio del teléfono, un cumplido sincero puede ser muy eficaz: «La persona que responde sus llamadas es realmente muy agradable», o algo tan básico y sincero (y tan contrario a lo superficial) como: «Gracias por atender mi llamada» que te ayudará a entrar con el pie derecho.

Cualquier cosa que exprese un interés *sincero* hacia el cliente potencial te resultará muy valiosa. Mientras diseñas una serie de preguntas relativas a la persona, recuerda que está bien que compartas alguna información personal, pero *tú* ya sabes cosas sobre ti. Limítate a dar la cantidad justa de información personal que exprese intereses comunes, pero sin monopolizar la conversación. Si necesitas una regla práctica, limita las revelaciones personales a un 25% de esta parte de la conversación. En otras palabras, tres partes para el posible cliente por una parte para el vendedor.

El verdadero profesional, que se preocupa verdaderamente por sus clientes y por los que pueden llegar a serlo, también reúne información para visitas y llamadas de seguimiento. Preguntar de manera casual cómo acabó el gran partido o dónde van a celebrar su aniversario el cliente y su esposa puede ser importante para que los demás vean que realmente te preocupas por ellos y que les tratarás como las importantísimas personas que en verdad son. Las palabras clave que debes recordar en este proceso son *breve, cálido, sincero* y *amistoso*.

ALIMENTAR TU EGO O ALIMENTAR A TU FAMILIA

Hace algunos años, uno de nuestros vendedores veteranos cometió un error de principiante.

Mientras hablaba con el cliente sobre la *P* en la formula P. O. M. O., nuestro vendedor decidió que ya disponía de suficiente información y que no necesitaba pasar por las otras tres áreas de la fórmula: ¡error número uno! Entonces empezó a resolver lo que él creía que era el problema del cliente, diciéndole que había hecho

> *Las palabras clave que debes recordar en este proceso son breve*, cálido, sincero y amistoso.

muchas presentaciones a concesionarios de coches y negocios de venta directa (¡error número dos!). Concluyó diciendo: «Y pienso que, como usted verá, este nivel de experiencia me permitirá ayudarle realmente a formar un grupo que trabaje en equipo dentro de su compañía». La respuesta del cliente no fue precisamente cálida; de hecho, apenas fue tibia. «No —comenzó a decir el que *antes* era un posible cliente— ¡no veo en qué puede beneficiar su experiencia de trabajo con compañías de venta directa y concesionarios de coche en la formación de las personas de la línea de producción de mi fabrica!»

Aunque los conceptos a enseñar eran perfectamente aplicables a aquel caso, nuestro vendedor hizo hincapié en sí mismo y no en lo que el programa podía hacer por el cliente: ¡error número tres, y se quedó fuera!

Una breve reseña de tus experiencias que sea pertinente para el cliente es aceptable, siempre que sirva para amplificar el punto de vista del cliente, si está relacionada con las necesidades y deseos del cliente, o si establece tu propia credibilidad (sin reafirmar tu ego).

Desarrollar preguntas para la persona

Las preguntas persuaden más que cualquier otra forma de comportamiento verbal, por lo que debes desarrollar una serie de preguntas con las que te sientas cómodo y que permitan mostrar tu sincero interés por los demás. Mi amigo Gerhard Gschwandtner, fundador y editor de la revista *Selling Power* [El poder de la venta], tiene un maravilloso manual llamado *The Sales Question Book* [El libro de preguntas de la venta], que contiene cientos de ejemplos de preguntas clasificados en categorías específicas. Consigue una copia del manual de Gerhard y tómate el tiempo necesario para adaptar esas preguntas a tu situación y hacer las tuyas propias.

Aquí tienes algunos ejemplos de los tres tipos de preguntas que te ayudarán a aprender más sobre la persona mientras le muestras un interés sincero.

Preguntas de puertas abiertas (Persona)

1. ¿Cómo entró en este negocio en particular?
2. ¿De qué parte del país es usted?
3. ¿Cuáles son sus aficiones?

Preguntas de puertas cerradas (Persona)

1. ¿Desde cuándo es usted (golfista, cazador, pescador)?
2. ¿Le apetecería contarme algo acerca de su familia?
3. ¿Aparte de trabajar aquí, qué tipo de experiencias laborales ha buscado?

Preguntas de sí o no (Persona)

1. ¿Le gusta vivir en Dallas?
2. ¿Puede usted pasar bastante tiempo con su familia?
3. ¿Está disfrutando de sus actividades de recreación?

TU LISTA

Permíteme que te anime a hacer una lista de preguntas. Y me preguntarás: «¿No hará esto que mis preguntas parezcan rebuscadas o estereotipadas?» ¡Totalmente! Y será así hasta que a) recuerdes que los grandes actores y actrices usaron presentaciones «enlatadas», pero lo hicieron de una manera tan estupenda que las presentaciones resultaron frescas, vivas y vibrantes; b) inviertas tiempo practicando esas preguntas con amigos, familia, y nuevos conocidos; c) las grabes en un formato de audio; d) las escuches atentamente, preguntándote: «¿Le compraría algo a esa persona?»; y e) repitas el proceso hasta que *te hagas con* las preguntas. Ahora, si todo esto te parece innecesario o crees que es una pérdida de tiempo, déjame preguntarte: ¿Has contraído el compromiso de realizar todo lo que esté en tu mano para llegar al nivel más alto que puedas alcanzar (esto es una pregunta de sí o no, y espero poder decir que conozco la respuesta)? Ya que las pequeñas cosas marcan la gran diferencia, ¿por qué no empiezas por esto?

PRESUMIR DE SER EL MEJOR

Un punto peligroso en la parte de la persona de la fórmula P. O. M. O. es presumir de ser «el mejor». Ya sabes: el vendedor observa la fotografía del adolescente vestido con la equipación de baloncesto y dice: «Parece que tiene usted un atleta en la familia. ¿Qué tal les ha ido esta temporada? (pregunta de puertas abiertas)». «Bueno —comienza la respuesta— la temporada pasada sólo ganaron tres partidos, pero en esta no nos han derrotado y... ». Antes de que el posible cliente pueda acabar la frase, el vendedor que no es profesional y que no vende ha interrumpido y sale por la tangente contando su historia, cuando él estaba en séptimo grado y jugó un campeonato con su equipo. Se embelesa con los detalles gráficos y el número exacto de puntos conseguidos en los partidos. No se da cuenta de la mirada perdida del cliente hasta que le invitan a marcharse de la oficina.

Está bien comentar algo de tu temporada en aquel campeonato *después* de que el posible cliente haya acabado su historia, pero hazlo con una breve frase que tenga relación con él, algo del tipo: «Apuesto a que usted se sintió igual que mi padre cuando ganamos nuestro primer campeonato»; o: «Mi hijo jugó un campeonato con su equipo cuando tenía catorce años y sé cómo debe sentirse usted».

Si siempre tienes una mejor historia que contar, estarás alimentando tu ego, pero no a tu familia.

EL PODER DE LA OBSERVACIÓN

Cuando Bob Alexander, mi amigo y distribuidor de nuestro programa para escuelas *I Can*[1] [Yo puedo] se ocupaba de la recogida de fondos, tuvo una fuerte experiencia que demostró lo importante que es conocer a la persona con la que se está tratando.

Una noche, cuando estaba viendo las últimas noticias, se enteró de que el departamento de recreación de su condado necesitaba recoger dinero para construir un nuevo campo de atletismo. Cuando el presentador pronunció el nombre del director de ese departamento, las «ruedas empezaron a girar» en la máquina de la imaginación de Bob. Como todo profesional de venta de éxito, Bob entiende que los objetivos no son más que sueños sobre los que estamos deseando poder actuar, de modo que tomó nota del nombre del director y se fue a la cama.

A la mañana siguiente, la primera llamada que hizo Bob fue al departamento de recreación del condado de Columbia. El director estaba en la ciudad y quedaron en reunirse más tarde ese mismo día.

IMPORTANTE ANTIGUO ALUMNO

Mientras Bob estrechaba la mano del director se fijó en un impresionante anillo de graduación de la universidad. Una de las razones por la que se fijó en él es que sabía lo importante que es estar atento a cualquier «señal» que pueda proporcionar pistas en esa parte de la entrevista. La otra razón es que él era de la misma universidad en la que Bob se graduó.

Casi inmediatamente después del apretón de manos, Bob comprobó que ambos habían asistido a la misma universidad, y la comunicación fue instantánea. Tenían muchos amigos y recuerdos geográficos en común. Las barreras formales que suelen existir cuando vemos a alguien por primera vez se vinieron abajo. El interés mutuo en los deportes y en participar en la educación positiva de los niños hizo que la relación madurara con rapidez.

El director le dijo a Bob que los recaudadores de fondos "no dejaban de aparecer de no sabía dónde" y que la junta de consejeros estaba teniendo problemas para reducir el número de vendedores a un grupo de tamaño manejable para las presentaciones. Le propuso reunirse con el presidente de la junta ya que él tendría mucha influencia en la decisión final. Aquel caballero fue al despacho del director y los tres se marcharon juntos a comer.

Durante este tiempo, Bob volvió a trabajar en la parte de la *Persona* de la fórmula P. O. M. O., intentando saber todo lo que pudiera acerca del presidente de la junta de consejeros. Al final de la comida, éste le invitó para que hiciera una presentación ante la junta.

Observa que Bob tuvo que hacer una venta para tener la oportunidad de hacer una venta. En primer lugar, tuvo que venderse a sí mismo y su sincero interés en *ellos* y *después* en el *proyecto* de aquel grupo. Sin esa venta previa no habría existido la presentación ante la junta. Sin la presentación ante la junta, no había oportunidad de venta. Los dos posibles clientes le dejaron muy claro a Bob que haría la presentación ante la junta por su interés sincero en ellos y en su programa.

LA PRESENTACIÓN FINAL

La noche de la presentación final, Bob fue el cuarto de cinco «presentadores». Cada uno de ellos tenía treinta minutos para presentar su proyecto y se les dijo que no se tomaría ninguna decisión hasta la semana siguiente. Al final de su presentación, Bob sintió que lo había hecho lo mejor posible y esperó junto a los otros por si había algunas preguntas.

Tras la quinta presentación, el presidente salió a la sala de espera y le pidió a Bob que entrara de nuevo. Bob no lo sabía en ese momento, pero el presidente había desestimado a los otros vendedores y le iban a conceder el contrato.

Aquello era muy importante ya que el contrato era con uno de los departamentos de recreación más grandes del sureste. Además, Bob continuó con aquella cuenta durante los cuatro años siguientes, lo que resultó en miles de dólares para el departamento de recreación y para la compañía de Bob. El detalle más significativo fue que pusieron un cartel con el nombre de Bob Alexander al primer campo de béisbol en agradecimiento a lo que él y su compañía de recaudación de fondos habían hecho por el condado de Columbia. Y todo esto ocurrió porque el vendedor invirtió tiempo en conocer a las personas implicadas en el proceso de venta.

ORGANIZACIÓN

La primera O en la fórmula P. O. M. O. es de *organización*. A medida que la conversación acerca de la persona va haciéndose más cercana, pasa a la organización. Vuelve a sondear suavemente y muéstrate dispuesto a hablar sobre tu organización en los temas en los que pueda haber un terreno común positivo, o limítate a hacer un sincero cumplido al posible cliente. Esta misma norma se aplica igual que en el aspecto «persona» de la fórmula P. O. M. O.: 25% acerca de tu organización y un 75% sobre la del posible cliente.

Ahora, antes de que recalque en exceso este punto, permíteme hacer hincapié en que *no* estoy diciendo que no puedas hablar de tu empresa. Algunos posibles clientes tienen mucho interés en saber acerca de ti y tú tienes que darles la suficiente información para que ellos confíen en que tu compañía es sólida y de buena reputación. Sin embargo, no monopolices la conversación. Tu objetivo es darles la suficiente información para que ellos confíen... y reunir todos los datos posibles que puedan ayudar a que seas eficiente (es decir, a que hagas la venta).

DESARROLLA PREGUNTAS PARA LA ORGANIZACIÓN
Aquí tienes algunos ejemplos de preguntas que te pueden ayudar:

PREGUNTAS DE PUERTAS ABIERTAS (ORGANIZACIÓN)

1. ¿Qué puede usted decirme de su compañía?
2. ¿Qué planes de futuro tiene usted?

3. ¿Qué parte de sus operaciones le interesa más a usted y crea la mayor expectación en la comunidad empresarial?

PREGUNTAS DE PUERTAS CERRADAS (ORGANIZACIÓN)

1. ¿Cómo está funcionando el departamento de _____?
2. ¿Qué nota le pondría al rendimiento de su personal?
3. ¿Qué tipo de formación están recibiendo los directivos de su compañía?

PREGUNTAS DE SÍ O NO (ORGANIZACIÓN)

1. ¿Está usted satisfecho con su balance de beneficios?
2. ¿Está creciendo su compañía como usted desearía?
3. ¿Quiere ser capaz de ascender desde dentro?

DIRECTOR GENERAL DE LA FAMILIA

La compañía de algunas personas es la familia. Cuando esto ocurre, las preguntas organizativas serán parecidas a las que se hacen en el apartado de la persona. Preguntas o declaraciones del tipo: «Hábleme de sus hijos» funcionan como preguntas de puertas abiertas porque dan al posible cliente la posibilidad de responder de forma muy amplia. Otro ejemplo es: «¿Qué tipo de actividades de recreación les gustan a usted y a su familia?»

METAS

La M en la fórmula corresponde a *metas*. Es el momento de recopilar información sobre las metas personales y profesionales del tipo: «¿Qué planea conseguir en los próximos seis meses?» y «¿Qué metas se ha marcado para el año que viene?» (Ambas son preguntas de puertas abiertas).

Nunca acusaría a un cliente de «contar pequeñas mentiras», pero he conocido algunos que decían lo que percibían que el vendedor quería oír. Uno de los peligros más grandes en la parte del análisis de la necesidad del proceso de venta es permitir que el cliente lance una «cortina de humo» con respecto a sus verdaderas metas. Para ser justos, diremos que nuestra naturaleza humana es tal que cuando alguien sondea nuestras metas, nuestra primera tendencia es contestar lo que pensamos que quieren oír o lo que creemos que esperan oír (o que nuestras metas no son de su incumbencia).

Muchos vendedores poco profesionales están tan contentos de recibir una respuesta que pasan rápidamente a la siguiente parte del proceso. El verdadero profesional continuará sondeando. Una pregunta muy útil a la hora del sondeo es: «¿Por qué es tan importante para usted conseguir esa meta?» Otra forma de hacer esa misma pregunta de puertas cerradas (limitada a un objetivo específico) es: «¿Qué significa para usted conseguir esa meta?», y es posible que tengas que hacerla muchas veces.

PREGUNTAS PARA DESCUBRIR METAS

Aquí tienes algunos ejemplos de preguntas que te pueden ayudar a tener una visión de las metas del posible cliente:

PREGUNTAS DE PUERTAS ABIERTAS (METAS)

1. ¿Cuáles son sus metas personales/empresariales?
2. ¿Cómo determinó usted que eran metas prioritarias?
3. ¿Cuáles fueron sus metas el año pasado?

PREGUNTAS DE PUERTAS CERRADAS (METAS)

1. ¿Cuál es la meta más importante para usted en el próximo año?
2. ¿Cómo está usted siguiendo los progresos de sus metas?
3. ¿En cuánto tiempo espera conseguir sus metas?

PREGUNTAS DE SÍ O NO (METAS)

1. ¿Alcanzó usted las metas marcados el año pasado?
2. ¿Fueron realistas las metas que se marcó en el pasado?
3. Está siguiendo un proceso determinado de establecimiento de metas, ¿no es así?

Dinero, dinero, dinero

Muchas veces las metas del posible cliente implicarán dinero. ¡Te aseguro que el dinero nunca es una meta! La meta real gira en torno a *lo que se puede hacer* con el dinero.

Cuando le preguntas a un cliente potencial sobre metas y obtienes una respuesta relacionada con el dinero, si tú prosigues diciendo: «¿Por qué es tan importante para usted?», empezarás a descubrir cuáles son los objetivos reales. Muchos habrán pensado muy poco en ellos. Esta parte del proceso de venta no debe acabar en una sesión de orientación y consejos, tu objetivo es que el posible cliente sea sincero contigo.

Metas sin cumplir

¿Por qué hay tan poca gente que consigue sus metas? Principalmente porque nunca han identificado las verdadera. Una vez más: las personas que piensan que su objetivo es el dinero están equivocadas. ¡Su objetivo está relacionado con *aquello que pueden hacer con el dinero*! Ya sea que quieran hacerse un monumento (una hermosa casa) o edificarle un ala adicional a un orfanato, lo más importante es identificar la auténtica meta. Muchas ventas "pasan de largo" por encima de incluso vendedores experimentados, porque ellos venden para la «cortina de humo» y no han investigado las verdaderas metas.

«Rastrear» las metas de un cliente

En el proceso de determinación de la meta tienes que pasar de lo genérico a lo específico, de lo abstracto a lo concreto. En este punto, las preguntas están designadas para permitirte «rastrear» las metas específicas. Estos ejemplos de preguntas te ayudarán a descubrirlas en las áreas de las finanzas, los viajes, la educación, el hogar, las vacaciones, y los intangibles.

Independencia financiera

1. ¿Cuánto dinero debe ganar mensualmente para ser económicamente independiente?

2. ¿Qué nivel de ahorro sería necesario?
3. ¿En qué emplearía su tiempo si fuera económicamente independiente?
4. ¿Qué tipo de inversiones le gustaría hacer?

VIAJES

1. Si pudiera ir a cualquier sitio, ¿por dónde empezaría?
2. ¿Cuánto ha viajado usted?
3. ¿Por qué quiere usted viajar?

EDUCACIÓN PARA LOS HIJOS

1. ¿A qué tipo de escuelas preparatorias quiere que asistan sus hijos?
2. ¿Cómo financiaría estas escuelas?
3. ¿Hacia qué universidad dirigiría a sus hijos?
4. ¿Cuánto cuesta esa universidad por semestre?
5. ¿Ha ahorrado ya algún dinero?
6. ¿Cuántos hijos enviaría a la universidad?
7. ¿Qué incremento necesita usted en sus ingresos para poder enviar a todos sus hijos a la universidad?

HOGAR

1. ¿Cuántos metros cuadrados tendría su casa ideal?
2. ¿Qué tipo de acabado exterior?
3. ¿Cuántos dormitorios, baños y zonas comunes?
4. ¿Qué elementos le añadiría (piscina, jardín, chimenea, planta superior, cuarto de juegos, un riachuelo cercano)?
5. ¿Qué colores elegiría para las cortinas, las paredes y las alfombras?

VACACIONES

1. ¿Dónde le gustaría ir de vacaciones?
2. ¿Cuál es para usted la duración ideal de las vacaciones perfectas?

INTANGIBLES

1. ¿Por qué quiere que esta meta se haga realidad?
2. ¿Cuándo quiere que esta meta se haga realidad?
3. ¿Qué representa para usted la consecución de este objetivo?

Aun a riesgo de ser redundante, asegúrate de personalizar estas preguntas; después de cada una de ellas, lo normal es que quieras preguntar: «¿Qué significa para usted conseguir eso?», o «¿Por qué es importante para usted?»

EL DOCTOR PRACTICA SUS HABILIDADES DE VENTA

John Leddo se graduó como médico en Yale. John es un psicólogo increíblemente brillante, cuya compañía, Innovative Thinkers [Pensadores Innovadores], ha desarrollado un *software* basado en algunos de nuestros productos. Después de asistir a nuestro seminario «Born To Win» [Nacido para ganar] en Dallas, Texas, John me escribió una carta explicándome cuánto le había beneficiado en el proceso de venta el buscar las metas de las personas. Dejemos que sea él quien nos cuente la historia:

«Aplicando lo que usted me enseñó sobre ventas, pude cerrar una venta importante que de otra forma habría perdido. Hace poco envié una propuesta a una empresa local que organiza seminarios profesionales para impartir uno sobre la toma de decisiones. El presidente de esa compañía me llamó para decirme que no podrían usar mi seminario. Antes de empezar a estudiar sus enseñanzas, mi respuesta habría sido algo del tipo: "Bien, gracias por estudiar mi propuesta. Espero tener otra oportunidad en un futuro". Habría dejado que la venta se esfumara.

»Sin embargo, recordé lo que usted dice en su libro *Grandes secretos de Zig Ziglar para cerrar la venta*, (así como en las cintas de audio), que cuando un posible cliente dice no lo que está diciendo realmente es que no está preparado para cambiar su gran montón de dinero por mi pequeña pila de beneficios. Pero yo sé que mi curso es bueno, por lo que intuí que mi tarea iba a ser averiguar por qué no veía él los beneficios, y empecé a hacerle preguntas acerca de sus objetivos. Le pregunté cuáles eran sus *metas* en cuanto a la asistencia y qué intentaba conseguir con los seminarios que dirigía. Resultó que sus metas eran bastante modestas. Entonces le pregunté por qué pensaba que mi seminario no le valía. Me dijo que pensaba que mi seminario no estaba hecho a la medida de las personas tan técnicas a las que él se dirigía. En este punto me di cuenta de que yo había interpretado mal sus objetivos. Pensé que como las personas suelen evitar los enfoques demasiado técnicos o los planteamientos matemáticos a la hora de tomar decisiones, yo debía minimizar esa parte de mi curso, aunque fuera la que más le interesaba. Le expliqué por qué escribí la propuesta del modo en que lo había hecho, le dije que el material era realmente de naturaleza muy técnica y que podía estructurar el curso de una forma que hiciera hincapié en los aspectos técnicos.

»En ese momento, dijo: "Está bien, quizá no necesite cambiar nada de su curso. Déjeme estudiar de nuevo su propuesta y le llamaré mañana". Me sentía contento, pero recordé que usted enseña que, a veces, cuando el cliente dice: "Le llamaré mañana", suele pasarse el día entero convenciéndose de no aceptar el trato. Me preparé para ello. Cuando le llamé de vuelta le pregunté: "Entonces, ¿cree usted que debemos modificar el curso o seguimos adelante tal cual está?" (Antes de estudiar su material, yo habría preguntado: "¿Ha decidido si quiere seguir adelante con el curso o no?"). El presidente dijo que dejaba la decisión en mis manos. Empezamos a concretar los términos de nuestro acuerdo y la venta se cerró.

»Gracias por ayudarme a cerrar esta importante venta. Este es un caso en el que fueron sus enseñanzas las que marcaron prácticamente las diferencias entre cerrar una venta y perderla».

John no solamente ayudó a su cliente sondeándolo para averiguar sus verdaderas metas, sino que identificó la siguiente O de la fórmula.

OBSTÁCULOS

La siguiente O de la fórmula P. O. M. O. corresponde a *obstáculos* a la hora de alcanzar las metas que se acaban de debatir. Como dijo el doctor Norman Vincent Peale: «Si quieres conocer a alguien que no tenga problemas ni obstáculos en la vida no tienes más que darte un paseo hasta el cementerio... y verás cómo empiezas a pensar que algunos de ellos tienen un tremendo problema».

Todas las personas con las que llegamos a tener contacto tienen problemas. Una vez oí decir a un hombre: «Acércate a cualquiera que pase por la calle y dile: "Me he enterado de su problema", y verás que la persona te contesta: "¿Quién le hablado de ello?"». La clave no está en no tener problemas (de nuevo repito que todos los tenemos), sino en encontrar las posibles soluciones.

Cuando Jim Norman se convirtió en el director general de Zig Ziglar Corporation (ZZC), hizo una visita de venta con uno de nuestros representantes y el posible cliente fue categórico a la hora de decir que no podía utilizar nuestros servicios. Cuando los dos representantes de ZZC llegaron casi al final del tiempo que se les había concedido, Jim preguntó: «Como director general de la empresa de Zig, sé que nos enfrentamos a nuestra parte de obstáculos. ¿Le gustaría compartir algunos de los problemas a los que se enfrenta su organización?» Cuarenta y cinco minutos después dieron por cerrada la venta.

¿QUÉ ZIG?

La gente no quiere oír hablar a Zig Ziglar o leer sus libros. Quieren oír que hay esperanza en su futuro y leer que, a pesar de lo mal que hayan ido «las cosas», siguen teniendo una oportunidad. La gente quiere conocer la «guía práctica» que resulte conveniente y se pueda aplicar a sus vidas. Están buscando información, inspiración y dirección. Vienen a mí porque creen que puedo ofrecer una solución a sus problemas... que puedo ayudarles a vencer los obstáculos. Te comprarán a ti por la misma razón.

PREGUNTAS PARA DESCUBRIR OBSTÁCULOS

Dediquemos algún tiempo a encontrar las preguntas adecuadas que nos permitan descubrir cuáles son los obstáculos que se interponen entre el posible cliente y sus metas personales y profesionales.

PREGUNTAS DE PUERTAS ABIERTAS (OBSTÁCULOS)

1. ¿Qué está impidiendo que usted sea lo que quiere ser?
2. ¿Ha diseñado un plan para superar los obstáculos con los que se está enfrentando?
3. ¿Qué retos tiene que afrontar antes de conseguir aquello por lo que tanto está trabajando?

PREGUNTAS DE PUERTAS CERRADAS (OBSTÁCULOS)

1. ¿Qué está usted haciendo para superar _____ (un obstáculo específico)?
2. ¿Por qué no ha conseguido sus metas?
3. ¿Cuál es el obstáculo más importante que tiene que superar?

PREGUNTAS DE SÍ O NO (OBSTÁCULOS)

1. ¿Está usted haciendo los progresos necesarios para superar los obstáculos que encuentra?
2. ¿Siente usted que debe dar otros pasos para superar los obstáculos?
3. ¿Está usted interesado en superar los obstáculos que le están frenando?

PREPARACIÓN

Es imposible estar «demasiado preparado» para una presentación de venta. Prepararse bien es vital para el éxito. Piensa en ello. ¿Comprarías algo a un vendedor incompetente, titubeante o inepto? ¿Comprarías algo a la persona que no sabe nada de ti o de tu negocio? ¿Qué demuestran las acciones desorganizadas con respecto a la compañía representada?

Si sabes con precisión lo que estás haciendo y sabes manejar las distracciones que ocurren inevitablemente a lo largo de algunas presentaciones de venta, ¡podrás hacerles frente! Cuanto estás preparado de una forma concienzuda, el cerebro izquierdo (que está cuidadosamente dirigido, organizado, que es lógico y es el lóbulo del cerebro concretamente secuencial) ya está funcionando a su máxima capacidad. Esto permite que tu cerebro derecho (el lóbulo creativo, libre y espontáneo y visual del cerebro) maneje la interrupción o distracción de la forma más efectiva posible.

Los sabios de Rodas empezaron aprendiendo a leer y escribir. El gran pianista Paderewski tuvo que aprender la escala musical. Cuando aprendiste a conducir un coche de cambio manual tuviste que luchar para combinar los movimientos necesarios para manipular el freno, el acelerador, el embrague y el cambio de marchas en el momento adecuado y de la forma apropiada. Al principio de tu carrera en la venta tendrás que «luchar» con algunos de esos duros procesos de aprendizaje. La preparación ayuda tremendamente.

¿CUÁNTO TIEMPO?

Una parte integral de la preparación es el tiempo asignado. Cuando te ves inmerso en el proceso P. O. M. O. debes tener una sólida sensación de la cantidad de tiempo que tienes para estar con el posible cliente. Una vez te hayas comprometido a un espacio de tiempo, no lo excedas nunca *a menos que el cliente potencial te lo pida.*

Leí una vez acerca de un vendedor que tiene una técnica especial para este punto tan importante. Antes de comenzar la presentación se quita el reloj y se lo entrega al posible cliente. Dado que es un Rolex valorado en más de 12,000 dólares, es un movimiento muy significativo. A continuación dice: «Si estoy aquí más de treinta minutos (el tiempo que le lleva pasar del análisis a través de la conciencia de la necesidad para llegar a la solución) sin que usted me haya pedido específicamente que me quede, el reloj es suyo». Sí, su reloj es el respaldo que tiene para no perder tiempo.

Sin embargo, él está jugándose mucho más que un reloj Rolex. Lo más valioso que tiene un vendedor profesional es su *reputación.* Cuando tratas a tus clientes con integridad, tus oportunidades de llevar a cabo la venta aumentan.

¡VE AL GRANO!

Algunos clientes potenciales son increíblemente impacientes y ya en el punto del análisis de la necesidad están mostrando su impaciencia. Son tenaces, impetuosos y quieren «sólo los hechos» sin florituras. Cuando el posible cliente exige saber «qué me aporta y cuánto me va a costar» tienes que moverte inmediatamente y vender el beneficio. Enfatiza los puntos más espectaculares (la razón por la cual el mayor número de personas compra tu producto o servicio) mediante

> *El bien más preciado de un vendedor profesional es la reputación.*

una pregunta: «Sr. Cliente, ¿tiene usted algún interés en _____?» Inserta aquí «ahorrar dinero, ganar más dinero, jugar al golf con más frecuencia, viajar» o cualquiera que sea el beneficio mayor que aporte tu producto. Cuando obtengas una respuesta afirmativa (y esto ocurrirá más a menudo que lo contrario) limítate a decir: «Entonces, permítame que vaya directo al grano... » y sigue con la presentación que tenías planeada.

No tienes por qué sentirte perdido o con pánico ni tienes que empezar a cerrar inmediatamente. El posible cliente te ha enviado una señal clara: ve al grano. Así que hazlo de la forma que mejor le convenga al cliente. Cada paso es importante, de no ser así no lo habrías planeado, así que cíñete a tu plan pero en una versión *abreviada* de cada paso. Simplemente, «sigue adelante».

CONSTANTES INTERRUPCIONES

Si el cliente continúa interrumpiendo, detente y dile: «Sr. Cliente, realmente quiero serle útil de la mejor manera posible. ¿Le vendría mejor posponer esta reunión para otro momento?» Si el cliente dice que sí, concierta una nueva cita y márchate inmediatamente. Tan pronto como sea posible, habla con tu jefe de ventas y valora la situación. Algunas personas deben llegar a una conclusión de manera más rápida que los demás, y algunos vendedores insisten excesivamente en la presentación. Deja que tu jefe de ventas te ayude a determinar la causa en esta situación.

LA OTRA CARA DE LA MONEDA

Obviamente (al menos, espero lo sea), no querrás ser como el vendedor que está haciendo su presentación y a los cinco minutos el posible cliente le interrumpe. El cliente dice: «De acuerdo, me ha convencido. Me lo quedo», y el vendedor dice entonces: «No, espere un momento, todavía estoy en la mitad de mi presentación. Cuando acabe con ella rellenaré la orden de pedido».

UN «PLUS» DE PERSONALIDAD

Se ha escrito mucho sobre la venta a distintos tipos de personalidad. Creo que hay alguna información válida en el mercado, pero tengo que advertirte que tengas mucho cuidado cuando emitas tu «diagnóstico» acerca del cliente. Los psicólogos que han pasado años perfeccionando sus habilidades no pueden hacer lo que algunos vendedores están intentando hacer. No obstante, considera lo siguiente.

CONSIDERA SOLAMENTE CUATRO TIPOS BÁSICOS
Cuando te encuentres con el posible cliente, está alerta a las pistas y las evidencias físicas que te darán una perspectiva. Escucha con los ojos y con los oídos y prepárate a ajustar tu forma de pensar si no estás consiguiendo la respuesta adecuada. Concéntrate en cuatro tipos de personalidad básicos, y busca «las pinceladas generales» en lugar de quedarte estancado en la «parálisis del análisis». Recuerda que, al menos parte del tiempo, el posible cliente está intentando *no* mostrar su verdadera personalidad, de modo que no te entusiasmes mucho con esas «pistas».

LOS BRIOSOS BOB Y BETTY
Has visitado a Bob y Betty anteriormente. Tienen un estilo de personalidad muy fuerte que dice: «¡Acabemos con esto!» Empieza a atenderles en primer lugar porque son impacientes. Las palabras que mejor «pintan el cuadro» de Bob y Betty son *osados, seguros de sí mismos, competitivos* y *directos*. Son personas *orientadas a los resultados*.

LOS AMISTOSOS ARTHUR Y AMANDA
Siempre recordarás a Arthur y Amanda, porque son de las mejores personas que visitarás jamás. Piensan que cada reunión es una fiesta y, si no lo es, ¡debería serlo! Los calificativos que los definen son

amistosos, extrovertidos, emocionales y *sociales*. Son gente *orientada a las personas*.

LOS SINCEROS SAM Y SARA

¡Este dúo hará que te sientas seguro de ti! Sam y Sara son fuerzas estabilizadoras dentro de cualquier grupo al que se unan. Las palabras que los describen son *estables, leales, buenos oidores* y *cooperantes*. Están orientados *al grupo*.

LOS COMPETENTES CARL Y CAROL

Carl y Carol son perfeccionistas por naturaleza. ¡Quieren el trabajo bien hecho! Las palabras que les definen son *cautos, analíticos, rigurosos* y *detallistas*. Están *orientados a la calidad*.

¡ATENCIÓN, PELIGRO!

Permíteme recalcar que, con seguridad, conocerás a alguien que se llame como alguna de estas personas y que no encaje en la descripción.

Si tuviéramos que dar ejemplos específicos de los estilos observando a los personajes públicos, diríamos que la categoría de *briosos* (los que están orientados a los resultados) estaría representada por gente como Lee Iacocca («Si puedes encontrar un coche mejor, ¡cómpralo!») y Barbara Walters, la primera mujer periodista que ganó más de un millón de dólares al año. Estas personas son famosas por ser atrevidas y por sus actos orientados hacia los resultados.

Los nombres que vienen a la mente cuando pensamos en el estilo *amistoso* (orientadas a las personas) son Bob Hope, para el cual nadie es un extraño y Oprah Winfrey, que siempre es amable y cordial, incluso con el más maleducado de todos sus invitados.

Ejemplos del estilo *sincero* (orientado al equipo), serían Tonto, el compañero fiel del llanero solitario y, para los más jóvenes, Caponata de *Barrio Sésamo*. Ambos son muy leales y son fuerzas estabilizadoras en la vida.

El estilo *competente* (orientado a la calidad) lo veríamos en el señor Spock si eres seguidor de *Star Trek* (yo no lo soy); el último gran entrenador de los Dallas Cowboys, Tom Landry, que era tranquilo y sereno y Jane Pauley del show de los famosos *Today*, que no llegó a involucrarse en todo el escándalo que rodeó su salida del programa.

¿Qué hay detrás de un nombre?

A partir de este momento dividiremos nuestro análisis en estas cuatro categorías: 1) brioso; 2) amistoso; 3) sincero; y 4) eficiente. Por favor, no te saltes este punto: todas las personas tienen *un poco* de estas cuatro cualidades. La mejor presentación de ventas es briosa, amistosa, sincera y competente. El propósito de compartir esta información sobre el análisis de la personalidad es permitirte vender a lo que tú percibas como la *orientación más fuerte* del posible cliente.

Autoanálisis

Antes de comenzar a mirar a la personalidad del cliente, debes mirarte a *ti mismo*. ¿Cuál de las siguientes series de palabras te describen mejor?

1. Brioso: pionero, iniciador, abierto, enojoso, resuelto, autosuficiente, con un fuerte ego, que busca responsables.
2. Amistoso: extrovertido, confiado, entusiasta, persuasivo, le gusta llamar la atención, buena primera impresión, elocuente, busca la variedad.
3. Sincero: sistemático, metódico, servicial, con mucho aguante, negociador, coherente, estable, que soluciona problemas.
4. Eficiente: pulcro, humilde, sensible, aprensivo, le gusta lo estructurado, busca respaldo, suspicaz, reservado.

Como puedes ver, no hay bueno y malo, correcto y erróneo. La mayoría de nosotros querría tener algunas cualidades de cada una de las listas.

Una vez determinada cuál de las listas te describe mejor, comprueba la tabla «Entendiendo las diferencias de la personalidad».

ENTENDIENDO LAS DIFERENCIAS EN LA PERSONALIDAD

ESTILO	FORTALEZAS	DEBILIDADES	NECESIDADES
Brioso	Resolver problemas	Crítico con las faltas	Control
	Tomar decisiones	Falta de precaución	Autoridad
	Conseguir metas	Avasallador	Prestigio
Amistoso	Comunicación	Control del tiempo	Reconocimiento
	Participación	Seguimiento	Aceptación
	Fijarse en lo positivo	Falta de objetividad	Conversación
Sincero	Lealtad	Demasiado posesivo	Aprecio
	Saber escuchar	Evitar correr riesgos	Seguridad
	Paciencia	Evitar los conflictos	Tiempo
Competente	Analizar	Inflexibilidad	Precisión
	Exactitud	Dejadez	Tiempo
	Altas expectativas	Demasiado crítico	Hechos

Reconocer y vender a los diferentes tipos

A continuación hay algunas preguntas y afirmaciones que ayudarán a reconocer cada estilo de una forma más fácil. Las cuatro «pistas» o «indicios» que siguen te ayudarán a la hora de trabajar con personas que muestren características de una fuerte personalidad. Justo debajo tienes cuatro «pistas» que te ayudarán cuando trabajes con personas que muestren características de una fuerte personalidad.

El cliente *brioso* preguntará o dirá:

«¡Lo quiero ahora o nunca!»

«¿Cuánto cuesta?»

«¿Cuándo puedo tenerlo?»

«¿Ha vendido usted algo antes?»

Los «secretos» de venta para el cliente *brioso*:
1) Sé directo; 2) sé conciso, ve al grano; 3) contesta *«qué»*, no *«cómo»*; y 4) sé consciente de lo fundamental.

El cliente *amistoso* preguntará o dirá:
«¿Qué pensarán mis vecinos?»
«Siento haber llegado tarde. Me entretuve en un almuerzo».
«Tomemos un café y hablemos de esto».
«¿Vio usted el partido anoche?»

Los «secretos» de venta para el cliente *amistoso*:
1) Ahorra detalles; 2) socializa; 3) haz un seguimiento; y 4) muestra productos «nuevos».

El cliente *sincero* preguntará o dirá:
«¿Por qué cambió usted el producto?»
«¿Puedo pensármelo y volver a llamarle?»
«¿Cómo puedo asegurarme de estar tomando la decisión correcta?»
«Ya tengo un proveedor de su producto».

Los «secretos» de venta para el cliente *sincero*:
1) Gana confianza; 2) ve despacio y con calma; 3) contesta todas las preguntas; y 4) tranquiliza.

El cliente *competente* preguntará o dirá:
«Hábleme de la garantía. ¿Lo tiene por escrito?»
«¿Tiene usted algún folleto que pueda dejarme?»
«¿Podrán ustedes entregarlo a tiempo?»
«Debemos seguir los procedimientos de compra de la compañía».

Los «secretos» de venta para el cliente *competente*:
1) Muestra pruebas y comparte testimonios; 2) prepárate bien y estructura tu presentación; 3) contesta «cómo»; y 4) trata las desventajas al principio de la presentación.

VENDE ESTILO A ESTILO

El gráfico de estilo a estilo te dará maneras y términos específicos para tratar con el posible cliente si consideras tu propio estilo y el del posible cliente.

VENTA DE ESTILO A ESTILO

Brioso vende a:	Brioso	=	Sé tú mismo.
	Amistoso	=	Prepárate para socializar.
	Sincero	=	Ve despacio; comparte información; no presiones.
	Competente	=	Proporciona pruebas y hechos.
Amistoso vende a:	Brioso	=	Sé formal; no hables de banalidades.
	Amistoso	=	No olvides hacer la orden de pedido.
	Sincero	=	Gana confianza; no seas demasiado amistoso.
	Competente	=	Proporciona pruebas y hechos.
Sincero vende a:	Brioso	=	Muestra confianza.
	Amistoso	=	Dedica tiempo a socializar.
	Sincero	=	Tranquiliza.
	Competente	=	Usa pruebas; contesta todas las preguntas.
Eficiente vende a:	Brioso	=	Concéntrate en el «*qué*», no en el «*cómo*».
	Amistoso	=	Céntrate en los momentos culminantes.
	Sincero	=	Da tiempo para que se digiera la información.
	Eficiente	=	Recuerda que hay que entrar en acción.

PASAR A LA CONCIENCIA DE LA NECESIDAD

Ahora es el momento de la verdad. Ya conoces a la Persona, a la Organización, las Metas, y los Obstáculos para conseguir esas metas, «¿qué vas a hacer ahora?» Empieza con el siguiente paso del proceso de venta: la conciencia de la necesidad.

CAPÍTULO OCHO

HACER QUE LAS LUCES SE ENCIENDAN

Conciencia de la necesidad para el profesional y para el cliente

Cuando Tony Ferguson era un vendedor de éxito en unos grandes almacenes en Carolina del Sur, un importante fabricante de neumáticos ofreció un juego de ruedas gratis al vendedor de su compañía que más vendiera en un periodo promocional de treinta días. Tony se propuso ganar el premio.

Para incrementar las ventas en ese breve periodo de tiempo, fue a una imprenta antes de que comenzara la promoción y pidió que le imprimieran pequeñas tarjetas con el siguiente mensaje:

Hola:

Me llamo Tony Ferguson. Al pasar cerca de su coche he visto que tiene usted algunos de sus neumáticos bastante desgastados. Yo represento a un famoso fabricante, y *precisamente en estos momentos* tenemos en oferta neumáticos de muy buena calidad. Si me llama, con mucho gusto le haré un presupuesto del precio del tamaño y la clase que usted necesite. Mi número de teléfono es 555-2971 y puede llamarme de 8:00 a 17:30, de lunes a sábado. Gracias.

Tony llevaba siempre tarjetas en su abrigo. Siempre que iba andando por la calle prestaba atención a los coches con neumáticos desgastados y dejaba una tarjeta en el limpiaparabrisas de todos los que veía. Al final de la promoción, Tony había vendido el doble de neumáticos que cualquier otro vendedor en la compañía.

ELIMINAR LOS ÁNGULOS MUERTOS
SIN DOLOR, RIESGO, O LESIÓN

Bob Alexander hizo una visita con la intención de vender el curso de «Desarrollo de negocios corporativos» de Zig Ziglar. El presidente de la compañía que estaba visitando estaba convencido de que sus vendedores no estaban cerrando las ventas de una forma adecuada, y tenían la imperiosa necesidad (como todas las compañías) de conseguir hacerlo e incrementar los ingresos. En una reunión de análisis de la necesidad con el presidente, el jefe de ventas y el contable, Bob iba siguiendo los pasos que hemos aprendido hasta este momento en el libro.

«Creo que nuestros vendedores no tienen la menor idea de lo que deben hacer en el proceso de venta —empezó diciendo el presidente— y sé que no están pidiendo la orden de pedido porque las ventas son nulas, ¡no estamos vendiendo nada!» El jefe de ventas miró al suelo y empezó a estudiar el nudo de sus cordones. Primera señal de alarma.

El contable, viendo la incomodidad del jefe de ventas, dijo: «Sí, pero el año pasado por esta época las ventas iban lentas y las estadísticas indican ...» El presidente le interrumpió. «¡No estamos hablando del año pasado! Y si las ventas no mejoran, ¡no tendremos un próximo año!» Segunda señal de alarma.

Bob introdujo la fase de la conciencia de la necesidad en el proceso de venta y continuó sondeando la falta de formación en ventas y las habilidades para cerrar las mismas que el personal de venta estaba demostrando. Se encontraba en un punto crucial de su presentación, porque su diagnóstico en la fase del análisis de la necesidad determinó que uno o dos productos eran la solución a las necesidades de su cliente. Mi libro *Grandes secretos de Zig Ziglar para cerrar una venta* contestaba las preguntas del presidente sobre las habilidades de venta. *Nos veremos en la cumbre* se ocupaba de los problemas que Bob estaba viendo a medida que la entrevista avanzaba.

HAY QUE ENCENDER DOS
BOMBILLAS DIFERENTES

Después de completar la primera fase del proceso de venta, el análisis de la necesidad, pasamos a la segunda fase, la conciencia de la necesidad. Hay dos partes diferenciadas en esta sección del proceso de venta. Primero, la luz tiene que encenderse en la mente del vendedor. Bob se dio cuenta de que la actitud abrupta e insensible del presidente era, como mínimo, una parte del problema. Sin embargo, el presidente estaba convencido de que el problema se encontraba en la formación de venta y las habilidades para cerrar las operaciones. Si el presidente de la empresa hubiera sospechado cuál era el verdadero problema, Bob no habría estado allí haciendo la presentación. Aunque tú entiendas a fondo cómo hacer el sondeo de la compañía (tu luz está encendida), *a menos que el posible cliente vea, entienda y crea que hay un problema, éste no existe* y, por tanto, no se necesita tu solución. La luz también tiene que encenderse para el cliente potencial. La conciencia de la necesidad se aplica al vendedor *y* al posible cliente.

A medida que analizamos la situación de Bob, fíjate cuidadosamente por si los principios que él utiliza te pueden funcionar a ti. Yo creo que sí, independientemente de tu producto o servicio.

EL ORADOR ES UN CATÁLOGO

Una de las formas en las que nuestra empresa demuestra la capacidad que tenemos para ayudar a una compañía en sus necesidades de formación es mediante charlas o conferencias. Afortunadamente para la compañía en la que Bob Alexander trabajaba, fue invitado a realizar una presentación de dos horas. Al principio de su presentación prometió que hablaría de las habilidades de venta y particularmente de la destreza a la hora de cerrar una venta. Citó una frase de un instructor de ventas muy sabio (que permanecerá humildemente en el anonimato) que decía: «El vendedor profesional sabe que es imposible cerrar todas las ventas. Sólo pretende cerrar la siguiente, como aquel granjero que no quería todas las tierras para él, sino solamente las que estaban al lado». En ese punto, el presidente de la organización se iluminó considerablemente cuando Bob abordó sus necesidades «señaladas».

Cuando Bob entró en la parte central de su presentación, habló acerca de la importancia de las habilidades de las «personas» usando como referencia que el 85% de nuestro éxito depende de la actitud y habilidades de nuestra gente, al margen de la profesión. Él citó la siguiente historia de mi libro *Máximo rendimiento*:

Andrew Carnegie dijo: «Ningún hombre puede hacerse rico si no enriquece a los demás». Él vivió esta filosofía, como demostraron los cuarenta y tres millonarios que habían trabajado para él. Un reportero que entrevistó al señor Carnegie preguntó cómo podía contratar a tantos millonarios. El señor Carnegie explicó pacientemente que aquellos hombres no eran millonarios cuando empezaron a trabajar para él, sino que se convirtieron en millonarios trabajando para él. El reportero siguió en su línea de preguntas y quiso saber cómo pudo hacer que esos hombres evolucionaran hasta merecer tal cantidad de dinero. El señor Carnegie contestó: «Se desarrolla a las personas del mismo modo que se extrae el oro... Hay que mover prácticamente toneladas de suciedad para encontrar una simple onza de oro. Sin embargo, uno no busca la suciedad, ¡lo que se busca es el oro!»

LOS OJOS LO TIENEN

Cuando Bob compartió la importancia de buscar lo bueno en los demás, observó cómo se volvían algunos ojos hacia el presidente. No necesitaba ser psicólogo para discernir que ese «buscar lo bueno» no era un principio básico sobre el que se afianzara la compañía. A medida que prosiguió, Bob notó que el presidente de la organización estaba reflexionando profundamente. Bob pensó que quizá estaba perdiendo al posible cliente porque todavía no había empezado a tocar la parte de la presentación que trataba de las «habilidades de cierre». Bob siguió adelante y compartió cómo había visto personalmente a

empresas que habían tenido un efecto drástico en los beneficios básicos y en la productividad, así como en la reducción del absentismo y
en la mejora moral, adaptando y adoptando el principio positivo de
buscar lo bueno de las personas y las situaciones.

El presidente captó el concepto. Y Bob consiguió la venta, ¡para
ambos programas! Entiende que no fue él quien creó la necesidad, lo
que hizo fue identificar la *verdadera necesidad* (un entorno más positivo, más alentador, donde se «buscaba lo bueno» de cada cosa) sin
quedar atrapado en el *síntoma de la necesidad* (cerrar ventas). ¿Era
importante el síntoma? ¡Por supuesto! ¿Se habría «atascado» la venta
si Bob se hubiera ocupado únicamente del síntoma? Posiblemente.
¿Habría funcionado el producto de una forma completa y con éxito?
¡Probablemente no!

NEGAR EL PROBLEMA

Entonces, ¿cómo se aplica esto a ti y a tu situación? (buena pregunta
de puertas abiertas... ¿Ves? ¡Ya estás aprendiendo!). Incluso cuando
estás seguro de haber descubierto la necesidad del cliente, debes continuar sondeando por dos razones básicas: 1) para asegurarte de que
tienes la verdadera necesidad y no un síntoma de la misma; y 2) para
asegurarte de que el posible cliente comprenda que realmente existe
una necesidad.

Una evidencia: el 90% de las personas que tienen problemas
(incluyendo desde el alcoholismo hasta los «pensamientos sucios»)
los niegan. Las compañías, especialmente las pequeñas que no tienen
un consejo de dirección competente y activo, suelen estar dirigidas
o dominadas por una persona y, con frecuencia, niegan sus problemas aunque se les comenten y demuestren los detalles. Sin embargo,
cuando un hábil vendedor efectúa el sondeo con las preguntas adecuadas, esa misma persona que negaba el problema puede llegar a
«descubrirlo» por sí misma. Al haberlo descubierto, estará mucho
más abierto a descubrir las soluciones: tus productos o servicios (que
también ha descubierto).

EQUILIBRIO HOMEOSTÁTICO

Bryan Flanagan me familiarizó con el término «equilibrio homeostático» hace muchos años. La ley natural de la homeostasis dice que un organismo está en perfecto equilibrio hasta que actúa sobre él una fuerza externa. Esta fuerza externa perturba el estado de las cosas. El ser humano rara vez emprende una *acción* mientras no se rompe su equilibrio. Cuando esto ocurre damos los pasos necesarios para corregirlo y restablecerlo.

El término equilibrio homeostático puede sonarles «pretencioso» a algunos de ustedes. A mí me lo pareció cuando lo escuché por primera vez. Sin embargo, el deseo de aprender y de crecer es lo que define al verdadero profesional, ¡y si tú y yo queremos tener éxito en el siglo XXI debemos tener ganas de aprender y de crecer! El equilibrio homeostático está ayudando al cliente a comprender que hay una necesidad (enciende la luz para el cliente). Al mostrarle al cliente dónde ha perdido su equilibrio, el vendedor profesional está alterando el equilibrio homeostático.

NUNCA OLVIDARÉ AL VIEJO... «¿CUÁL ES SU NOMBRE?»

Algo tan simple como ver a una persona al otro lado de una habitación llena de gente y no recordar su nombre puede alterar su equilibrio. ¿Recuerdas lo bien que te sentiste cuando, por fin, recordaste esa información que se te había olvidado? Los seres humanos no hacen cambios mientras están en equilibrio. Desde acabar con los hábitos destructivos (fumar, beber, comer demasiado) hasta incrementar los buenos (hacer nuevos amigos, asistir a actos sociales, mejorar habilidades para el trabajo, o asistir a la iglesia), no hacemos cambios a menos que veamos que estamos en desequilibrio.

No estoy recomendando que seas tú quien eche abajo el equilibrio del cliente. Tú tienes que descubrir dónde hay un desequilibrio y señalarlo de una forma convincente. En esencia, esto hace que tu posible cliente se sienta incómodo o descontento con su condición o situación y esto significa que ahora tú estás en posición para hacer la venta porque tu posible cliente quiere resolver su problema.

CLIENTES DESEQUILIBRADOS

¿Qué ocurre cuando los clientes entran en un desequilibrio? (¡Una buena pregunta de puertas cerradas! Recuerda, una pregunta de este tipo mantiene la respuesta dentro de un área determinada y se construye a partir de una pregunta previa). Pueden ocurrir tres cosas cuando los clientes descubren que están en desequilibrio. En primer lugar, el vendedor (quien le ha ayudado a descubrir la falta de equilibrio) pone el producto o el servicio en las manos del cliente, hace la venta y ahora tiene que preocuparse de cómo gastarse el dinero de sus comisiones. ¿Cesarán algún día los problemas? (Esta es una pregunta justa pero ligeramente burlona de sí o no).

En segundo lugar, los posibles clientes descubren su desequilibrio, y si el vendedor no solicita la orden de pedido, tras un periodo de tiempo el cliente vuelve a encontrar el equilibrio y se olvida de que en un momento dado se sintió incómodo. Esto es desastroso porque ni los clientes ni los vendedores prosperan.

En tercer lugar, cuando los posibles clientes descubren que están en desequilibrio y el vendedor no solicita la orden de pedido, muchas veces la competencia se entromete, endereza al cliente y cierra la venta. Entonces todo el mundo está contento, menos tú.

LA CANCIÓN DE BRYAN

Mi amigo Bryan Flanagan me contó cómo le ocurrió esto cuando él era vendedor de IBM en Baton Rouge, Luisiana.

«Zig, yo era un buen representante de ventas de la "Big Blue" a excepción de los equipos de dictado. Por alguna razón, tenía un bloqueo mental con ese material. Podía llamar a un abogado y demostrar sin ningún género de duda que usar mi equipamiento era mucho mejor que escribir a mano. Podía enseñarle a utilizar el equipo, le hacía leer un párrafo y le mostraba cómo escribirlo.

Llamábamos a su secretaria y comprobábamos cómo él podía ir tres veces más rápido con el equipo de dictado que su secretaria taquigrafiando. Pero por algún motivo de «novato», yo no era capaz (o no quería) solicitar la orden de pedido. Le demostraba a la persona que el equipamiento era mejor que el sistema que estaba utilizando en aquel momento (alterar el equilibrio) y me marchaba.

»Tenía un competidor en la ciudad. Se llamaba Jimmy. Nada más salir yo del aparcamiento, Jimmy llegaba. Entraba en la oficina, tomaba nota de la orden de pedido y se marchaba tan feliz. Cuando yo volvía unos días más tarde para continuar con la venta, el equipamiento de mi competidor estaba sobre la mesa. Jimmy llegaba, devolvía el equilibrio al cliente, y se llevaba la comisión.

»Dos años más tarde, cuando cambié de zona, Jimmy me hizo una fiesta de despedida, ¡que yo financié! Nunca he visto a un hombre tan deprimido por perder a un competidor». Bryan sólo bromeaba a medias cuando contaba esto.

ENFOQUE

Mientras trabajamos para ayudar al cliente a comprender que hay una forma mejor y más eficaz de actuar, empezamos a centrarnos en preguntas de puertas cerradas. Hemos usado en primer lugar (pero no exclusivamente) preguntas de puertas abiertas en el análisis de la necesidad. Ahora, en la conciencia de la necesidad, utilizamos principalmente (pero no exclusivamente) preguntas de puertas cerradas. Recordarás que las preguntas de puertas cerradas hacen que el posible cliente permanezca en un área específica y nos permiten recopilar más información sobre esa área. Por lo general se construyen sobre la información que se ha recopilado con las preguntas de puertas abiertas.

«¿Qué importancia tiene para usted _____?» (inserta el beneficio del cual necesites información adicional). Beneficios como ganar más dinero, ahorrar tiempo, trabajar menos horas, gastar menos en servicios de apoyo, llegar a más personas, ir a esquiar y vivir en una casa nueva encajan bien en el espacio en blanco.

«¿Qué quiere usted decir con _____?» (inserta asuntos en los que se pueda necesitar una definición o aclaración adicional).

Asuntos como «beneficio neto», «cuenta de gastos generales y administrativos», «margen de beneficios», «recortes», «rentabilidad sobre la inversión» y «juicio justo» son términos o frases que pueden tener más de una interpretación. Sé extremadamente cuidadoso cuando escuches asuntos, términos o frases que puedan tener más de un significado. La tendencia natural es aceptarlos con el significado que tienen para ti, que puede *no* ser pertinente para tu posible cliente.

ENTRENAMIENTO PARA LA CONCIENCIA DE LA NECESIDAD

Si tienes que ayudar al posible cliente a tomar conciencia de necesidades específicas, hay cinco áreas de conocimiento que te beneficiarán. Como no puedo dirigirme a cada producto o servicio, estas áreas son de alguna forma genéricas, pero serán puntos de partida ideales para que los trabajes a la hora de desarrollar tus objetivos.

1. CONOCIMIENTO DEL PRODUCTO

Nunca sabrás demasiado sobre tu producto. Recaba información sobre su historia, cómo está hecho o fabricado, cómo funciona y por qué.

El entusiasmo por un producto o servicio viene a través del conocimiento del mismo. ¿Cómo podemos desarrollar entusiasmo por algo de lo que tenemos poco o ningún conocimiento?

La confianza en nuestra presentación de venta se ve drásticamente afectada por el conocimiento del producto. Independientemente de lo bien que nos sintamos con nosotros mismos, si no conocemos y entendemos nuestro producto concienzudamente, nos enfrentaremos a muchas dificultades a la hora de generar confianza.

PERCEPCIÓN ADECUADA DEL PRODUCTO

Cuanto más sepamos acerca de nuestro producto, más creeremos en él. Rick Robinson, jefe de ventas principal de una tienda de ropa a medida en Hickory, Carolina del Norte, demostró claramente este concepto.

Rick lo hizo todo bien en el proceso de venta. Llamó al dueño del concesionario de Cadillac en su localidad y descubrió las necesidades y deseos de su cliente (análisis de la necesidad). Sondeó con preguntas hasta que tanto él como el cliente tuvieron conciencia tanto de los deseos como de las necesidades (conciencia de la necesidad). Rick demostró cómo su ropa a medida resolvería las preocupaciones que su cliente potencial había expresado (solución a la necesidad), y solicitó la orden de pedido (satisfacción de la necesidad).

Sin embargo, en el momento de la compra, el cliente se mostró reacio, diciendo que nunca había pagado tanto por ropa. Rick sabía que había dos chaquetas de *sport* que le gustaban mucho al cliente y no le sorprendió la siguiente pregunta. «Si me quedo con las dos, ¿por cuánto me las vendería?»

La compañía de Rick no hace descuentos en su línea de ropa de alta categoría y le explicó cuidadosamente esta política a su posible cliente. Como el cliente era también vendedor y comerciante de automóviles, siguió preguntando: «Si usted me estuviera comprando un Cadillac, ¿me pediría que le hiciera un precio mejor que el que le hubiera dado en un principio?» Rick impresionó al hombre cuando le respondió que no lo haría, a lo que el posible cliente le respondió: «¡Entonces sería el primero!»

En este punto del proceso de venta, Rick bajó la voz y, con toda la sinceridad que le otorgaba conocer y confiar en su producto, dijo: «Si un amigo mutuo me hubiera recomendado su concesionario, yo esperaría que me diera el mejor precio posible para la calidad y el tipo de coche en el que yo estuviera interesado. Por lo tanto, estamos en la misma situación. Usted vino de parte de un cliente muy bueno, y le estoy dando lo mejor por el precio que usted quiere invertir en ropa».

El cliente potencial compró las dos chaquetas de *sport* y varios artículos más. Compró porque Rick creía fervientemente en el producto que estaba vendiendo y en su valor. Esto le permitió superar las objeciones con un convencimiento genuino de que estaba haciendo lo correcto. Esa convicción, reforzada por las palabras *correctas* y la entonación adecuada, combinadas con un interés genuino en el cliente, ayudarán a cualquier vendedor a ser poderosamente persuasivo.

La pregunta que debo hacerte es: ¿Sabes lo suficiente acerca de tu producto y tienes la convicción, el conocimiento de venta, la integridad y el valor de hacer lo que hizo Rick? Una respuesta afirmativa te augura una larga, feliz y exitosa carrera en ventas.

2. CONOCIMIENTO DE LA INDUSTRIA

Cuanto más sepas de tu industria en general, mejor podrás entender el importantísimo «por qué». Tus posibles clientes tienen distintos niveles de conocimiento acerca de lo que haces y de por qué lo haces. Cuanto más entiendas de la industria en la que has elegido hacer carrera, más eficiente llegarás a ser.

De nuevo te recomiendo que te remontes a la historia de tu industria. Comprende cómo el grupo de productos o servicios han evolucionado hasta alcanzar su nivel actual. Luego ve más allá de la historia y pasa al análisis de la industria. ¿Hacia dónde se dirige tu empresa en los próximos cinco o diez años? ¿Cuáles son las tendencias futuras que te permitirán ayudar más a la gente?

Clientes y publicaciones

Cada industria tiene varios catálogos llenos de artículos de primera plana, gráficos de análisis de tendencias, la última información sobre temas legales, ideas publicitarias y noticias relativas a gente de la industria. Tu eficacia en las próximas visitas de venta podría muy bien depender de la forma en la que entiendas a la industria para la que trabajas.

Un conocimiento básico de la industria y un perfil exhaustivo de los clientes te distinguirán de la inmensa mayoría de personas que se dedican a la profesión de la venta. Convertirte en un estudiante de tus clientes y hacerles saber de un modo discreto que te has molestado en recabar información acerca de las personas y de los negocios será una bocanada de aire fresco para tus clientes. Un firme conocimiento de lo que está ocurriendo en tu industria te puede llevar muy lejos a la hora de establecer la confianza entre tú y tus posibles clientes.

Un veterano jefe de ventas en la industria editorial comenta que después de muchos años encargándose de la gran cuenta de una oficina central nacional llegó a descubrir, mediante una concienzuda investigación y leyendo todo lo que había sobre dicha oficina, que había múltiples departamentos y centros de influencia que requerían varios días de trabajo para cada ciclo de venta. Su investigación le permitió visitar a muchos clientes dentro de la misma organización y en la misma localidad, recortando obviamente el tiempo y los gastos de viaje. Para conseguir esa misma cuenta la competencia tiene que dedicar medio día con un cliente en un único departamento.

Nuestro veterano jefe de ventas ayuda a su cliente de una manera más efectiva y eficiente, y ofrece un gran ahorro de tiempo por ser una «oficina multiservicio». Asimismo, genera cinco veces más ingresos de ventas que la competencia.

3. CONOCIMIENTO DE LOS PRECIOS

¿Por qué requiere tu producto o servicio la inversión que pides a un cliente? ¿Cómo puedes justificar la cantidad de dinero que pides por las ventajas que ofreces? ¿Cuáles son tus márgenes de beneficio? ¿Entiendes la diferencia entre coste y precio?

El conocimiento que tengas de la fijación de los precios puede definirse como conocimiento «exhaustivo» del producto. Cuando entiendes cómo se ha fijado el precio, comprendes cómo estás ayudándote a ti mismo, a tu empresa y a tu posible cliente.

El conocimiento de la fijación del precio incluye muchas áreas distintas: maximizar los beneficios en los mercados difíciles, la fijación de un precio adecuado para el mercado, adaptar la estrategia de precio a la cambiante economía y negociar los precios. Sin embargo, la mayoría de los que estamos en ventas no nos ocupamos de esas áreas. Tenemos que centrarnos en demostrar a los posibles clientes cómo y por qué el precio que le estamos pidiendo por nuestro producto o servicio es justo para ellos.

El factor determinante
En el clima de venta de hoy, hay muchos vendedores que creen sinceramente, (aunque tengo que añadir que erróneamente) que el precio es el factor determinante en la mayoría de las ventas. Estoy

convencido de que en la mayoría de las ventas lo verdadero es justamente lo contrario.

Bill Callaway, de Farmington, Missouri, comparte mi creencia. Cuando Bill era vendedor en la oficina de una compañía de suministro en Flat River, Missouri, que vendía máquinas de escribir, procesadores de texto y ordenadores, visitó una residencia de ancianos y le dijeron que los propietarios tendrían que debatir su propuesta. En otras palabras, querían «pensárselo». A pesar de hacer todos los esfuerzos posibles, no pudo cerrar la venta porque realmente necesitaban tiempo para discutir su propuesta y reflexionar sobre ella. Una semana más tarde recibió la mala noticia de que los propietarios de la residencia habían comprobado el precio de un sistema de ordenador similar en St. Louis, del mismo fabricante y que costaba 1,600 dólares menos, de modo que, naturalmente, el modelo menos caro era el que les interesaba.

Bill decidió que no se iba a conformar con aquel «no» por respuesta y que les ayudaría a conseguir lo que realmente *querían* y *necesitaban*.

Bill utilizó el planteamiento siguiente: «Teniendo en cuenta sus necesidades ahora y en el futuro, ¿cuál sería en su opinión la duración de vida que esperan para el ordenador que elijan?» El comprador respondió: «Al menos diez años».

Bill siguió diciendo: «La diferencia entre el ordenador que yo le ofrezco y el que ustedes han visto en St. Louis es de aproximadamente 1,600 dólares. Así que consideremos qué significa esa diferencia a lo largo de los diez años que a ustedes les parece que debería durarles el ordenador. En realidad estamos hablando de 160 dólares en un año, o unos trece dólares al mes, es decir cuarenta y tres centavos al día». A continuación, Bill hizo la gran pregunta: «¿No merecería la pena pagar cuarenta y tres centavos de más al día y hacer el negocio con una compañía que, como usted mismo ha convenido varias veces, le ofrecería la formación adecuada y el servicio que son tan importantes para usted?»

La respuesta fue: «¡Desde luego que sí!», ¡y Bill se quedó eufórico!

BILL NO DERRAMÓ SUS PALOMITAS

Alguna gente va al cine y derrama todas sus palomitas en la entrada, con lo que no pueden disfrutar de ellas mientras ven la película.

Algunos vendedores derraman toda su información en las fases iniciales de la presentación y no tienen nada que disfrutar cuando llega el momento de solicitar la orden de pedido.

Bill tenía algunos puntos guardados por si los necesitaba. Como el temor a perder es con frecuencia mayor que el deseo de ganar, Bill podía haber preguntado: «¿No le parece que cuarenta y tres centavos es un precio razonable para poder estar tranquilo?» O: «¿Ha calculado alguna vez lo que le costaría quedarse sin ordenador si el servicio adecuado no está disponible aunque solo sea por un día, o incluso una semana o más?» El temor de no tener el aparato, que es un temor real, sería una preocupación primordial para el cliente. En ese caso, el fabricante era el mismo y el equipo era físicamente muy parecido. La *gran* diferencia era el vendedor y el servicio que podía ofrecer.

Punto principal: ¡Nunca, nunca, nunca olvides que el precio implica mucho más que dinero!

PRECIO FRENTE A COSTE

El entrenamiento en ventas no cuesta; es algo que reporta beneficio. Y este es el pensamiento que te reto a considerar: ¿acaso le cuesta realmente al posible cliente comprar lo que le ofreces o, por el contrario, le reporta beneficio comprarte a ti y tratar contigo? La respuesta que des a esta pregunta te ayudará a averiguar si realmente sabes de qué trata la fijación de precio... y la respuesta adecuada te hará avanzar un gran trecho hacia aquello que te ayude a tener aun más éxito (del que puedes imaginar en este momento) en la profesión que has elegido.

4. CONOCIMIENTO DE LA APLICACIÓN

El uso o la aplicación de tu producto te ayudarán enormemente a la hora de mostrar al posible cliente la necesidad que tiene de él. La implementación es

> *¡Nunca, nunca, nunca olvides que el precio implica mucho más que dinero!*

vital para el uso y el uso es crucial para el *marketing* boca a boca, que te puede ayudar enormemente.

Si comprendes cómo se puede utilizar tu producto, tu mercancía o servicios y puedes ayudar a que otros entiendan el proceso, ayudarás a más personas y harás más ventas.

La familiaridad puede ser peligrosa

¡Ten cuidado! Muchas veces la familiaridad que tenemos con nuestro producto o servicio engendra desprecio con respecto al uso. Puesto que nosotros lo entendemos a conciencia todos los demás lo tienen que entender también. Una vez estaba yo vendiendo una máquina con la que había hecho demostraciones durante más de varios cientos de horas y, a riesgo de parecer poco modesto, lo hacía muy bien. En realidad, esto es más indicativo de la capacidad que tiene cada uno de nosotros cuando el talento y la atención están centrados, pero la cuestión es ésta: cuando el posible cliente me preguntaba si podía utilizar la máquina «así de bien», yo tenía que decir: «No, en absoluto, a menos que la utilizara ocho horas al día. Pero será capaz de utilizarla... », y seguía demostrándole los beneficios.

Asegúrate de entender todas las ramificaciones de tu producto o servicio.

5. CONOCIMIENTO DE LA COMPETENCIA

Cuando no consigues hacer la venta ¿sabes el por qué? Es posible que tú seas tu propio enemigo. En este caso, la falta de entrenamiento es tu competencia. Sin embargo, en la mayoría de los casos tendrás que vértelas con un competidor «de fuera».

¿Sabes con quién estás compitiendo? ¿Sabes por qué los estás venciendo? ¿Sabes por qué pierdes ventas frente a ellos? ¿Puedes demostrar que conoces a tu competencia sin ser crítico?

El conocimiento de tus competidores te ayudará en muchas formas cuando estés mostrando a los posibles clientes cómo puedes suplir sus necesidades.

DESCUBRIR LAS ÁREAS DE DESEQUILIBRIO

¿Cómo descubres las áreas de desequilibrio? Una vez más, las preguntas son la respuesta. Sin embargo, en este punto de la presentación ya deberías conocer al posible cliente en lo Personal, en cuanto a la Organización, y las Metas y estar al tanto de los Obstáculos (P. O. M. O.). Esta información te da el derecho de hacer preguntas fuertes. Sacadas de contexto, estas preguntas parecen un reto, pero ya en este punto debes haber ganado el derecho de hacer preguntas más duras *pensando en los mejores intereses del posible cliente*. Una vez más, no eres tú quien crea el desequilibrio. Estás ayudando a que el posible cliente vea, entienda y crea que hay un desequilibrio.

Considera hacer una pregunta ligeramente burlona como: «Sr. Cliente, ¿qué es lo que más le gusta de perder dinero?» (Te animo a que sonrías cuando hagas esta pregunta). «Sólo dígame las tres cosas principales», esta frase seguramente captará su atención. Lo normal es que su respuesta te asegure que no le gusta nada perder dinero. En ese momento tienes libertad para preguntar: «¿Está dispuesto a hacer algo para dejar de perder dinero?»

Te ruego que entiendas que estas preguntas son «durillas» y que no funcionarían para cualquier tipo de persona, pero recuerda que te has ganado el derecho a hacer preguntas difíciles. Y si piensas verdaderamente y de corazón en el mejor interés del posible cliente, puedes permitirte hacer la pregunta que esa persona *necesita* oír en lugar de aquella que le *gustaría* oír.

Cuando haces uso de un juicio pobre para señalar un desequilibrio, o el tono de voz no es el adecuado, lo sabrás de inmediato porque la persona te colgará el teléfono o te sacará de allí por la oreja. Asegúrate de que te has ganado el derecho a hacer una pregunta que señale el desequilibrio del posible cliente.

A LA GENTE NO LE IMPORTA

Probablemente ya habrás oído la frase: «A la gente no le importa cuánto sabes hasta que no saben cuánto te importan... ellos». Para tener mucho éxito ayudando a los demás a descubrir y curar su desequilibrio, debemos mantener en nuestra mente los mejores intereses del posible cliente.

Lonnie Amirault de Halifax, Nueva Escocia, vendía enciclopedias. Una noche, mientras hacía visitas, tenía la cabeza muy congestionada por un resfriado. Los posibles clientes tenían dos niños de once y siete años que no tenían ningún material educativo que les ayudara con sus estudios. Lonnie tenía la profunda convicción de que su producto era una absoluta necesidad en aquel hogar. Durante una parte de su demostración los niños miraron las distintas páginas, diagramas y fotografías y se quedaron embelesados con los libros.

Sin embargo, los padres seguían insistiendo en que no estaban interesados «por el momento». Lonnie era persistente pero, a pesar de sus mejores esfuerzos, la respuesta seguía siendo la misma.

Finalmente, el padre de los niños se puso de pie y dijo: «Bueno, creo que no estamos interesados ahora mismo», y se fue a la otra habitación para ver un juego de pelota. Lonnie recogió su muestrario en silencio y no mostró ninguna decepción. Al marcharse, compartió una pregunta con la madre de los niños: «Si está usted interesada en la educación de su familia, ¿cuándo cree usted que es un buen momento para empezar?» Le entregó su tarjeta de visita, sonrió y añadió de la forma más educada: «Sra. Clienta, hágalo lo antes posible. No se arrepentirá». Luego se marchó.

> *Cuando pierdes la venta es todavía más importante tener una despedida encantadora, amistosa, optimista y cortés que cuando realizas la venta.*

Mientras Lonnie caminaba hasta el lugar dónde su jefe de equipo le tenía que recoger, empezó a llover. Tenía una larga caminata por delante y estornudaba cada dos pasos. De repente, un gran coche se detuvo junto a él. Como ya era tarde y de noche, y no había farolas, el vehículo sobresaltó a Lonnie. Pero al bajarse la ventanilla del lado del conductor vio una cara que le resultaba familiar y oyó las palabras más hermosas: «Lonnie, ¿tiene un contrato en el maletín? Hemos decidido adquirir el programa». Aquellas personas le dijeron que su fe en el producto y su preocupación por la familia eran tan evidentes que no pudieron decir «no» ni a él ni a los niños.

Vender es una transferencia de sentimientos. Cuando crees en lo que estás vendiendo, sientes honestamente que el posible cliente será el gran ganador en la transacción, muestras una preocupación y un interés genuinos en el cliente y das por terminadas las visitas de ventas de una forma educada, agradable, gentil y amistosa, *¡todo el mundo* sale ganando!

Cuando no consigues hacer la venta, es aun más importante marcharse de una forma más alegre, amistosa, optimista y cortés que cuando la haces. Recuerda, el posible cliente justificará la decisión, sea sí o no. Si la decisión es «sí», el comprador hablará principalmente sobre el producto y en segundo lugar sobre el vendedor. Si la respuesta es «no» y ha habido un conflicto de personalidad, puedes tener por seguro que los comentarios negativos se harán sobre el vendedor.

ÁREAS COMUNES DE DESEQUILIBRIO

Lonnie señaló un desequilibrio a los posibles clientes porque se preocupaba por ellos y sabía que su producto suplía sus necesidades y sus deseos. A continuación ofrezco algunas preguntas que puedes utilizar para ayudar a que los demás descubran sus áreas de desequilibrio.

Compromiso de tiempo del posible cliente

«¿Controla su tiempo?» (pregunta de sí o no). Si es «sí», haz una cita. Si es «no», la pregunta de seguimiento es: «¿Cómo se sientes por ello?»

Dejadez

«Hay dos formas de trepar a una encina, Sr. Cliente. Puede subir ayudándose con brazos y piernas o simplemente sentándose en una bellota. ¿Cuál le parece más práctica?»

«¿Está usted de acuerdo (o no cree), Sr. Cliente que cada paso hacia delante o hacia arriba empieza por una decisión? ¿Estaría también de acuerdo en que la decisión correcta le llevará hacia delante o hacia arriba con más rapidez que una incorrecta?»

«¿Estaría de acuerdo en que se encuentra donde está ahora mismo por las decisiones que ha tomado en el pasado? ¿Estaría dispuesto a tomar lo que parece una decisión difícil ahora que podría mejorar su futuro?»

Un reto para un logro

«¿Está comprometido con sus metas? ¿Se ha preguntado por qué no ha logrado más metas? ¿Cuándo cree que será el momento correcto de empezar a trabajar para conseguir sus metas? ¿Merece usted más? ¿Qué intensidad tiene su deseo?

Demasiado ocupado

«¿De verdad no tiene tiempo o es que no quiere *hacer* un hueco? Todo el mundo tiene la misma cantidad de tiempo y le apuesto a que ya se ha dado cuenta de que los ganadores controlan su tiempo».

No tengo el dinero

«¿Vale su futuro _____ dólares? ¿El problema real es que no tiene el dinero o que no está haciendo ese dinero? ¿De quién es la culpa? Si no obtiene lo que necesita o lo que merece, ¿qué pasos está tomando para cambiar la situación?

¿PREGUNTAS DEMASIADO DURAS?

Si has llegado hasta aquí en tu lectura, es posible que te estés preguntando si he «perdido la cabeza». Obviamente (espero que resulte obvio) no vas a hacer esas preguntas con esas mismas palabras. Pero vuelve a una frase que dije anteriormente: «Aquellos que conocen el "qué" y el "como" siempre trabajarán para los que saben "por qué"». Piensa en todo esto hasta que entiendas lo siguiente: 1) ¿Cuál es el propósito de cada pregunta? 2) ¿Cómo podrías hacer esas preguntas dentro del marco de tu personalidad sin que suene demasiado retador? Y 3) ¿Por qué haces esas preguntas?

Tú eres el único que puede responder 1) y 2). La respuesta 3) es: ayudar a los posibles clientes a que entiendan que tienen un desequilibrio en alguna área de sus vidas.

ENCONTRAR SOLUCIONES

Lo más importante que debes recordar cuando muestres el desequilibrio al posible cliente es estar seguro de que tienes una solución. ¿Qué puede ser más frustrante que descubrir un serio problema sin solución? ¿Estás en este negocio para ayudar o para herir a la gente? Si haces una venta que resuelve un problema (corrige un desequilibrio) y te ves recompensado, ¿no salen ganando tú y el posible cliente? ¿Por qué querrías hacer algo que dañara al posible cliente? Si en tu corazón no tienes los mejores intereses del posible cliente ¿no deberías buscarte otro trabajo?

¿ESTÁN ENCENDIDAS TODAS LAS LUCES?

Una vez encendida la luz para ti (conoces la necesidad del posible cliente y sabes que tienes la solución) y una vez encendida para el posible cliente (la persona sabe que hay una necesidad y que tú tienes la solución), debes pasar a la fase de la solución de la necesidad del proceso de venta.

PARTE II DEL PROCESO DE VENTA CON ÉXITO: CONCIENCIA DE LA NECESIDAD

1. Conciencia de la necesidad significa:
   A. El vendedor profesional comprende los deseos y necesidades del posible cliente.
   B. El posible cliente comprende sus deseos y necesidades.

2. Para hacer que se encienda la luz para el vendedor y el cliente:
   A. Sondea las áreas de desequilibrio.
   B. Muestra el desequilibrio al posible cliente.

3. Para descubrir áreas de desequilibrio, aprende lo máximo posible sobre:
   A. Tu producto.
   B. Tu industria.
   C. Tu fijación de precios.
   D. La aplicación o uso de tu producto.
   E. Tu competencia.

4. A la gente no le importa cuánto sabes hasta que no saben cuánto te importan... ellos.

5. Tu arma más poderosa para demostrar el desequilibrio es la pregunta «dura». Gana tu derecho a preguntar.

VENDER SOLUCIONES PARA LOS PROBLEMAS DE LA GENTE

Conducir la venta según la necesidad

Mi amigo Walt Clayton cuenta la historia de un joven que necesitaba trabajo y se había empeñado en trabajar es los grandes almacenes Macy's. Se presentó personalmente ante el director de personal, que fue cordial pero afirmó categóricamente que no había ningún puesto disponible. Además, había muchas otras solicitudes por delante de la suya.

Cuando el joven salió de la oficina estaba incluso más decidido a trabajar en Macy's. En lugar de aceptar el «no» por respuesta, nuestro héroe pasó dos horas dando vueltas por el establecimiento y anotando lugares y situaciones que se podían mejorar.

Más tarde llamó al director de personal desde un teléfono de la tienda. «Quiero trabajar en Macy's», dijo. «He pasado las últimas dos horas en la tienda, y he visto al menos diez lugares en los que podría ofrecer una ayuda importante. ¿Puedo subir y decirle dónde se encuentran?» El joven subió y consiguió el trabajo.

LO OBVIO NO SIEMPRE ES TAN OBVIO

Paul es representante de ventas de un negocio de ropa de caballeros. La línea de producto en la que está especializado incluye zapatos, calcetines, trajes, corbatas, cinturones, pantalones y camisas, «todo lo necesario para que el aspecto del profesional esté al nivel de su eficiencia». El pasado mes de octubre hizo una visita muy interesante a John, en una agencia de seguros no demasiado grande en Chicago.

Durante la fase de análisis de la necesidad del proceso de venta, Paul descubrió lo siguiente:

> *Persona*: John se graduó en el instituto y en la universidad en Chicago y ha vivido en la Ciudad del Viento los cuarenta y dos años de su vida. John y su esposa tienen dos hijos de doce y nueve años. John juega al golf los fines de semana. Aparte de sufrir de resfriado crónico, parece tener buena salud.

> *Compañía*: Es el propietario de la agencia, tiene seis vendedores trabajando para él, vende una gama completa de seguros y tiene una persona de apoyo que trabaja en la oficina.

> *Metas*: John quiere doblar su producción personal y ayudar a sus seis vendedores a incrementar la suya en un 25%, jugar al golf más a menudo y pasar más tiempo con su familia.

> *Obstáculos*: A primera vista, parece que «el tiempo» es el obstáculo principal entre John y sus objetivos. Paul ha convencido a John de que tiene un problema y está en desequilibrio. La pregunta a la que debe responder es: ¿el tiempo es el problema o el síntoma del problema?

Cuando nosotros nos unimos a la presentación, Paul ha completado el análisis de la necesidad y está acabando la fase de conciencia de la necesidad del proceso de venta. Se encuentra en el punto de la transición a la solución de la necesidad. Vamos a divertirnos un poco y a aprender una importante lección.

—John —se pregunta Paul—, ¿cuánto tiempo lleva con ese resfriado?

—Creo que toda mi vida —contesta John con desaliento—. No recuerdo cuándo fue la última vez durante este año fiscal en que pude salir y trabajar con mis vendedores sobre el terreno. Estoy absolutamente convencido de que podrían mejorar realmente si yo pudiera pasar con ellos el tiempo necesario.

—¿Y cuáles considera que pueden ser las razones para no poder salir con ellos? —pregunta Paul.

—¡Estoy demasiado cansado! —contesta John de inmediato—. Cuando acabo de hacer mis visitas de venta y me ocupo un poco del papeleo, ¡estoy hecho polvo! Este resfriado me tiene tan agotado que no consigo tener la energía suficiente para hacer lo que realmente me apetece. Llevo más de seis meses sin jugar al golf. Hace dos semanas no pude llevar a mi hijo pequeño a un retiro de *scouts*. Estoy enfermo y cansado de estar enfermo y cansado.

—¿Ha ido al médico? —pregunta Paul, esperando encontrar una pista para la enfermedad crónica que parece ser el factor clave de que John no tenga tiempo.

—Oh, sí —dice John—, pero lo único que hace es recomendarme reposo y que pague su factura. Si descanso, ¡no podré pagar su factura!

—Ciertamente tiene un dilema —añade Paul cuando, de repente, la respuesta le salta a la vista. Mientras John sigue explicando la gravedad de la necesidad, se echa hacia atrás en su sillón, se pone las manos detrás de la cabeza y apoya los pies en la esquina de su escritorio, y deja ver que no lleva calcetines.

—¡Calcetines! —exclama Paul—. ¡Necesita calcetines!

—¿Quéeee? —pregunta John—. ¿Qué quiere decir?

Paul se sentía vivo por el entusiasmo que le embargaba mientras apuntaba al motivo del resfriado crónico de John.

—Va sin calcetines. Si los llevara, tendría tiempo.

—No, no, no —dijo John—. No lo entiende. Nadie de mi familia ha llevado nunca calcetines. Ni mi abuelo, ni mi padre. Verá, es prácticamente una tradición familiar. No necesito calcetines.

Paul no se lo podía creer.

—Por el amor de Dios, ¿por qué no llevan ustedes calcetines?

—No tengo la menor idea —contestó John un tanto indiferente.

—Preguntémosle a su abuelo.

—Imposible.

—¿Por qué?

—Murió antes de que yo naciera.

—¿De pulmonía?

—No, y no me parece que sea divertido.

—Y bien, ¿qué le ocurrió?

—Bronquitis crónica. Mi padre murió de neumonía.

UNA PEQUEÑA BROMA

Solo en caso de que no te hayas dado cuenta aún, te estoy tomando el pelo. Por cierto, cuando esta historia se presenta ante una audiencia en vivo, en forma de *sketch*, la gente disfruta con ella; espero que captes la idea. Pero mi deseo es exponer un punto realmente muy importante: cuando proponemos soluciones, no estamos vendiendo productos. La gente no compra productos. Compran los productos de los productos, lo que se conoce como *beneficios*.

En nuestro ejemplo, John no sentía deseo de tener calcetines. Lo que él quería era tiempo para formar a su gente, jugar al golf y participar en más actividades con su familia. Su obstáculo era su débil salud; su solución era los calcetines.

Si volvemos a nuestro ejemplo y lo retomamos en el momento en que Paul se da cuenta de que John no lleva calcetines, podremos ver cómo el proceso podría haber resultado aún más eficaz.

OTRA OPORTUNIDAD

«John, si pudiera enseñarle cómo sentirse mejor, tener el tiempo y la energía para formar a su personal, jugar al golf, y participar en más actividades con su familia, ¿le interesaría?» (Pregunta de sí o no con una respuesta obvia).

«John, ¿tendría importancia cómo se llamara mi producto si este supliera sus necesidades y solucionara sus problemas?»

Ahora, si Paul es tan experto en su trabajo como queremos que sea, aun teniendo ya la solución, seguirá sondeando para asegurarse de que la luz está en la mente del posible cliente. Utilizará preguntas como:

- ¿Por qué quiere vender más seguros?
- ¿Qué haría si vendiera más seguros?
- ¿Cómo se sentiría si pudiera pasar más tiempo con su familia?
- ¿Qué le parecería poder jugar más al golf?

- ¿Qué significa para usted poder formar a sus vendedores?
- ¿Cómo se sentiría su familia si pudiera pasar más tiempo con ellos?

LOS GANADORES VENDEN BENEFICIOS

J. Kevin Jenkins de Lafayette, Luisiana, vendía un adecuado equilibrio pélvico, buena circulación sanguínea, músculos relajados, paz interior, ausencia de estrés, y una mente y cuerpo descansados y relajados.

Kevin empezaba su presentación con una validación científica por parte de médicos y quiroprácticos corroborando la información que demostraba que la utilización de su producto durante un periodo determinado de tiempo mejoraba la salud y el bienestar. Después presentaba testimonios de clientes y mostraba cómo el uso de su producto permitía al cliente ahorrar dos horas de su tiempo en comparación con la competencia. Todo lo que hablaba con sus clientes se traducía en beneficios para ellos, siendo al fin y al cabo ésta la única razón por la que alguien compra algo a alguien.

Algunos de ustedes habrán adivinado ya que Kevin vendía camas de agua, pero ¿puedo preguntarte algo? Si alguien te mostrara cómo conseguir todos esos beneficios, ¿te importaría cuál fuera el producto? Pintando un cuadro que combinaba tiempo libre y beneficios en la salud, y usando la aritmética simple, Kevin Jenkins estaba ganando *y* ayudando a otros a ganar.

Personaliza los beneficios para el posible cliente. Coloca a la persona dentro del cuadro, conduciendo ese coche de lujo, recibiendo cumplidos por su bonito traje, disfrutando del atardecer en el lago donde se ha construido su nueva casa, o sentada en un bonito entorno mientras disfruta de la jubilación que le ha permitido hacer esa inversión. Pinta el cuadro de forma que tu cliente *vea* los beneficios personales.

DOS PREGUNTAS VITALES

Permíteme que te formule un reto: detente por un momento y responde a lo que no deberían ser más que dos simples preguntas. Es posible que cada una de ellas tenga hasta tres posibles respuestas, pero contéstalas de la forma más completa posible.

Primera pregunta: ¿qué es lo que vendes?
   1.

   2.

   3.

Segunda pregunta: ¿qué compran tus posibles clientes?
   1.

   2.

   3.

Y ahora, si me permites una tercera pregunta, sería esta: ¿coinciden tus dos listas? Si la respuesta es sí, estás muy por delante de tus competidores. Si no te has detenido a pensar las respuestas, te animaría a que te tomaras el tiempo de emplear tu esfuerzo más sincero frente a estas preguntas que parecen tan simples. Las respuestas revelarán muchas cosas acerca de ti. Aquellos que se nieguen a tomarse el tiempo de responder a estas preguntas y minimizan su importancia suelen ser los que no tienen ni la más mínima idea de las respuestas.

LIBROS Y CINTAS

En ocasiones me he encontrado con gente que piensa que estoy en el negocio de la venta de charlas, libros, cintas, CD, DVD, y videos. De hecho, hace varios años recibí una bonita carta de un hombre que estaba realmente preocupado por mí. Éste es en esencia el contenido de su carta:

> Querido Zig:
> Permítame alentarle a que deje de vender libros y cintas desde la plataforma en la que hace sus apariciones públicas. Creo que eso daña su imagen y quizá afecta la actitud de la audiencia en el proceso.

Estoy completamente seguro de que la motivación de este hombre era velar por mis intereses, y le estoy muy agradecido por ello. Ésta fue mi respuesta:

> Querido amigo:
> Muchas gracias por su carta y por su preocupación. La suya es el tipo de carta de amor que a uno le gusta recibir. No me juzgaba ni me condenaba por lo que hago. Simplemente, me ofreció, de corazón, una sugerencia que usted sintió que era buena para mis intereses, y le estoy agradecido por ello. Sin embargo, le explicaré por qué ofrecemos los libros y las cintas a nuestras audiencias.
> Primero: una de cada siete personas que llama para comprar las entradas a un seminario pregunta si los libros y las cintas van a estar disponibles. Si tantos preguntan, tengo razones para creer que puede haber otros interesados también.
> Segundo: si a las personas que vienen a un seminario les gusta lo que escuchan, a menudo quieren llevarse los hechos y las «sensaciones» a casa. Que los libros y las cintas estén disponibles les permite hacer esto. Se emplea menos del 4% del tiempo real de la presentación explicando qué productos están disponibles, por lo que no se pierde tiempo de enseñanza. Realmente, por la forma en la que hago la presentación del producto, enseño mientras explico lo que se puede comprar.

Tercero, y lo más importante, por cada carta que recibimos diciendo: «Su seminario cambió mi vida», recibimos 200 cartas, llamadas telefónicas y comentarios que dicen que mis libros y cintas cambiaron vidas.

Con esto en mente, me gustaría recalcar que no me dedico a vender conferencias, seminarios, libros o cintas. Mi negocio es el de cambiar vidas. Sí, soy consciente de que corro el riesgo de ofender a algunos de los que asisten a los seminarios y lo siento. Me gustaría que fuera posible conseguir todos los objetivos sin ofender a una sola persona. Sin embargo, hace años acepté el hecho de que hay cierto riesgo en todo lo que hacemos, y decidí que los beneficios que el posible cliente consigue con la compra son mayores y más importantes que cualquier riesgo que asuma explicando cuáles son los productos que se encuentran disponibles para su adquisición.

NOTA ACLARATORIA

Mientras lees estas palabras, permíteme dejar esto muy claro. Cuando crees verdaderamente que lo que has ofrecido es para beneficio de tus clientes, asumirás un cierto número de riesgos calculados para persuadir a tus clientes de que entren en acción por sus propios intereses. Lo harás de forma educada, agradable y profesional, pero lo *harás*.

Cuando quieras que tus clientes entren en acción, les hablarás del beneficio que recibirán y les conducirás hasta el área de su necesidad.

MIS RESPUESTAS

Voy a contestar a las dos preguntas que te he hecho anteriormente. La primera: ¿qué vendes? Yo vendo herramientas para cambiar vidas, que capacitan a las personas para que puedan superar patrones de conducta negativos del pasado y progresen en el presente, mientras tienen esperanza en el futuro. La segunda pregunta: ¿qué compran tus clientes? Las personas compran herramientas que les dan poder sobre su pasado, progreso en el presente, y esperanza en el futuro. Y sí, las dos respuestas coinciden.

ALGO PARA CONSIDERAR

La razón por la que los beneficios de los libros y cintas son tan tremendos es que, cuando se lee o se escucha algo muchas veces, se está siguiendo uno de los principios más antiguos de la educación conocidos por el hombre: la repetición.

Cuando asistes a un seminario, lees un libro inspirador, ves un video o DVD, o escuchas una grabación motivadora, tus pensamientos y sentimientos se elevan hasta nuevas alturas. Desde allí arriba serás capaz de ver y escuchar cosas que antes te perdías. Algunas personas me dicen que siguen escuchando cosas nuevas después de poner la misma cinta diez, veinte, treinta veces. El mensaje ha estado ahí todo el tiempo pero, sencillamente, el oyente no estaba aún preparado para recibirlo al completo. Escucha los mensajes correctos de forma continua y repetitiva.

La repetición es la madre del aprendizaje y el padre de la acción, lo que la convierte en el arquitecto del logro.

UN REGALO

Un año, uno de mis regalos de Navidad por parte de la Pelirroja fue ropa interior de la marca Jockey. Mientras abría el paquete, miré hacia abajo y leí lo que ponía en la caja. Esto llamó mi atención: «Pasa dos tercios de su vida en ropa interior; pase tres minutos leyendo por qué merece la pena comprar lo mejor».

Lo que seguía era una bonita descripción de por qué ellos creen que su producto es el mejor. El concepto principal que quiero destacar es que me llamó la atención al abrirlo. En el mundo de la venta, tú eres el que conduce a la necesidad (con tu mejor arma) porque eso es quizá lo único que el cliente va a escuchar. En este caso particular, quedé tan impresionado por la primera línea que leí el resto de lo que tenían que decir y también me impresionó. Sin embargo, debo confesar que si aquella primera línea que leí al abrirlo no hubiese llamado mi atención, no habría acabado de leer su «charla de venta».

CARACTERÍSTICA, FUNCIÓN, BENEFICIO

En la gran profesión de la venta se habla mucho de características, funciones, y beneficios, pero ¿qué son esas cosas maravillosas? Para «guiar hacia la necesidad», debemos entender las definiciones básicas de estas palabras clave.

> *La repetición es la madre del aprendizaje y el padre de la acción, lo que la convierte en el arquitecto del logro.*

Por definición, la *característica* es una parte del producto o servicio, o lo que el producto o servicio *es* en sí. Puede haber varias características por producto o servicio. Un bolígrafo tiene una parte con clip; esto es una característica.

Por definición, la *función* es el acto que una parte determinada del producto realiza, o para lo que *sirve* esa parte concreta del producto o servicio. Pueden darse varias funciones por producto o servicio. La función del clip del bolígrafo es sujetarlo a tu bolsillo.

Por definición, el *beneficio* es la *ventaja* que hay en usar una característica y su función, o lo que esa característica o función *hace por el posible cliente*. Puede haber varios beneficios por producto y servicio. La pinza del bolígrafo te ahorra dinero y frustración, porque ya no lo olvidas ni lo pierdes.

LOS CLIENTES ESCUCHAN

Por favor, recuerda que el cliente escucha la emisora WII-FM (*¿Qué hay aquí para mí?* por sus siglas en inglés: *What's In It For Me?*).

Llegados a este punto, he pasado una gran cantidad de tiempo «sopesando» la importancia de los beneficios. Sin embargo, para la presentación de venta con éxito necesitarás un entendimiento profundo de las tres partes. He hecho hincapié en los beneficios para que te quede grabada la importancia de vender «productos del producto» y no sólo el producto en sí. Estos tres elementos (característica, función, y beneficio) no son tres tercios iguales. Cuando se provee una solución a la necesidad de un cliente (solución del problema), *siempre* se le conduce hacia la necesidad. Habrá momentos en los que tendrás que hacer referencia a las características y funciones.

EL EJEMPLO CLÁSICO

Los que enseñan sobre el tema de característica, función, y beneficio usan a menudo el ejemplo clásico del bolígrafo. Sin embargo, el ejemplo clásico es, para ti, tu producto o servicio. Detente un momento ahora y anota al menos tres características, tres funciones, y tres beneficios de lo que estás vendiendo.

CARACTERÍSTICAS:

FUNCIONES:

BENEFICIOS:

Veamos este ejemplo específico:

ZIG ZIGLAR VENTAS:
EL MANUAL DEFINITIVO PARA EL
VENDEDOR PROFESIONAL

CARACTERÍSTICAS:
1. Un diseño de cubierta atractivo.
2. Más de 300 páginas.
3. Páginas que resumen los conceptos principales.
4. Historias, chistes breves y analogías.

Funciones:

1. Llama tu atención/hace que tomes el libro.
2. Mucha información disponible.
3. Permite la revisión rápida del material presentado.
4. Mantiene tu atención/mejora la comprensión.

Beneficios:

1. Fácil.
2. Conveniente.
3. Herramienta de recurso.
4. Permite evaluar sobre la marcha lo que se ha aprendido.
5. Orientado a la aplicación.
6. Mejora tu calidad de vida.
7. Mejora tu eficacia.
8. Te aporta tranquilidad de espíritu mediante la seguridad y la profesionalidad.
9. Eleva el nivel de vida.
10. Desarrolla la confianza.
11. Mejora la autoestima.
12. Te acerca a tu familia.
13. Mejora tu imagen en la comunidad.

CONFUSIÓN

Probablemente comprenderás por qué algunas personas solamente venden funciones (lo que *hace*). ¡Cuidado con esta trampa! Lo que tu producto o servicio (o una parte de los mismos) puede hacer es muy interesante, e incluso puede que *convenzas* al posible cliente de que conoces tu negocio y el valor de tu producto. Sin embargo, lo más probable es que las funciones no harán que yo te dé mi dinero. Eso sólo ocurrirá cuando me *persuadas* para que entre en acción y me dejes bien claro *qué tiene de interesante para mí*. Cuando me muestras las ventajas que obtengo al usar tu producto o servicio, es el momento en el que nos estamos comunicando de verdad.

Muchas veces se les dice a los vendedores que no hablen de las características de un producto sin hablar de los beneficios (ventajas) también. Esto sólo es verdad en parte. La verdad completa es que el vendedor de éxito habla de las características y las demuestra mientras va *llevando* a los beneficios. Personaliza los beneficios para el posible cliente. Coloca a la persona dentro del cuadro, conduciendo ese coche de lujo, recibiendo cumplidos por su bonito traje, disfrutando del atardecer en el lago donde se ha construido su nueva casa, o sentada en un bonito entorno mientras disfruta de la jubilación que le ha permitido hacer esa inversión. Pinta el cuadro de forma que tu cliente *vea* los beneficios personales.

Muchos no considerarán que el actor ganador de premios, el escritor, el director y productor Alan Alda sea un vendedor, pero en un discurso que hizo en un colegio médico dio a los doctores y vendedores algunos buenos consejos. Dijo: «El hueso de la cabeza está conectado al del corazón. No permitáis que se separen». Desde el punto de vista de las ventas, está diciendo a vendedores profesionales que cuando demostramos o explicamos los beneficios de nuestro producto de una forma clara y lógica debemos también implicar al posible cliente emocionalmente. Debemos dejar que el posible cliente sepa cómo se *siente* uno al disfrutar del producto o servicio.

Para evitar cualquier confusión y hacer un uso adecuado de características, funciones y beneficios, necesitamos añadir el *puente*. El puente es una frase que prepara al posible cliente para que escuche el beneficio. Es una frase que grita: «¡Eh, mire, aquí viene el beneficio, la ventaja o la razón por la que usted debe comprar!» Los ejemplos de puentes deben incluir:

«La ventaja para usted, Sr. Cliente, es... »
«Usted disfrutará de esto porque... »
«El beneficio para usted, Sr. Cliente, es... »

DE VUELTA A TU LIBRO

Zig Ziglar Ventas tiene una cubierta atractiva, que llama la atención y te obliga a tomarlo en la mano. La ventaja para ti es que te facilita localizar el libro adecuado cuando quieres refrescar tu memoria de los fundamentos básicos de la venta.

Zig Ziglar Ventas contiene páginas de resúmenes con los puntos principales de cada capítulo comprimidos. Lo disfrutarás porque podrás ahorrar tiempo a la hora de revisar puntos importantes justo antes de las visitas de venta.

Zig Ziglar Ventas contiene historias, chistes breves, y analogías, que mantienen tu atención y te ayudan a entender los principios. El beneficio para ti es que puedes aplicar esta información para tener más éxito todavía en tu carrera.

PRODUCTOS DE LOS PRODUCTOS

Los vendedores deben entender con claridad que los clientes no compran lo que el producto es en sí; compran los beneficios que el uso del producto les aportará. Los «frenos antibloqueo» significarán muy poco para el conductor medio hasta que tú le expliques que pueden evitar esos peligrosos derrapes en las autopistas deslizantes. Las «llantas radiales reforzadas con acero» pueden no tener mucho significado hasta que tú explicas al conductor que le permitirán hacer sin problemas unos 20,000 kilómetros más con cada juego de neumáticos.

Me pregunto si has visto esos anuncios publicitarios en la televisión en los que la madre y la hija están abandonadas a su suerte, bajo la lluvia, porque el marido no ha comprado la batería adecuada para el automóvil. ¡El muy canalla! ¿En qué estaría pensando para comprar una batería de inferior calidad y hacer que su familia quedara atrapada bajo la lluvia en una noche oscura y en una parte peligrosa de la ciudad? La clave es que nuestra batería mantiene a salvo a su familia.

«Garantía renovable» podría no decir gran cosa al ciudadano mayor hasta que le explicas que la compañía no puede cancelar la póliza a ninguna edad.

Trece centímetros de aislamiento no dicen nada hasta que no los traduces en costes más bajos de calefacción y aire acondicionado. En resumen, siempre tienes que dar un beneficio cuando describes la característica y la función.

TU DESAFÍO

Si estás teniendo dificultades con el tema de las características, funciones o beneficios de tu producto o servicio, imagínate cómo deben sentirse tus posibles clientes. Si tú no lo entiendes *con claridad* y no puedes *articular* claramente la diferencia, estarás perdiendo ventas en favor de otros que sí lo tienen claro.

En vista de que estás trabajando para ser mejor de lo que eras ayer; como deseas convertirte en un verdadero profesional en todas las áreas; dado que el éxito en las ventas es de vital importancia para ti, ¿te tomarás el tiempo de responder a unas cuantas preguntas?

¿Cuáles son los tres aspectos o partes más importantes de tu producto o servicio? (¿Cuál *es* tu producto o servicio?)

1.

2.

3.

¿Qué realiza esta parte o aspecto? (¿Qué hace tu producto o servicio?)

1.

2.

3.

¿Cuál es la afirmación más efectiva que usas con tu producto o servicio, que diga alto y claro: «¡Eh, mire, éste es el beneficio para usted!»?

¿Cuáles son las razones principales por las que los demás querrían comprar tu producto o servicio? (¿Qué hace tu producto o servicio por el posible cliente?)

1.

2.

3.

MARCAR EL CAMINO HACIA LA NECESIDAD, ANTES Y AHORA

Algunos principios no deberían cambiar y no lo hacen. A finales de los años cincuenta me dediqué brevemente al campo de la hospitalización, la salud, y los seguros de accidente. Vivía en Columbia, Carolina del sur, y conducía a menudo hasta Newberry, en el mismo estado, para trabajar. Por accidente, supe que esa ciudad tenía un número extremadamente alto de maestras de escuela solteras. Eran cuarentonas y cincuentonas que constituían el único sostén para sus madres. Como comprenderás, muchas cosas eran diferentes en los años cincuenta. Había muy pocas residencias de ancianos y las ayudas del gobierno no se conseguían tan fácilmente como ahora.

Cuando reuní esta información, atar cabos fue bastante fácil. Si le ocurría algo al cabeza de familia, las maestras solteras, sus madres se enfrentarían a circunstancias económicas terribles. Empecé concentrándome en ese mercado relativamente pequeño pero extremadamente lucrativo. Lucrativo porque aquella necesidad tan grande hacía que las ventas no fueran difíciles. Yo no creé la necesidad. Solamente ofrecí una solución a un problema determinado que esas personas tenían. Sin excepción, cuando hacía la presentación, incluso las pocas damas que no compraban (y eran muy pocas) apreciaban que las hubiese elegido específicamente y hubiera aunado esfuerzos para verlas.

UNA PRESENTACIÓN SIMPLE

Durante las fases de análisis de la necesidad y conciencia de la necesidad de la presentación, reuní información que me permitió saber si había alguna forma de apoyar a la maestra o a su madre si sufrían una enfermedad o un accidente que pusiera fin a sus carreras. Con frecuencia la «introspección» revelaba que no disponían más que de pequeñas cuentas de ahorro.

Entonces hacía una pregunta obvia: «¿Se ha preguntado que les pasaría a usted y a su madre si usted sufriera un accidente o padeciera una enfermedad que le obligara a poner fin a su carrera y agotaran todos sus ahorros?»

La mayoría había pensado en ello alguna vez, pero al no encontrar ninguna solución optaron por aplicar el enfoque de «Escarlata O´Hara» que consiste en «pensar en ello mañana».

La pregunta de la fase de solución de la necesidad también estaba bastante clara. Pregunté: «Si hubiera una solución para el problema, le interesaría saber cuál es, ¿no es así?»

Por lo general, la respuesta era siempre afirmativa.

Durante esta parte del proceso de venta, yo las «conducía hacia la necesidad» tal como te he estado animando a hacer en este capítulo. Además, quería motivar al posible cliente para que entrara en acción, de modo que pintaba un cuadro muy gráfico con palabras que le permitiera ver lo que podía ocurrir si no actuaba de inmediato.

«Srta. Clienta (esto era antes de que a todas las mujeres hubiera que llamarlas señoras), a la edad de cuarenta y nueve años su esperanza de vida es aproximadamente de unos veinte o treinta años más. En términos generales, cuando hay un accidente o enfermedad, esa esperanza de vida puede verse sustancialmente reducida a unos siete años. Ahora bien, los cuatrocientos dólares al mes (importe que el seguro pagaría tras la invalidez) durante siete años, o más, representan una cantidad considerable de dinero (entre 1,200 y 1,500 de los dólares de hoy). Por esta razón, los procedimientos para obtener dicha subvención son bastante estrictos (y eso era un hecho). Como representante de la compañía es evidente que no puedo garantizar que su solicitud fuese aprobada. Sin embargo, me gustaría poder entregarla y ver lo que dice el departamento de evaluación de riesgos». Un alto porcentaje de las maestras decían: «Está bien, hagámoslo». Sí, el temor a perder suele ser mayor que el deseo de ganar.

Si yo notaba alguna reticencia o duda, la pregunta era: «Usted está segura de que en el caso de una enfermedad o accidente le gustaría poder suplir sus necesidades, ¿no es así?» La respuesta era siempre afirmativa. Así que sencillamente preguntaba: «Entonces, ¿por qué no vemos cómo se ve el tema sobre papel y dejamos que la compañía tome la decisión?»

Esto valió para cerrar la venta en un 90% de la gente que visité.

Mi amigo Roger Peet, de Bismarck, Dakota del Norte, me presentó un interesante problema de venta en esta área de los seguros de salud a largo plazo. Estaba teniendo problemas en crear esa sensación de urgencia para que el posible cliente actuase. La solución que le recomendé (que se originó en mi charla de venta a las maestras) le funcionó tremendamente bien y Roger me cuenta que utiliza la misma terminología que yo estoy compartiendo contigo. Los números pueden variar a lo largo de los años, pero los principios no.

IMPORTANTE ELOCUENCIA

Basándose en el caso de una persona de sesenta y dos años que compraba un seguro de salud a largo plazo, Roger podía ofrecer ochenta dólares por día con una prima de cien dólares mensuales. De nuevo, no te dejes atrapar por los números porque hay varios detalles que estoy dejando de lado para que la explicación sea más sencilla y poder exponer el verdadero asunto. En lugar de centrarte en los números, fíjate en la elocuencia que describe el cuadro «que conduce a la necesidad» y crea ese sentido de urgencia para pasar a la acción.

Roger comienza esta fase de la presentación diciendo: «Como ustedes saben, Sr. y Sra. Clientes, pasamos por la vida tomando multitud de decisiones. Durante su vida habrán tomado decenas de miles de ellas. Algunas tendrían importantísimas consecuencias, pero la mayoría serían insignificantes.

»En estos momentos, sin embargo, tienen delante de ustedes una decisión que puede ser extremadamente relevante. Ésta es la elección: ahora mismo todo indica que pueden elegir si desean o no esta cobertura. No tengo forma de saber (como tampoco la tienen ustedes) si tendrán esta misma oportunidad mañana, la semana, el mes o el año próximos. Probablemente sí, pero esta incertidumbre fue la primera razón para que se creara este seguro. Teniendo esto en mente, veamos qué es lo que estarían eligiendo.

»Si deciden adquirir esta cobertura, acabarán de elegir invertir cien dólares al mes. Probablemente esto no será una decisión importante para ustedes porque no afecta al lugar en el que vivirán ni lo que comerán, ni el coche que conducirán, ni su nivel básico de vida. En resumen, si dicen que sí, lo único que verán materialmente afectado será su tranquilidad de espíritu.

»Por otra parte, si deciden esperar o dicen que no, como les he indicado anteriormente quizá no tengan esta oportunidad más adelante. Si tienen un derrame cerebral, un accidente, un infarto o cualquier otra enfermedad debilitante o una catástrofe les pilla desprevenidos, esta respuesta negativa de hoy podría tener unos resultados demoledores. La cantidad de cien dólares que saldrían de su cuenta corriente una vez al mes no hará mucha diferencia, pero los ochenta dólares diarios que saldrían de sus recursos durante un periodo de tiempo sí constituirían una tremenda diferencia, no solo en su vida económica sino también en su paz mental. Probablemente afectaría también de forma negativa a personas a las que ustedes aman mucho y podría llegar a agotar sus recursos y los de ellas también.

»Con tanto que ganar sólo con decir sí y tanto que perder al negarse, ¿no tiene sentido permitir que sea la compañía aseguradora quien corra con el riesgo y no ustedes? Estoy seguro de que dormirían mejor esta noche sabiendo que por muy poco sacrificio (si acaso alguno), habrán eliminado la posibilidad de una tragedia financiera. ¡Podemos poner en vigor este contrato mediante... !»

S. S. O. P.

Ahora que ya conoces a fondo la importancia de marcar el camino hacia la necesidad y la diferencia entre características, funciones y beneficios, estás preparado para Solicitar Siempre la Orden de Pedido, y S. S. O. P. es de lo que trata el capítulo 10.

PARTE III DEL PROCESO DE VENTA CON ÉXITO: SOLUCIÓN DE LA NECESIDAD

1. Solución de la necesidad significa:
   A. El vendedor profesional vende beneficios, no productos.
   B. El vendedor profesional «conduce hacia la necesidad».

2. Las características, funciones y beneficios ayudan a resolver los problemas del posible cliente:
   A. Las características son partes del producto o servicio: lo que el producto o servicio es.
   B. Las funciones son lo que realizan las partes específicas del producto o servicio: lo que esa parte del producto o servicio en particular hace.
   C. Los beneficios son las ventajas que se consiguen utilizando las características y funciones del producto o servicio: lo que las características y funciones hacen por el cliente.

CAPÍTULO DIEZ

EL ABC DE
CERRAR UNA VENTA

S. S. O. P. = Solicitar
Siempre la Orden de Pedido

Hace muchos años, los periódicos de Detroit publicaron un artículo de investigación acerca de una monstruosa póliza de seguros adquirida por Henry Ford. Un amigo íntimo del señor Ford que trabajaba en el negocio de los seguros se sintió muy molesto y le preguntó por qué rayos no había contratado la póliza con él. La respuesta del señor Ford es una lección para cualquiera que venda algo a cualquier precio, bajo cualquier tiempo y circunstancia... ¡y esos somos todos nosotros! Le dijo: «No me lo pediste».

EL VENDEDOR «TÍMIDO»

Si ha habido alguna vez un ejemplo clásico de lo que el trabajo duro, el valor y la perseverancia pueden lograr, Horace «Judge» Ziglar fue ese ejemplo. Judge no tuvo un éxito espectacular cuando empezó en el mundo de las ventas, pero siguió adelante estableciendo muchos récords que se mantuvieron durante muchos años. ¡A mi hermano menor le encantaba vender! Más tarde, cuando otros le insistían en que compartiera sus secretos de venta, se convirtió en uno de los mejores oradores de las tribunas del país. Antes de su muerte prematura en octubre de 1990, Judge había ayudado a miles de personas a tener más éxito en las ventas y en la vida.

Cuando pienso en cerrar ventas, no se me ocurre nadie más eficiente que mi hermano. Tenía la «actitud de cierre» más firme de cuantas personas he conocido jamás en la gran profesión de la venta. Como ya dije antes, la filosofía básica de Judge era que tú tenías *su* dinero en tu bolsillo. Y esto era así, porque él tenía *tu* producto en su estantería.

Ahora, antes de que te precipites y emitas un juicio, permíteme añadir rápidamente que mi hermano era un vendedor que *siempre* tenía en mente los mejores intereses de su posible cliente. Él siempre creyó en el producto que vendía y sabía que la gente estaría mejor después de hacer el cambio (el dinero de ellos por el producto de él).

Judge escribió un libro titulado *Timid Salesmen Have Skinny Kids* [Los vendedores tímidos tienen hijos flacos], y tenía mucha razón. El año en el que estableció el récord mundial de ventas de baterías de cocina venció más adversidad de la que enfrentan la mayoría de los vendedores a lo largo de toda su carrera; tuvo un hijo con una estancia prolongada en el hospital (Judge le vendió a las enfermeras); tuvo un accidente que destrozó su automóvil (que le vendió al liquidador del seguro); sufrió la muerte de dos familiares cercanos y la pérdida de la voz (el doctor le dijo que no podría hablar durante seis semanas, así que hizo lo único que podía hacer: conseguir otro médico).

A QUIEN CIERRA LAS VENTAS REALMENTE LE IMPORTA

Visualiza esta escena conmigo, por favor. La fecha es el 31 de diciembre, Nochevieja. Todo el mundo sabe que tú no vendes la noche de fin de año. Son las 22:15 y Judge tiene una cita de venta. Ya ha pulverizado el récord mundial en más de 2,000 dólares, pero está por debajo de su objetivo en 140 dólares. ¿Qué abrías hecho tú?

La joven pareja que Judge Ziglar visitó vivía en un pequeño apartamento de un dormitorio. No tenían estufa ni refrigerador. A las 22:30 de aquella noche ya *eran poseedores* de un resistente conjunto de ollas y cazuelas de acero inoxidable.

Había muchas razones para que Judge trabajara tan duro para cerrar aquella venta. Se había marcado el objetivo de vender un importe determinado de mercancía y estar tan cerca de su objetivo y no conseguirlo (especialmente después de todas las adversidades por las que había pasado) le resultaba inaceptable. Pero lo más importante es que Judge sabía que esa pareja que apenas tenía nada, *necesitaba* un conjunto de cocina que funcionara sobre el hornillo que usaban para cocinar. Él sabía que necesitaban unos utensilios de cocina sellados al vacío, hechos con precisión, que mantuvieran el calor, de resistente acero inoxidable que les proporcionara comidas nutritivas y les supusiera un ahorro en comestibles que les permitiera recuperar en muy poco tiempo la inversión que habían hecho aquella noche.

Judge supo enseguida que estaba haciendo lo correcto para los posibles clientes, de modo que les solicitó la orden de pedido sin reservas.

Tu forma de cerrar la venta puede ser completamente distinta de la de mi hermano. Sé que la mía lo es. Lo que importa aquí no es «cómo» solicitas esa orden de pedido, lo que cuenta es que la *solicites*: *¡Ve por ella!*

SATISFACCIÓN DE LA NECESIDAD

Todo lo que hemos hecho hasta aquí en estos primeros nueve capítulos del libro ha sido diseñado para traernos hasta este punto del proceso de venta. El cuarto paso de nuestra exitosa fórmula de venta es la satisfacción de la necesidad. Cuando realizamos el adecuado análisis de la necesidad, entendemos las necesidades y los deseos del posible cliente.

> *Los vendedores tímidos tienen hijos flacos.*

Seguimos con la conciencia de la necesidad; nos aseguramos de que hemos entendido cuáles son las necesidades y deseos y de que el posible cliente también los entiende. Una vez que el vendedor profesional y el cliente potencial son conscientes de ello, ofrecemos la solución de la necesidad que es nuestro producto o servicio. Y ahora, al final, ha llegado el momento de la verdad: la satisfacción de la necesidad.

Cuando llegues a este punto en el proceso de ventas y el posible cliente diga: «No estará intentando venderme algo ¿no?» si tú contestas: «Nooooo, no, ¡por supuesto que no!» tengo que preguntarte: «Entonces, ¿qué eres tú?, ¿¡un visitador profesional!?» Cerrar las ventas no tiene por qué resultar doloroso ni para ti ni para el posible cliente. Por el contrario, si eres el tipo «adecuado» de persona, que vende el tipo «adecuado» de producto a un precio justo, con las intenciones «adecuadas», estás en una situación en la que todos ganan. Y esta situación significa que cerrar la venta es una experiencia positiva y agradable tanto para ti como para el posible cliente.

¿SIEMPRE HAY QUE PREGUNTAR?

Algún «genio» dijo una vez que perdemos el cien por ciento de las ventas que no solicitamos. Esto no es del todo cierto porque, a pesar de todas nuestras ineptitudes y de que solicitemos o no la orden de pedido, siempre se darán aquellas raras ocasiones en las que nos encontraremos con individuos tan decididos a comprar que dirán: «Está bien, adelante, tome nota. Me lo quedo». ¿Cómo puedo saberlo? Muy simple.

Una noche, en un centro comercial sin nombre de una ciudad anónima, vi la más magnífica exposición de suéteres que había visto hasta entonces. Enseguida me sentí atraído hacia el brillante suéter rojo que se encontraba en el centro, a pesar de su alto precio. Entré y busqué desesperadamente a alguien que se diera cuenta de mi existencia, y al no encontrar a nadie me sentí bastante desilusionado. Después de seguir con mis compras durante unos diez minutos más o así, regresé a aquella tienda a echar otro vistazo a aquel bonito suéter. Si no me dejaban comprarlo al menos tendrían la amabilidad de dejar que lo viera en el expositor.

Para mi sorpresa, alguien que parecía ser una vendedora se acercó a mí. Me equivoqué. La mujer trabajaba para la tienda, pero estaba tan sumida en sus pensamientos que a pesar se encontraba allí tal y como evidenciaba su presencia física, no tengo la menor idea de dónde se encontraba su mente. Hablaba de una forma abstracta, no mostró ningún interés en atenderme (ni a mí ni a nadie), me enseñó la prenda de mala gana y su actitud era de «lo tomas o lo dejas». Me sentí tan indignado que me marché, volví a mi hotel (que formaba parte de aquel centro comercial) y leí durante unos minutos. ¿Quién habría pensado que sería tan difícil comprar un suéter?

A esas alturas tenía un serio problema porque no podía apartar ese magnífico suéter rojo de mi mente. Después de reflexionar durante un momento decidí que no iba a permitir que una dependienta indiferente y poco profesional me costara el placer de llevar ese suéter. Regresé a la tienda.

Después de un tiempo y con un poco de esfuerzo, me las arreglé (debido a los años de experiencia y el deseo de perseverar frente a la resistencia) para vencer todo tipo de objeciones con respecto a por qué no deberían vendérmelo, exigí mi derecho de compra y salí de allí triunfante con mi nuevo suéter rojo.

P. D. Por si acaso diré que ¡me encanta ese suéter! Pero quiero animarte a que no se lo pongas tan difícil a tus posibles clientes. Si lo haces, es *posible* que hagas algunas ventas, pero *no* podrás vivir de ello.

PIENSA A LARGO PLAZO

Si (y me doy cuenta de que este tiene que ser otro gran «si») has seguido los tres primeros pasos de la fórmula de éxito, solicitar la orden de pedido es sin duda el siguiente paso en el desarrollo natural del proceso de venta.

¿Qué es lo peor que puede ocurrir? ¿Es la siguiente escena la que has estado imaginando en tu mente?

—¿Quiere tomar una decisión? —preguntas con cierto temor e inquietud.

—¡Por supuesto que no! —responde el posible cliente levantando la voz y de forma grosera.

—Bien, ¿y por qué no? —replicas tú subiendo también el tono y el volumen de la voz.

—¡Porque a su inútil y pésimo producto solamente le supera su propia ineptitud e incompetencia! —es la respuesta.

Y la única reacción posible que te queda es decir «Oh, ya veo» mientras sales de la habitación arrastrando tu autoestima detrás de ti.

LA GENTE QUIERE DECIR SÍ

Recuerda que como persuasor, ya seas médico, dentista o vendedor de ordenadores, en la mayoría de los casos el posible cliente desea realmente decir que sí, sobre todo si eres agradable, profesional y, al menos, razonablemente amistoso. No a todos nos gusta decir siempre que no, porque esto pondría posiblemente fin a la relación. Aunque hayas estado implicado en el proceso de venta solamente por un breve tiempo, si eres una persona agradable y tienes un interés genuino por el posible cliente, él o ella sabrán por intuición que un «no» significará que todo habrá acabado entre los dos. Quizá el cliente potencial no sea capaz de verbalizar el sentimiento, pero ahí está, de modo que las probabilidades se decantan a favor del vendedor. De modo que solicita la orden de pedido, mi amigo vendedor. Hazlo de manera agradable y profesional, ¡pero *solicítala*!

LA VALENTÍA DE HACER LA PREGUNTA

David A. Mezey vendía equipos médicos en North Olmsted, Ohio. Cuando se amplió su territorio para que cubriese algunas áreas que anteriormente llevaba el director territorial de Pittsburgh, mantuvo muchas conversaciones con su colega de esa ciudad, que le puso al día sobre el estado de algunas cuentas. Le dijo a David que una cuenta en particular que tenía a dos importantes radiólogos y que uno de ellos era un hombre muy receptivo que normalmente compraba cualquier producto nuevo en evaluación. El otro solía escuchar atentamente la presentación pero nunca estaba dispuesto a tomar una decisión.

Cuando David hizo su primera visita al cliente, presentó las características, funciones y beneficios de varios productos nuevos al supervisor técnico del departamento de radiología, quien sugirió que a uno de los doctores le interesaría verle. David comentó: «Me pareció bien porque sabía que compraría algo. Después de mi presentación, el doctor aceptó comprar productos. Al día siguiente por la tarde volví a hablar con el representante de Pittsburgh para darle las gracias por el consejo, porque el doctor Lazeroni había comprado. Para mi sorpresa, me informó de que el doctor Lazeroni no le había comprado nunca nada a él en el pasado, ¡independientemente de la oferta! Estaba claro que yo había visitado al hombre «equivocado». Desde entonces, el doctor Lazeroni se ha convertido en un cliente regular y se ha ayudado a sí mismo y a sus pacientes solicitando otros productos».

Como dije, antes y como repetiré innumerables veces más, tanto en las ventas como en la vida todos hemos *nacido para ganar*. Pero para ser el ganador que debemos ser, debemos *planear* ganar, *prepararnos* para ello y entonces podremos *esperar* ganar. En el caso de David, planeó su presentación, preparó su presentación y tuvo la plena esperanza de hacer la venta. Y esta es la actitud de venta que todos los profesionales de éxito se esfuerzan en desarrollar: la que tú tienes que esforzarte en desarrollar. Si te *preparas* y *planeas*, ¡entonces tienes todas las razones para *esperar* vender!

DEBEMOS «PEDIR» PARA «TENER»

Anteriormente mencioné a mi amigo Gerhard Gschwandtner, el editor de la revista *Selling Power*. Creo sinceramente que su publicación es la mejor revista dedicada a las ventas del mercado. Gerhard dice que menos del 1% de los libros sobre el arte y la ciencia de la venta profesional que se venden tratan exclusivamente el proceso de venta. Esta es una de las razones por las que mi libro *Grandes secretos de Zig Ziglar para cerrar la venta* ha sido tan popular y sigue siendo el único libro específico de técnicas de venta que ha entrado en la lista de «superventas» del *New York Times*.

Aunque el libro incluye más de cien cierres específicos, setecientas preguntas de venta y docenas de consejos, técnicas y secretos para el vendedor profesional de éxito, no presento un proceso cronológico determinado que ayude a cerrar más ventas con más frecuencia. De eso trata este capítulo. Esto es importante porque el técnico de ventas Chris Hegarty informa de que el 63% de las entrevistas de venta acaban sin que el vendedor solicite específicamente la orden de pedido.

OTRA «GRAN SORPRESA»

La investigación del doctor Herb True de Notre Dame revela que el 46% de los vendedores entrevistados solicitan la orden de pedido una sola vez y luego abandonan; el 24% la solicita dos veces antes de abandonar; el 14% tres veces y el 12% «persevera» y hace cuatro intentos antes de tirar la proverbial toalla. Esto hace un total de 96% que abandonan después de *cuatro* intentos de cerrar la venta, y la misma investigación muestra que un 60% de todas las ventas se cierra después del quinto intento. En vista de que el porcentaje de vendedores que no solicitan que se realice la venta las cinco veces necesarias es del 96%, es evidente que un 4% de los vendedores está haciendo el 60% (y está consiguiendo, por lo tanto, el 60% de las comisiones).

Para aquellos de ustedes que son reacios a solicitar la orden de pedido más de una o dos veces por temor a parecer vendedores «que presionan mucho», piensen en esto: cuando los pícheres de béisbol rechazan una pelota, está regresa al árbitro, que la pone en su bolsa con las demás bolas. Más tarde esa misma pelota se le dará al pícher. Raras veces, si acaso algina vez, se rechaza dos veces la misma pelota. El posible cliente conside-

> *Perdemos el cien por ciento de las ventas por las que no preguntamos.*

rará tu propuesta bajo un prisma distinto la segunda, tercera, cuarta e incluso quinta vez. Así como el árbitro de béisbol profesional le ofrece la misma bola al pícher, el vendedor profesional tiene que ofrecer el mismo producto al cliente potencial varias veces.

PERSISTENCIA Y PERSUASIÓN

John Cummings, de Mundelein, Illinois, comprendió uno de los secretos para cerrar una venta. Cuando era director de un concesionario de coches, uno de sus aprendices intentaba sin éxito que un cliente comprara un vehículo «con experiencia».

El jefe de área tampoco tuvo éxito. Como entre ambos ya habían pedido el cierre de la operación cuatro veces, la perspectiva de efectuar dicha venta parecía sombría. Y entonces el aprendiz, Jim Borgman, tuvo una idea. Aproximadamente una hora después de que el posible cliente hubiera llegado a su casa, Jim le llamó y le saludó con cordialidad, diciéndole:

—Sr. Cliente, soy Jim Borgman de Bernard Chevrolet. ¿Le interrumpo en algo importante?

Tras comprobar que su llamada no era inoportuna (lo que fue un sabio movimiento) prosiguió:

—Desearía hacerle un par de preguntas, ¿me permite? —Una vez recibido el permiso de seguir, Jim preguntó—: ¿Visitó usted a nuestra competencia?

El posible cliente contestó:

—Sí, lo hice.

Jim fue directo (o, como dicen algunos, «fue al grano») y preguntó:

—¿Ha efectuado la compra?

—No —fue la respuesta monosilábica del cliente.

—Son bastante caros por allí, ¿verdad? —dijo Jim.

—Sí, lo son.

—Sr. Cliente, ¿le importa si le hago una pregunta más?

—No —contestó el cliente.

—¡Fantástico! —dijo Jim con entusiasmo—. Sr. Cliente, ¿cuál va a ser el primer viaje que haga con su Suburban de Bernard Chevrolet?

Tras una ligera pausa, el posible cliente respondió:

—¡A Kentucky!

Con una gran sonrisa en el rostro (esto indica que tanto el cliente como el vendedor acaban de experimentar la «doble ganancia»), Jim prosiguió:

—Bien, bien, Sr. Cliente. Ahora cuando regrese, estoy seguro de que podremos llegar a un precio justo.

—Voy de camino, Jim.

Al principio, Jim y el posible cliente se encontraban a 1,500 dólares de hacer negocio, pero gracias al planteamiento entusiasta, creativo, cortés y persistente del novato (combinado con su capacidad de entender al cliente, implicarle emocionalmente y *solicitar una vez más la orden de pedido*), Jim Borgman consiguió la venta. Merece la pena repetirlo porque es verdad: una persona «verde» en crecimiento venderá más que una «azul» experimentada.

Solicitar la orden de pedido cinco veces o más puede resultarte extremadamente difícil si a) no tienes una profunda fe en el valor de tu producto o servicio; b) no has hecho el trabajo adecuado con los tres primeros pasos (análisis de la necesidad, conciencia de la necesidad y solución de la necesidad) de nuestra fórmula de venta en cuatro pasos; o c) no tienes esperanzas de realizar la venta.

Permíteme señalar que, no por casualidad, entre cada esfuerzo por cerrar una venta tienes que aportar razones, características, funciones y *beneficios* adicionales para que el cliente potencial se decida *hoy* a darte el «sí». Cuando ofreces información extra estás permitiendo que el cliente potencial tome una «nueva» decisión basada en esa información adicional. Aun a riesgo de hacer demasiado hincapié en la importancia de la expectativa de cerrar la venta, permíteme compartir otro ejemplo.

Esperar realizar la venta de una forma positiva puede suponer una diferencia drástica en tu carrera, como se ve en el ejemplo siguiente.

EL NUEVO HOMBRE OBSERVA Y APRENDE

Cuando estaba en el negocio de los seguros mi supervisor y yo visitamos a un cliente de cincuenta y cinco años con sobrepeso. Yo le había vendido una póliza de 100,000 dólares a este hombre que no tenía ninguna cobertura médica. Por aquel entonces yo era un neófito, y el supervisor hizo un trabajo tan fantástico explicándole los beneficios de aquella póliza en particular que el cliente no dudó en comprar una segunda póliza en el acto. Para mi sorpresa, el supervisor sacó una segunda póliza de 100,000 dólares de su maletín (que había pedido a la compañía que emitiera por adelantado) y se la extendió al cliente. Aprendí mucho aquel día acerca de la expectativa positiva... y cómo servir a mi cliente, porque con su familia y su salud (por el peso y la edad, la póliza estaba limitada), la póliza original de 100,000 dólares sencillamente no era una cobertura adecuada.

ALIMENTAR A TU FAMILIA
O ALIMENTAR TU EGO

En un capítulo anterior ya hablamos acerca de alimentar a tu familia o tu ego desde una perspectiva distinta, pero la lección también se aplica aquí. Muchas veces no preguntamos porque no queremos escuchar un «no». Aquí es donde querrás hacerte un «examen de valoración».

Ya te aconsejé antes que hagas un «parte» de cada visita de venta inmediatamente después de la presentación, es decir, volver a vivir la experiencia a solas. Es más efectivo cuando se lleva un diario escrito, de lo que hablaremos en el capítulo 15, «Organización y disciplina». Pero, independientemente de cómo te prepares, *debes* responder al menos una pregunta acerca de cada presentación que acaba *sin* que solicites la orden de pedido. La pregunta es: ¿por qué?

¿«No era el momento adecuado»; «El cliente estaba distraído»; «Había demasiada gente alrededor»; o «Ella necesitaba más tiempo para pensárselo»? Con frecuencia éstas son las *excusas* que se utilizan para no solicitar la orden de pedido. No me malinterpretes. Hay ocasiones en las que es más sabio dar marcha atrás y volver otro día, sobre todo si el importe de la inversión que le estás ofreciendo al posible cliente es importante. Sin embargo, en la abrumadora mayoría de los casos, necesitas reunir lo que Louise Padgett identificó anteriormente como «agallas y sentido común», y que en la lengua moderna sería: «¡Sencillamente, hazlo!»

Por cada venta que pierdas intentando cerrarla en el momento inoportuno, perderás una docena al no intentar cerrarlas de ninguna manera.

CONFIANZA FRENTE A DEMASIADA
SEGURIDAD

Desgraciadamente, los vendedores también pierden ventas porque «dan por sentado» que «todo está dispuesto». La venta no es *segura* hasta que no se ha firmado la orden de pedido, la mercancía o los servicios se han entregado, se ha cobrado por ello y el cliente está satisfecho.

La confianza en ti mismo como persona y como vendedor es esencial; sin embargo, demasiada seguridad conduce a la arrogancia y así es cómo Buster Douglas derrotó a Mike Tyson y se convirtió en campeón de los pesos pesados «a combate único». Ocurre lo mismo cuando los vendedores pierden esas ventas «seguras».

David Ray, el consejero de admisiones de la Escuela Superior Malone en Canton, Ohio, nos cuenta acerca de tomar una idea, adaptarla para que encaje en la situación de la universidad e incrementar las inscripciones. David envió una carta posventa, copia de una creada por el instructor de ventas Thom Norman. Tres días después David chocó con uno de sus estudiantes en el pasillo cuando se marchaba a casa. Era un alumno con el que David había estado trabajando desde octubre del año anterior y «era lo que yo considero uno de mis estudiantes "seguros", alguien con quien contaba para el otoño con toda seguridad». Sin embargo, cuando David preguntó al estudiante, pronto se enteró de que el joven había estado sentado en su casa, asustado por la universidad y que había decidido no ir a pesar de su compromiso original. Entonces David escuchó unas palabras que sonaron como «música para sus oídos». David contó: «Él había estado asustado hasta que recibió la carta por correo. El estudiante dijo que después de leer la carta de servicio posventa supo que había tomado la decisión correcta al ir a la universidad, y que se había dado prisa después del trabajo para ir a pagar la matrícula».

Esta es la copia de la carta que David envió:

Mientras te escribo esta carta me acuerdo de que queda menos de un mes para que por fin seas un estudiante de Malone. Si la memoria sirve de algo, yo también me sentí entusiasmado, asustado, emocionado, nervioso, positivo, confuso y preocupado antes de empezar la universidad. ¿Te sientes reflejado? Si es así, no estás solo. Muchos de tus futuros compañeros de clase se sienten igual. Si pudiera ofrecerte una palabra de aliento, sería *enhorabuena*.

Me siento orgulloso de saber que has decidido ser parte de la historia de la Escuela Superior Malone mientras celebramos cien años de una educación cristiana de calidad. Estás a punto de experimentar en persona los beneficios que han convertido a Malone en la primera escuela superior cristiana de referencia. Gracias por la confianza que has depositado en mí como consejero de admisión. Espero que nuestra relación continúe una vez empiecen tus estudios; mi puerta siempre está abierta.

Me ha gustado conocer y visitar a tu familia. Espero que ellos se sientan tan ilusionados como yo con su nuevo «pionero».

Espero con ganas verte el 25 de agosto.

LECCIONES PARA TODOS NOSOTROS

Aquí podemos aprender un par de lecciones críticas. Primero, no hay venta segura hasta que se firma la orden de pedido, se paga por la mercancía o el servicio y el cliente queda satisfecho con la transacción.

Segundo, la «venta segura» no fue segura hasta que el cliente se tranquilizó. Podría señalar que esta carta demuestra una considerable empatía y comprensión. También tranquiliza al estudiante al decirle que otros están pasando por los mismos sentimientos que él. La carta de David indica que se siente orgulloso del joven y le añade valor al darle las gracias al «futuro estudiante» por demostrar su confianza. Asimismo, David personaliza la carta cuando dice: «Me ha gustado conocer y visitar a tu familia. Espero que ellos se sientan tan ilusionados como yo con su nuevo "pionero". Bienvenido a clase». Curiosamente, el día que el estudiante recibió aquella carta, corrió después del trabajo para formalizar los requisitos de admisión.

UN CIERRE COMPLICADO

Howard Donnelly de Aurora, Colorado, usa su hora de comer para alimentarse física y mentalmente. Lee algún material inspirador y educativo o escucha grabaciones para «remotivarse». Durante uno de esos «almuerzos en su aula de estudio», estaba escuchando unas cintas particularmente apasionantes que trataban acerca de la importancia de solicitar la orden de pedido (las tienes disponibles poniéndote en contacto con nuestra compañía).

Howard vende para un mayorista de productos electrónicos, y aquella misma tarde le llamó un cliente que quería información de uno de los productos más caros de su empresa. Howard le dio la información, la disponibilidad y el importe de la inversión (precio). El cliente se mostró agradecido y cerró la conversación diciendo: «Bien, muchas gracias». Afortunadamente, Howard recordó lo que acababa de escuchar en la cinta y, antes de que el posible cliente pudiera colgar, le preguntó: «¿Le gustaría hacer un pedido?» Eso fue todo lo que dijo.

Hubo una breve pausa y el cliente respondió: «Sí, creo que debería hacer el pedido y acabar con el tema». Tan simple como eso y realizó la venta. Posiblemente, lo peor que habría sido que el posible cliente hubiera dicho que no. La realidad es que, tal y como Howard lo señala, «Si yo no le hubiera preguntado por la orden, probablemente ese señor no habría vuelto a llamar nunca».

NO LO HAGAS MÁS DIFÍCIL DE LO QUE TIENE QUE SER

Donald Henry de Glenview, Illinois, usaba la creatividad y el ingenio, mezclados con sentido del humor, para ayudar al cliente a entrar en acción. Donald estaba ofreciéndole a un cliente la oportunidad de hacer una inversión en valores de una compañía de entretenimiento. Como hacía bastante tiempo que Donald conocía al caballero, decidió asumir un riesgo calculado justo en mitad de la conversación. Agarró su teléfono, lo golpeó tres veces contra la mesa, y después retomó la conversación preguntando: «Sr. Cliente, ¿ha oído usted eso?» Obviamente, el cliente lo había oído y dijo «Sí».

Donald le preguntó si sabía qué sonido era, y cuando el posible cliente dijo que no, Donald le explicó: «Esa era la oportunidad llamando a la puerta, ¡y no debería dejar que se escapara!» El cliente empezó a reír y dijo que había sido un gran enfoque, y que no podía creer que un vendedor hiciera algo así. Donald preguntó de nuevo por el pedido. El cliente dijo: «Debe de ser bueno si usted ha sido capaz de hacer algo así. Me lo llevo». ¿Un chiste malo? ¡Sí! ¿Creativo? También. Pero en esta ocasión un pequeño «chiste creativo» le dio resultado a Donald.

Ahora bien, recuerda que Donald conocía a su cliente. Había aprendido mucho sobre él al tratarlo durante años. Donald estaba dispuesto a intentar algo un poco diferente, sobre todo si tenía que ver con el humor. Y, lo más importante, esto le condujo a solicitar la orden de pedido... y a conseguir la venta.

PEDIR Y RECIBIR

Aunque prácticamente existen cientos de formas de solicitar la orden de pedido, te animo a que nos centremos solamente en tres. H. F. V. (Hazlo Fácil, Vendedor) ha sido el grito de guerra desde que los moradores de las cavernas se vendían «palos de fuego» unos a otros. Sí, puede ser que conozcas más de cien cierres, ¿pero los conoces lo suficiente como para usarlos en cualquier momento, el entorno de venta apropiado?

Si usas una de estas formas de solicitar la orden, o las tres, durante noventa días, cerrarás más ventas con más frecuencia: y estarás preparado para desarrollar tres cierres de venta basados en tu propia experiencia. La clave es ésta: no reinventes la rueda. Aprende de las experiencias de los demás. Deja que estos tres métodos sean la base sobre la que edifiques tu carrera de ventas de éxito.

Por favor, recuerda que puedes estar vendiendo la razón por la que un adolescente querrá comportarse bien y prestar atención a la conferencia que des en tu clase; o el motivo por el cual un paciente querrá continuar con un tratamiento en particular; o el que un empleado quiere llegar a tiempo a su trabajo; o por el que tu esposa quiere seguir casada contigo. El proceso de persuasión siempre es el mismo, y con sensibilidad, amor, e interés puedes solicitar la orden sin importar cuál sea el producto o servicio que utilice esas ideas.

TRES VIEJAS PREGUNTAS

Antes hablamos acerca de tres preguntas que los vendedores profesionales con éxito utilizan para conseguir la orden de pedido. Espero que las hayas escrito con tus propias palabras. Repasémoslas como recordatorio.

«¿Puede ver de qué manera esto le _____?» Tu beneficio principal (que ahorre dinero, que incremente el tiempo con su familia, etc.) que provoque el cliente avance.

«¿Está usted interesado en _____?»

«Si alguna vez quisiera empezar a _____, ¿cuándo piensa que sería el mejor momento para hacerlo?»

Hay más detalles sobre estas preguntas en la página 106, pero recuerda que puedes colocar cualquier motivo de compra en ese espacio mientras sea el motivo primordial que tú ya hayas analizado y del que hayas advertido al cliente en los primeros momentos del proceso de venta.

EL CIERRE POR PROBABILIDAD

Una vez que tu cliente llega al momento de la verdad, puedes formular las siguientes preguntas para conseguir la orden de pedido o la información que necesitas para conseguirla.

«Sr. Cliente, en una escala del 1 al 10, si el 10 significa que está preparado para hacer su pedido, ¿en qué punto se encontraría usted en este momento?» Fíjate en la sutileza de la pregunta y elige las palabras con sumo cuidado. No he querido decir «no estar interesado» o «en qué punto de la escala estaría *estancado*». No te interesa plantar semillas de desinterés o de estancamiento.

Espera pacientemente la respuesta y, cuando llegue, sigue con esta pregunta: «Si usted está en el _____ (el número que diga) en este momento, ¿qué sería necesario para llevarle al 10?»

Si los números que vas obteniendo a partir de la primera pregunta son constantemente inferiores a 7, el problema se encuentra en las primeras partes de tu proceso de venta. Este método es más efectivo cuanto más cerca estás de conseguir el pedido pero sientes que sigue habiendo una resistencia que necesitas vencer. Tratar esta resistencia (objeciones) de la forma correcta es tan importante que he dedicado todo un capítulo a ese proceso (capítulo 11), pero no puedes lidiar con una objeción que desconoces. Este método saca los problemas a la luz y te permite tratarlos de la forma más adecuada.

EL CIERRE POR RESUMEN

El cierre por resumen puede parecer muy básico, pero no se debe minimizar la importancia de lo que parece obvio. En la venta por resumen, recapitulas las áreas de la presentación que hicieron que los ojos de tu cliente se iluminaran, que la bombilla se encendiera, y entonces solicitas el pedido. Por ejemplo: «Sr. Cliente, usted dijo que necesitaba más efectividad a la hora de cerrar sus ventas. Comentó que si pudiera enseñar a sus vendedores más técnicas específicas de cierre, ellos harían más ventas con mayor frecuencia y el negocio de su compañía se incrementaría de forma importante. También dijo que *Zig Ziglar Ventas* le ha proporcionado todo lo que usted buscaba. ¿Es correcto?» Si la respuesta es afirmativa, puedes seguir adelante con confianza y decir: «Sr. Cliente, ya que su deseo es obviamente incrementar su volumen de negocio, ¿me permite sugerirle que haga un pedido de doscientas cincuenta copias del *Manual definitivo para el vendedor profesional completo?*»

Durante el proceso de venta, los posibles clientes encienden un fuego para el cual tú debes proveer el combustible y las cerillas. A lo largo de este proceso, el fuego puede debilitarse por una serie de circunstancias y distracciones. Hacer un resumen de las cosas que avivaron el fuego en su momento reanima la llama en el momento en el que estás pidiendo a tus clientes que realicen la inversión. Cuanto mejores sean sus sensaciones en ese momento, más ventas podrás cerrar.

OBLIGAR A CONCRETAR

Después de que el cliente te haya hecho el pedido, uno de los comentarios más efectivos que he encontrado para «forzar» la venta (asegurarla) es éste: «Sr. Cliente, me sería de gran ayuda y lo consideraría un favor personal si me dijera usted una vez más por qué le entusiasma tanto _____ (poseer este producto)».

Llegados a este punto, no debes dudar en pedir un favor. Acaban de comprarte algo, y una de las razones es que tú les gustas. Los clientes estarán dispuestos y deseosos de hacerte el favor y concederte tu deseo. La relación se fortalecerá, y la venta quedará aún más asegurada.

No temas que no sepan específicamente por qué han comprado. Si las personas compraron totalmente guiadas por las «sensaciones» y no pudieran darte ninguna razón lógica de esa compra, tendrías muchas posibilidades de acabar perdiendo la venta o de que tus clientes no quedaran satisfechos. No importa si tienes que recordarles el porqué de su entusiasmo. Tienes la oportunidad perfecta para enumerar los lógicos y apasionantes beneficios que los clientes disfrutarán al poseer este producto. ¡Concretar la venta te ayuda a terminar el proceso con una nota muy alta!

EL RESULTADO DE CADA VISITA ES UNA VENTA

Aunque ni el jefe de ventas más insensible espera que cierres una venta con el cien por ciento de los clientes que visites (aunque deberías solicitar el pedido al 99.9% de ellos), el resultado de cada visita es una venta. Que no se haya firmado la solicitud de pedido *no* significa que se haya perdido la venta.

La venta se hace en cada entrevista. Tú persuades a los clientes de que necesitan tus productos o servicios y de que los necesitan ahora (y la transacción se completa) o los clientes te dicen que no los quieren o, al menos, no por el momento.

Teóricamente, todas las probabilidades están a tu favor porque muy pocos consumidores leen libros, van a cursos o escuchan grabaciones sobre cómo no se debe comprar. Por el solo hecho de estar leyendo este libro, tú estás haciendo un serio esfuerzo para aprender cómo conseguir que el cliente diga que sí. Sin embargo, la realidad es que para que la venta se cierre tiene que haber dos decisiones con respuesta afirmativa: el cliente tiene que decir «Sí, lo quiero» y tú, el vendedor, tienes que estar dispuesto a decir «Sí, quiero venderlo». A simple vista, esta última parece un poco ridícula, pero la conducta, la falta de profesionalidad, el negativismo, la falta de integridad y un montón de cosas más me llevan a creer que muchos vendedores no quieren vender realmente o no esperan hacerlo, y en ambos casos el resultado será el mismo.

Está claro que hay ocasiones en las que la venta no se puede llevar a cabo. De vez en cuando hablo con vendedores cuyos productos no necesito ni deseo. El verdadero profesional admite y reconoce esta circunstancia. Bajo estas condiciones, es infinitamente mejor perder esa venta que hacer una venta equivocada (aquella en la que ni el cliente ni el vendedor consiguen un beneficio a largo plazo). La única cosa peor que perder una venta cuando la necesidad y la capacidad de comprar existen es hacer la venta cuando no hay necesidad, o cuando el producto no suple la necesidad del cliente de forma óptima. Cuando esto ocurre, las referencias y las posibilidades de ventas futuras no existen para el vendedor. En nuestro negocio, la única forma de sobrevivir (y de prosperar) es que nuestros clientes se conviertan en ayudantes nuestros y nos proporcionen posibles clientes a la vez que dan buenas referencias nuestras.

EL VERDADERO SECRETO PARA CERRAR LA VENTA

Al final de la presentación de la venta —sea el resultado un sí, un no o un quizá—, el vendedor profesional de éxito siempre le pide al cliente nombres de personas que puedan beneficiarse del uso del producto o servicio que acaba de describir. Si no estás dispuesto a hacer esta pregunta deberás analizar seriamente si crees en lo que estás vendiendo. Generar clientes puede costar entre veinte y 2,000 dólares, por lo que las referencias pueden reducir mucho los gastos de la compañía. Y aún más importante, mantienen al vendedor profesional en el negocio. Recuerda, no importa lo bueno que sea tu producto ni la calidad de tu presentación: estás en bancarrota y fuera del negocio si no puedes contar tu historia a nadie. Al principio de mi carrera tuve la suerte de tener un jefe de ventas excepcional, Bill Cranford (a quien dediqué *Secretos para cerrar la venta*). Bill me ayudó de verdad a comprender este punto fundamental.

Uno de los mejores cumplidos que jamás he recibido me llegó de una nueva clienta cuando le pedí algunos nombres. En un esfuerzo por ayudarla a comprender que no existiría presión alguna sobre sus amigos y conocidos para que compraran, le expliqué que cuando yo llamaba a las personas cuyos nombres me habían facilitado mis clientes, simplemente les hacía la presentación, y tanto si compraban como si no, por mí parte no había problema, porque en ningún momento les iba a presionar.

La clienta me interrumpió y dijo: «Sí, estoy segura de que eso es cierto. Es usted el vendedor más compasivo que he visto nunca». Es interesante, porque ese cliente acababa de comprar todo lo que nuestra compañía tenía en venta. Pero las palabras clave son éstas: «El cliente acababa de *comprar*». No sentía que le hubiera *vendido*. A mi juicio, esa es la clave. Tu papel es ser un asistente de compras y ayudar a los clientes a hacer esa adquisición, sin que sientan que acabas de venderles algo.

DE VUELTA A JUDGE

Ya que empecé este capítulo hablando de mi hermano, me parece justo acabarlo de la misma forma. Además de ser el vendedor que mejor cerraba una venta de los que yo he visto trabajar, mi hermano era espectacular en su trabajo. Tenía un instinto de cierre especial (sabía cuándo solicitar la orden de pedido) junto con una convicción total de que estaba vendiendo el mejor producto que un cliente pudiera comprar jamás.

Cuando llegaba el momento de cerrar la venta, él y yo lo hacíamos de forma diametralmente opuesta, aunque con resultados parecidos. Aun habiendo cerrado más del 90% de las ventas correspondientes a las presentaciones de mi último año en la venta directa a tiempo completo, él aún tenía la osadía de acusarme de ser uno de los peores vendedores a la hora de cerrar la venta que él había visto jamás. La diferencia radicaba en el estilo, no en los resultados. Judge «iba directo a la yugular» y estaba convencido de que si no preguntaba —o si no lo hacía a menudo—, estaba causando un perjuicio a los clientes. Mi estilo era fomentar la lógica y la emoción necesarias en la presentación, para que el cliente sintiera un imperioso deseo de posesión. Cuando yo le pidiera que comprara, totalmente convencido de que lo iba a hacer, el cierre sería casi automático. La lección para ti es que debes trabajar dentro del marco de tu personalidad y no dejar de lado lo principal: ¡*solicitar siempre la orden de pedido*!

Judge y el abogado

Una noche, mi hermano Judge (que aunque significa «juez» en inglés, es su nombre, no su título) se reunió con un abogado y su mujer. Las ideas del abogado eran como el cemento, compactas y aparentemente fijas. Le dijo a mi hermano que no iba a comprar y le explicó la razón. Judge trató la objeción y solicitó la orden de pedido. El abogado le puso otra objeción y, de nuevo, mi hermano contestó a esa objeción y solicitó el pedido. Ocurrió lo mismo una docena de veces. Yo estaba allí sentado, observando, esperando y preguntándome por qué perdía mi hermano su tiempo. Para mí, estaba muy claro que ese hombre no tenía intención de comprar.

Cuando el abogado puso una nueva objeción, mi hermano se dio una fuerte palmada en la pierna, dio un salto y le dijo al abogado: «¡Usted, granuja! ¡Debí pegarle un tiro!» La cara del abogado expresaba un asombro total, se escandalizó, no se lo podía creer. Empezó a ponerse rojo y le dijo: «¿Pero, de qué está hablando?»

Mi hermano respondió: «Por fin me he dado cuenta de lo que está haciendo. Quiere ver hasta dónde soy capaz de llegar. Quiere conocer las respuestas a todas las objeciones posibles para utilizarlas en los tribunales y en la práctica de la ley». Entonces Judge se rió y continuó: «Mire, yo valoro a los hombres como usted, que saben exactamente lo que quieren, pero la clase de ventas ya ha acabado. Vaya por su chequera. Deme el cheque por su pedido y entonces seguiré con la clase, pero no antes».

Hasta el día de hoy no me explico cómo acabó comprando aquel abogado. Nunca se confesó culpable de la acusación que mi hermano le hizo, aunque mantuvieron una agradable charla durante unos minutos más después de que rellenara el cheque. Nos fuimos dejando a una pareja feliz y a un abogado sonriente que seguía sacudiendo la cabeza de incredulidad.

> *Trabaja dentro del marco de tu personalidad y no dejes de lado lo principal, ¡solicita siempre la orden de pedido!*

Confesión: esa es una venta que yo habría perdido. Creo que el 99% de los vendedores la habrían pedido. La historia tiene un mensaje para ti: independientemente de las circunstancias, del conocimiento técnico, del tipo de cliente, de la experiencia, de la inversión o de cualquier otra cosa, *¡solicita siempre la orden de pedido!*

¿Y SI DICEN QUE NO?

Cuando tus clientes dicen que no, la razón es que con frecuencia no «saben» lo suficiente para decir que sí. Hay un método que te permitirá descubrir qué información adicional se necesita para cerrar la venta. Yo denomino este concepto el método P. E. I. E. P. para superar objeciones y cerrar más ventas con mayor frecuencia. El capítulo 11 está diseñado para ayudarte a superar el «no» haciendo que el cliente tenga conocimiento de toda la información que necesita.

PARTE IV DEL PROCESO DE VENTA CON ÉXITO: SATISFACCIÓN DE LA NECESIDAD

1. S. S. O. P. = Solicita Siempre la Orden de Pedido; los vendedores pierden el 100% de las ventas que no solicitan.

2. El método de las tres preguntas ayuda a solicitar el pedido:
   A. «¿Puede ver cómo este producto o servicio
   _____?» (Escribe el principal beneficio
   que obtendría el posible cliente con la compra).
   B. «¿Está usted interesado en _____?»
   C. «Si fuera a empezar a _____, ¿cuándo
   cree que sería el mejor momento para empezar?»

3. El cierre por probabilidad ayuda al cliente a comprender lo cerca que está de hacer la compra:
   A. «En una escala del 1 al 10, si el 10 significa que está usted preparado para hacer su pedido, ¿en qué punto se encontraría usted en este momento?»
   B. «¿Qué sería necesario para llevarle al 10?»

4. El cierre por resumen puede parecer muy básico, pero no te dejes engañar por la simplicidad:
   A. Resume todas las razones que el cliente te haya dado para comprar y ¡solicita la orden de pedido! Reaviva el fuego mediante el resumen.

5. Pide al cliente que te diga por qué ha decidido comprar y «asegura» así la venta.

CAPÍTULO ONCE

CERRAR MÁS VENTAS CON MÁS FRECUENCIA

Método P. E. I. E. P. para vencer las objeciones

En mis primeros días en el mundo de la venta, los posibles clientes me preguntaban a veces por qué se pedía un depósito. La explicación aceptable que solía dar era que se trataba de un acto de buena fe. En estos casos, yo seguía explicando que, al tener que hacer la compañía una inversión para empaquetar y enviar la mercancía, los directivos necesitaban tener la seguridad de que el cliente hacía un compromiso de compra serio.

De vez en cuando, algún cliente decía: «En realidad ese depósito es para usted, ¿verdad?» Esto significaba que él pensaba que era mi forma de presionarle para que se hiciera la venta porque yo me quedaba con ese anticipo. A lo largo de los años desarrollé una respuesta que me permitía romper el hielo, hacer un amigo y conseguir una venta, todo al mismo tiempo. Miraba al cliente a los ojos y le respondía muy serio: «No, el depósito no es para mí, pero sé que muchas compañías trabajan de esa forma». Entonces, manteniendo esa seriedad, decía: «Yo envío el depósito a la compañía, ¡y después me quedo con el resto del dinero!» El cliente siempre se reía, y entonces empezábamos a hacer negocios.

Tuve un cliente que me dijo: «Usted quiere que yo compre para poder ganar dinero». Como me dijo la frase muy seriamente, mi respuesta fue: «Sr. Cliente, aunque el 100% de su inversión fuera para mí, no representaría más que una pequeña parte de mis necesidades mensuales. Si esa fuera la razón por la que vendo, no permanecería mucho tiempo en este negocio. En cuestión de días, o incluso horas, el rendimiento que me da esta transacción se habrá esfumado, pero su beneficio por usar mi producto durará el resto de su vida. Ahora le pregunto: francamente, si llevamos a cabo la transacción, ¿quién cree usted que gana más con ella?»

LOS MEJORES AMIGOS DEL VENDEDOR PROFESIONAL

El vendedor de elefantes se encuentra con tres objeciones básicas: ¿dónde duerme esta cosa? ¿Qué come esta cosa? ¿Quién limpia después?

Quizá no vendas elefantes, pero todos los profesionales de la venta tienen que lidiar con preguntas y objeciones. Algunos temen que estas preguntas y objeciones conduzcan al posible cliente al tan temido «no» en el momento de intentar cerrar la venta. En realidad, *las objeciones son nuestras mejores amigas.*

Una pregunta o una objeción indican que hay interés o algún tipo de emoción. Piensa en algo que tenga poco o ningún interés para ti. Hayas pensado en baloncesto, ópera, pesca, golf, televisión, ballet o carreras de coches, no tienes preguntas (objeciones) si no tienes interés. En mi caso sería la pesca. Independientemente de la calidad, marca, recurso y todo lo que tenga que ver con esa actividad, a mí no me interesa la pesca y, por tanto, soy un pésimo posible cliente. El vendedor de aparejos de pesca perdería un tiempo considerable conmigo porque mi tendencia seria responder con amabilidad y educación, pero las probabilidades de que comprara serían remotas, en el mejor de los casos.

Sin embargo, en lo que al golf se refiere, es una historia completamente diferente. Si un vendedor de artículos de golf quiere hablar de las ventajas de las empuñaduras de goma frente a las de cuero, yo no dudaría en expresar mi opinión y hacer preguntas. ¿Mangos de acero o de grafito? ¡Hablemos de ello! Como me gusta jugar al golf, tu oportunidad de «engancharme» emocionalmente es mucho mayor que si hablamos de pesca.

¿Sueles hacer preguntas o intercambias ideas sobre cosas que no te interesan en lo más mínimo? Si se trata de hablar sobre algo que te apasiona, ¿eres propenso a dar tu opinión? Los verdaderos profesionales de la venta esperan preguntas y objeciones porque saben que muy pocas ventas se llevan a cabo sin que el posible cliente tenga el suficiente interés como para hacer preguntas y esgrimir objeciones.

CAMBIAR NEGATIVA POR CONOCIMIENTO

Ahora que ya te he convencido de que es bueno que los posibles clientes pregunten y pongan objeciones, ¿qué ocurre si las respuestas no les satisfacen y su respuesta es negativa?

Esto puede sorprender a algunos de ustedes, pero una vez que los posibles clientes han dicho que no, no van a «cambiar de opinión» y van a comprar. Los vendedores veteranos te dirán con frecuencia que la mayoría de sus ventas se han hecho después de que los clientes potenciales hayan dicho que no, y anteriormente he compartido unas estadísticas que demostraban que el 60% de las ventas se realizan después de que el posible cliente haya dicho que no cinco veces.

Sin embargo, tus posibles clientes tomarán *una nueva decisión basada en información adicional*. Verás, cuando los clientes potenciales dicen que no, el vendedor profesional de éxito comprende que ese «no» significaría que esa persona no «sabe» lo suficiente acerca del producto para tomar la decisión correcta. No discutas nunca con él. Sencillamente entiende que no has acabado tu trabajo y acepta la responsabilidad de volver atrás y proporcionar la información necesaria. Con datos adicionales «sabrán» lo suficiente para poder tomar una nueva (y favorable) decisión.

ME REPITO

Ben Feldman, el gran vendedor de seguros de vida, dijo lo mismo de distintas maneras: «La venta comienza cuando los clientes dicen que no. En muchos casos el "no" sólo quiere decir que los clientes dicen que no porque no "saben" lo suficiente como para poder decir sí. Es como si en realidad dijeran: "Tengo que decir no porque valoro más mi montón de dinero que tu pequeña pila de beneficios"».

EL MÉTODO P. E. I. E. P.

Echemos un vistazo a un concepto que te permitirá manejar las verdaderas objeciones de una forma eficiente y eficaz que te permitirá cerrar más ventas, con mayor frecuencia.

Cuando aparecen las objeciones, el vendedor profesional debe guardar silencio y aplicar esta fórmula. Cada letra representa una palabra que te permitirá ayudar a tus clientes potenciales a reunir la información necesaria que venza sus objeciones. Cuando te veas ante una objeción, haz una pausa y piensa en silencio en la fórmula.

P. Comienza con una *pregunta*.

E. Debes formular preguntas para poder *entender* la objeción.

I. Una vez entiendas la objeción, tienes que *identificarla*.

E. Para poder identificar correctamente la objeción (y no dejarte engañar por una falsa objeción), debes tener *empatía* con el posible cliente.

P. Si sientes empatía en lugar de simpatía por el cliente, ya estás preparado para poner a *prueba* la objeción. Al hacerlo y comprobar que es verdadera, podrás eliminar las preocupaciones del cliente potencial y mejorar enormemente tus posibilidades de cerrar la venta.

Preguntas

Zig Ziglar Ventas ha enfatizado el hecho de hacer preguntas, y las preguntas que doy en este apartado son muy similares a las que ya has aprendido a lo largo del libro. Serán preguntas de puertas cerradas porque lo que quieres es mantener al posible cliente dentro de un área concreta con su respuesta. En algunas ocasiones podrán ser preguntas de sí o no.

En nuestro seminario «Nacido para ganar» doy conferencias a diario y luego charlo con los participantes acerca de cómo personalizar esos principios en sus vidas. Lo hago mediante pequeños grupos interactivos. Invertir en formación resulta increíblemente económico si se compara con el beneficio que se consigue (sobre todo considerando la evaluación global de la personalidad, la sesión de formación especial y la gran cantidad de material de apoyo) ya que en la mayoría de los casos se suele pagar de 1,500 hasta más de 3,000 dólares por un seminario de negocios de dos días. Sin embargo, a algunos individuos y familias que no están implicados en la formación de forma regular, les sorprende este importe. ¿Qué significa *les sorprende*? Esto es precisamente lo que debemos descubrir mediante las preguntas que formulemos.

Cuando nuestros profesionales de venta de Ziglar Training Systems invitan a algunas personas a pasar dos días con nosotros y les hacen saber que esto requiere una inversión razonable, tienen que escuchar respuestas de todo tipo, como por ejemplo: «¡Vaya! ¿Tanto dinero?», y lo dicen con entusiasmo. ¿Qué significa esto para el vendedor? Hasta que el comercial no formula una pregunta, la respuesta no significa nada.

«¿Qué le parece esta inversión?», sería una excelente pregunta de puertas cerradas. «Es una inversión increíblemente económica para un seminario de dos días, ¿verdad?», sería una posible pregunta de sí o no. Hasta que tú no sepas si el «¡Vaya!» quiere decir que le parece increíblemente alto o, por el contrario, increíblemente bajo, no podrás entrar en el proceso de la venta.

¡La mayor parte del tiempo, lo sabes!

Sí, admito que en la mayoría de las situaciones, sabrás si tienes que enfrentarte a una susceptibilidad en cuanto al precio o no. Utilizo el ejemplo anterior para aclarar un punto. ¿Cuál es el propósito de la pregunta en la fórmula P. E. I. E. P.? El vendedor profesional de éxito *Pregunta* para *Entender* e *Identificar* la objeción.

Como ya he mencionado anteriormente, una de las formas más efectivas de hacer una pregunta sobre la objeción respecto al precio es convertir la declaración del posible cliente en una pregunta. Cuando el posible cliente afirma categóricamente «¡Ese precio es muy alto!», limítate a hacer una pausa, baja el tono de voz y responde «¿El precio (pausa) es demasiado alto?» En realidad tú no sabes lo que esa frase significa. Esa objeción puede significar: hoy no dispongo del dinero; sacar ese dinero de las cuentas es mucho problema; no hemos previsto un gasto semejante en el presupuesto; su «pequeña» cantidad de beneficios no supera mi «gran» montón de dinero; o no entiendo por qué atribuye un valor tan alto a su producto. Cada razón para hacer una objeción al precio debe tratarse de forma distinta, y si te lanzas a una respuesta preparada para todas las objeciones referentes al precio en general, no conseguirás todo el éxito posible.

ENTENDER E IDENTIFICAR LAS OBJECIONES

Las preguntas que formules llevarán a *Entender* e *Identificar* la objeción. Permíteme darte un ejemplo concreto. Don Jarrell de Garden Grove, California, vendía inscripciones para una buena universidad vocacional y acreditada de Long Beach, California. Estaba absolutamente entusiasmado con aquella escuela y con todo lo que ésta representaba. Hace varios años, un hombre y sus tres hijas se presentaron en su oficina para hablar sobre la inscripción en la universidad. El coste total sobrepasaba los 16,000 dólares. El posible cliente, comprensiblemente, tenía dudas.

Como Don había llevado a cabo las fases de análisis, conciencia y solución de la necesidad del proceso de venta, tenía toda la información que necesitaba para solicitar el pedido (satisfacción de la necesidad). Don había descubierto que el hombre podía permitirse la inversión. Cuando vio que el cliente dudaba (había una objeción no identificada), Don aplicó el método P. E. I. E. P. con calma. Empezó con las *P*reguntas al posible cliente diciéndole: «¿Invierte usted en el mercado de valores?» Tras la respuesta afirmativa del hombre, Don prosiguió: «¿Considera usted que los fondos necesarios para inscribir a sus hijas en la universidad representan una inversión o un gasto?» Cuando el hombre respondió que la instrucción sería una inversión, Don prosiguió con su cuestionario: «¿Y hasta qué punto sus hijas merecen la pena como inversión?»

Con esta pregunta, Don estaba pidiendo al cliente que pensara en cuánto valoraba y amaba a sus hijas, en lo importante que era el futuro de ellas y en como palidecían las inversiones en el mercado de valores si las comparaba a la inversión en el futuro de ellas. Una inversión en bolsa puede reportar, o no, un beneficio; sin embargo, invertir en la educación de sus hijas tendría un resultado garantizado que seguiría produciendo dividendos a medida que pasaran los años.

Este sencillo aunque profundo planteamiento produjo resultados que convirtieron a Don Jarrell, al padre y a las tres hijas en ganadores. El enfoque pausado de Don, con la aplicación de la fórmula P. E. I. E. P., significó un éxito en todos los aspectos, porque el hombre decidió inscribir a sus tres hijas en la universidad. Me agrada informarle que las tres se graduaron y ¡están compitiendo con éxito en el mercado laboral actual!

Don tuvo éxito porque hizo las Preguntas que le ayudaron a Entender e Identificar la objeción del hombre, que no era más que una falta de conocimiento acerca de los beneficios que reportaría su inversión. Usando los principios de la fórmula, Don llevó al cliente a comprender claramente que no estaba «gastando» dinero al inscribir a sus hijas a la universidad; estaba «invirtiendo» dinero en su futuro.

¿Habría realizado el hombre esa inversión si Don no hubiera hecho las preguntas adecuadas? Nunca se sabrá. Pero esto es lo que sé: mucha gente entra en acción de una forma positiva que resulta ser buena para ellos porque un vendedor profesional capacitado (que vendía productos y servicios útiles) les persuadió para actuar por su propio bien. Desgraciadamente, también conozco a mucha gente que hace lo contrario porque no tratan con un profesional que haga las preguntas adecuadas y les guíe a tomar las decisiones correctas. Como profesionales, tenemos la responsabilidad de seguir creciendo y mejorando para poder rendir un servicio aún mejor.

EMPATÍA FRENTE A SIMPATÍA

Don podría haber simpatizado con el hombre diciéndole: «Sí, comprendo sus dudas porque yo me siento igual que usted. Tengo hijos, y cuando pienso en el momento en el que tengan que ir a la universidad, realmente no sé lo que voy a

> *El vendedor profesional con éxito hace la pregunta para entender e identificar la objeción.*

hacer. Hoy en día los precios de las universidades son exorbitantes, ¿verdad?» Sin embargo, en lugar de sentirse como el cliente (simpatía), Don comprendió cómo se sentía el cliente sin sentirse igual que él (empatía), y esto le permitió cerrar la venta.

Si estás navegando con unos amigos y uno de ellos se marea y empieza a vomitar, posiblemente entiendas cómo se siente. Es muy probable que hayas vomitado en algún momento de tu vida. Cuando entiendes cómo se siente esa persona porque «ya has pasado por ello», puedes tener mucha empatía con otro ser humano. Sin embargo, si estás navegando con amigos y uno de ellos se marea y comienza a vomitar, y tú corres hasta la barandilla y te pones a vomitar también, esto es simpatía. Y debo añadir que eso no ayudará en absoluto a tu amigo mareado. Si tienes empatía, te acercarás a tu amigo con un paño húmedo para refrescarle la cara y le darás alguna medicina que le alivie el estómago revuelto.

Empatía al otro lado del océano

La empatía es necesaria para construir una carrera comercial de éxito. Junto a la empatía, desarrollarás intuición y psicología para entender a las personas, y esto marcará una gran diferencia en tus resultados. Muchas veces la experiencia es necesaria, pero mientras te esfuerzas en desarrollar una sensibilidad genuina, escuchando lo que tu cliente dice en realidad y no limitándote a las palabras que pronuncia, desarrollarás también habilidades empáticas de venta.

K. J. Hartley de Cheshire, Inglaterra, visitó a una joven pareja para venderle a la mujer una póliza de seguros. El marido tenía unas coberturas adecuadas, pero la mujer no tenía seguro. K. J. sabía que la pareja tenía un hijo pequeño y que venía otro en camino, por lo que la necesidad era obvia. La objeción que puso la pareja era que no se lo podían permitir, aunque la prima mensual era de tan sólo doce dólares (menos de veintiún dólares al cambio actual). Mediante *Preguntas* que le ayudaran a *Entender* e *Identificar* el problema, K. J. descubrió que la pareja se había fijado un límite de diez dólares al mes. Como la mayoría de sus gastos se habían incrementado en diez dólares, tenían un bloqueo mental que les impedía pagar más de esa cantidad cada mes.

Cuando K. J. empezó recoger sus cosas para irse, se dio cuenta de que quizá estaba simpatizando con los clientes, y paró para tener un momento del método P. E. I. E. P. Había estado escuchando sus palabras, pero ¿había escuchado lo que querían decir? «¿Piensan que tres dólares o menos *por semana* serían un problema para ustedes?», preguntó K. J. Ambos coincidieron en que esa cantidad era muy pequeña. La respuesta mostró que no tenían problemas económicos. El problema radicaba en que, para ellos, había una barrera a partir de los diez dólares mensuales.

En ese momento, K. J. multiplicó los doce dólares por los doce meses, en total 144 dólares. Dividió este importe por cincuenta y dos semanas, y el resultado fue una prima de 2.76 dólares por semana, una cantidad muy aceptable. Reducir la objeción en contra de los doce dólares al mes a unos números aceptables fue lo que hizo que la venta se llevara a cabo.

Obviamente, 2.76 dólares a la semana y doce dólares al mes es lo mismo. Pero por favor, date cuenta de que K. J. no estaba «engañando» a esos clientes; estaba supliendo una necesidad de una forma psicológicamente aceptable para ellos. La pareja necesitaba protección. Tenían el dinero. Necesitaban un vendedor empático que entendiera cómo se sentían y que les mostrara un camino para entrar en acción, un camino que fuera cómodo para ellos, para sus hijos y para su futuro. K. J. Hartley utilizó el planteamiento P. E. I. E. P. y rompió la barrera psicológica (no podían permitirse un *gran* paso de doce dólares al mes, pero sí podían asumir fácilmente un *pequeño* paso de 2.76 dólares a la semana) de esa pareja que tenía un problema y necesitaba la solución que él tenía.

PONER LA OBJECIÓN A PRUEBA

Algunos clientes no te *dirán* la verdadera objeción, y otros clientes no la *conocerán*. En ambos casos, están moviéndose a nivel de «sensaciones». El cliente que se avergüenza de decir que no tiene el dinero o que no entiende la oferta puede no admitir la verdadera objeción. Se siente pobre o sin educación, y su orgullo y su ego le piden que diga que no está interesado.

Polvo de gorila

Los vendedores profesionales definen las objeciones falsas como «polvo de gorila». La explicación está en los documentales de la televisión que enseñan el comportamiento y los hábitos de los gorilas salvajes. Cuando dos machos se disponen a luchar realizan todo un ritual. Se mueven en círculos alrededor del rival y pasan las manos por el suelo como si fueran rastrillos, agarrando puñados de polvo que, al lanzarlos al aire, parecen una tormenta de arena o una pantalla de humo. Esto es el «polvo de gorila» y muchos clientes suelen pasar por un proceso similar.

Muchos de ustedes conocerán el chiste de ese hombre que no quería prestar su cortacésped al vecino y, cuando le preguntaron por qué, contestó:

—Porque todos los aviones salen hoy con retraso.

—¿Qué tipo de razón es esa? —le preguntó el vecino indignado.

—En realidad ninguna, pero cuando uno no quiere hacer algo y no va a hacerlo, cualquier razón es buena —dijo el hombre.

Para el vendedor profesional, una razón *no* es tan buena como otra, de modo que para descubrir cuáles son las verdaderas objeciones, querrás ponerlas a *Prueba*.

La prueba de la «suposición»

Hay dos tipos de prueba para los posibles clientes que te ayudarán a identificar la diferencia entre el «polvo de gorila» y las verdaderas objeciones. Estas pruebas también ayudan al cliente que no conoce realmente cuál es la objeción pero que no se siente cómodo con la decisión de comprar.

> *Algunos clientes no te dirán la verdadera objeción, y otros clientes no conocerán la verdadera objeción.*

La primera prueba es la prueba de la «suposición». «Sr. Cliente, suponga que esa condición no existe. ¿Compraría usted entonces mi producto o servicio?»

- «Suponga que no tomamos _____ en consideración, ¿compraría usted?»
- «Suponga que se siente bien con _____, ¿compraría usted?»
- «Suponga _____, ¿tomaría usted la decisión de comprar?»

Si puedes identificar la objeción real, puedes seguir avanzando para vencerla o pasar al siguiente cliente, en lugar de seguir perdiendo el tiempo intentando eliminar el «polvo de gorila» o esforzándote en cerrar una venta imposible de realizar.

La prueba de «aislar y validar»

La segunda prueba es la de «aislar y validar». Este proceso de dos pasos demuestra si has descubierto o no la verdadera objeción. El primer paso se da cuando preguntas: «¿Hay alguna *otra* razón que le impida beneficiarse hoy de las ventajas de mi oferta?» Tu objetivo aquí es sacar a la luz todas y cada una de las objeciones. Una de las cosas más frustrantes para un vendedor es tratar una objeción de forma competente y profesional, y que entonces surja otra. Después de contestar a dos objeciones, en la tercera debes preguntar específicamente: «¿Es este el único impedimento para que usted se convierta en el dueño de nuestro producto, o hay algo más?» No debes dar la impresión de que te vas a pasar todo el día con el posible cliente hasta que, finalmente, salga con una objeción que no puedas contestar.

Una vez consigas que el cliente te diga «No, no hay nada más», tienes que hacer un resumen para validar la venta. «Entonces, Sr. Cliente, ¿me está diciendo que si no ocurriera _____ ni _____, ¿compraría hoy mismo?» En este momento, estás preparado para cerrar la venta.

La clásica historia

Una de mis historias favoritas relativas a la prueba de «aislar y validar» se incluye en mi libro *Secretos para cerrar la venta*. La parafraseo aquí porque es un gran ejemplo del método P. E. I. E. P. para cerrar una venta.

Jay Martin, un amigo mío de Memphis, Tennessee, es el presidente de la compañía National Safety Associates, una compañía que vende detectores de humo y fuego, así como el conocido suplemento alimenticio Juice Plus. Una noche, estaba trabajando con uno de sus jóvenes vendedores, quien había hecho una presentación sólida finalizada con la solicitud del pedido. Jay me describió la escena: «Zig, este niño mayor que probablemente no acabó ni el primer grado, se echó hacia atrás en su silla, cruzó los brazos y dijo: "Bueno, hijo, habrá oído hablar de mi accidente". Como el joven no sabía nada de eso, el cliente empezó a contarle todos los detalles».

Fue el cliente quien comenzó con el método P. E. I. E. P para el vendedor de Jay aun sin que éste le hubiera formulado la Pregunta. Afortunadamente, Jay y el joven vendedor escucharon atentamente para Entender e Identificar. Prestaron atención a las palabras que el cliente compartía con ellos y a lo que decía mientras les explicaba: «Hace un par de meses mi mujer y yo íbamos por la autopista y un tipo, que iba en dirección contraria, nos dio de frente, destrozó nuestro coche y nos mandó a los dos al hospital. Yo estuve allí casi dos semanas, y el tobillo me ha quedado algo rígido. Puesto que yo suelo trabajar a destajo, no he sido capaz de viajar tanto, y mis ingresos están bajando. ¡Y eso sí que duele!

»Mi mujer estuvo en el hospital más de seis semanas, y al ausentarse durante tanto tiempo, su empresa la despidió, de modo que ni siquiera está trabajando. Cuando te acostumbras a tener dos ingresos y de repente te quedas con uno solamente, créame, ¡eso sí que provoca un gran problema! La factura del hospital ascendió a más de 20,000 dólares. Ahora sé que la compañía de seguros la pagará finalmente, pero hemos estado muy preocupados hasta que el tema se ha aclarado.

»Además de todo eso, la semana pasada nuestro hijo volvió de la Marina, y la primera noche tomó una curva demasiado rápido, pasó por encima de un terraplén y cayó en una gasolinera, destrozando nuestro otro coche y un cartel de la compañía petrolífera valorado en 6,000 dólares. Ahora sé que el seguro va a pagar el coche, pero del cartel no sé nada. Como tengamos que desembolsar el importe del mismo nos vamos a ver en un verdadero aprieto, ¡y no sé qué vamos a hacer!

»Por si esto no fuera suficiente, anoche ingresamos a mi suegra en la residencia para mayores más cara del condado. El otro familiar vivo que le queda es un hermano, y sé que no hará nada. No hemos tenido noticias de él desde hace un año, y no merece la pena ponerse en contacto con él ni aun sabiendo dónde está. Sé que voy a tener que llevar esa carga yo solo».

¿Mostrarías simpatía o empatía?

Si tú fueras el vendedor en esta visita y sintieras mucha simpatía, probablemente dirías: «Oh, eso es terrible, ¡y seguro que su situación es aún peor! Usted no quiere que yo me sienta mal y no me está contando el resto de la historia. Pero déjeme hacerle una pregunta. ¿El gobierno no puede hacer nada? ¿Y la Cruz Roja? ¿Y sus vecinos? ¿La iglesia no puede ayudarles? Al menos les darán vales de comida, ¿no?» Esto es simpatía, pero según Jay Martin, el vendedor no mostró simpatía. Tuvo empatía.

La empatía te aparta del problema a nivel emocional y, por tanto, puedes ofrecer soluciones. Te mueves de tu sitio y te pones al otro lado de la mesa, donde se encuentra el posible cliente. De una forma realista, allí es donde se llevará a cabo la venta y la probabilidad de que esto ocurra aumenta considerablemente porque, desde el lado de la mesa en el que se encuentra el cliente potencial, puedes hacer tu presentación utilizando su punto de vista.

Los vendedores profesionales aíslan y validan

Nuestro joven héroe miró al cliente a los ojos y dijo: «Dígame, además de todas esas cosas, ¿hay alguna otra razón por la que no pudiera seguir adelante y proteger la vida de sus familiares instalando estos detectores de humo y fuego en su casa?»

¡Qué valentía! ¿Te imaginas preguntándole a un cliente con tantos problemas si hay algo más que le impida comprar? Pues eso es exactamente lo que hizo el vendedor de Jay, y el cliente se quedó tan sorprendido como yo cuando escuché la historia por primera vez. Soltó una carcajada, se dio unas palmadas en la pierna, y dijo: «No, hijo, esas son las únicas razones por las que no podemos seguir adelante y comprar esos detectores hoy. Ja, ja, ja». (Creo que no me equivoco si digo que el hombre no se consideraba un posible cliente).

Para eso estás en esta profesión: Para hacer ventas

Estratégicamente, el vendedor había hecho muy bien su trabajo. El profesional debe sacar a la luz todas las objeciones en el menor tiempo posible para poder ocuparse de cada una de ellas con más efectividad. De hecho, los vendedores profesionales toman a menudo la objeción —la razón para no comprar— y la usan como razón principal por la cual el posible cliente debería comprar. Fíjate en cómo ocurre esto en esta situación.

Cuando el vendedor supo que no había otras razones para no comprar, no vaciló en ningún momento. Echó mano a su maletín de demostración y sacó uno de los detectores. Sostuvo el detector en alto contra la pared para que el cliente lo observara y dijo: «Por lo que usted nos ha contado, usted debe unos 30,000 dólares (pausa) y 300 dólares más no incidirán mucho en la situación». Bajó el tono de voz, miró al hombre a los ojos y dijo con tranquilidad: «En cualquier circunstancia, el fuego es devastador. Pero en su caso, ¡le puede borrar del mapa definitivamente!» La técnica era profesional; la lógica era elocuente. Logró la venta porque mantuvo la calma y aplicó el método P. E. I. E. P.

OBJECIONES QUE TODOS VEMOS

El objetivo de la presentación de venta es dar un servicio a los clientes porque tú *puedes* tener todo lo que desees en la vida únicamente ayudando a otros a conseguir lo que ellos quieren. Las objeciones te dan una perspectiva del posible cliente que te puede ayudar a satisfacer sus necesidades y deseos.

Está claro que las objeciones forman parte de la vida de todo profesional de la venta. Nuestra actitud hacia ellas es lo que supone una enorme diferencia en nuestra eficiencia al ocuparnos de ellas. Dennis Landrum de Bryan, Texas, dirige una empresa que proporciona muchos servicios de negocios, incluido el asesoramiento informático. Dos de las objeciones con las que suele encontrarse son prácticamente las mismas que tiene que vencer cualquier vendedor cientos (o incluso miles) de veces a lo largo de su carrera. Creo que te gustará el pequeño giro que da a sus respuestas.

Frente al usual «Tenemos un amigo (sobrino, profesor de universidad, tío, etc.) que nos ayuda cuando necesitamos un servicio de esta índole», Dennis tiene una gran respuesta. Presta mucha atención a las palabras que utiliza:

«Tiene mucha suerte de poder tener a alguien a quien llamar. Sin embargo, nosotros estamos aquí en este momento, ofreciéndole formas de mejorar su negocio. Lo más importante es que estaremos también aquí en el futuro para ayudarle a medida que su negocio vaya creciendo y no esperaremos a que nos llame cuando tenga una necesidad. En cuanto nos enteremos de algo que pueda ayudarle, nos pondremos en contacto con usted, porque es nuestro trabajo y buscamos lo mejor para sus intereses. Nos dedicamos a ayudar a los hombres de negocio de éxito como usted, de modo que podemos emplear el tiempo y el esfuerzo que merece su empresa y que es realmente el tipo de servicio que usted quiere y necesita, ¿no es así, Sr. Cliente?»

LA EXPOSICIÓN CEREBRAL

Para la famosa respuesta «Necesito pensármelo» o «Déjeme pensarlo unos días», Dennis también tiene una sorprendente respuesta:

«En mi negocio me he visto muchas veces en el lado opuesto de la mesa, frente a un vendedor y he contestado con la misma frase que usted. Después de un tiempo, he llegado a darme cuenta de que cada vez que pedía tiempo para "pensar sobre ello", en realidad estaba diciendo una de estas tres cosas.

»En primer lugar, es posible que quiera pensarlo porque no me han dado respuesta a algunas preguntas. Si eso es lo que me está diciendo, me alegrará poder responder a cualquier pregunta que me quiera hacer ahora mismo.

»O quizá lo que estoy diciendo en realidad es: "No me interesa en absoluto", pero no quiero herir los sentimientos del vendedor, aunque no tenga intenciones de considerar la propuesta. Puedo respetar su decisión y sólo le pido que, de ser este el caso, me lo diga y ambos ahorremos tiempo.

»O podría pedir tiempo para "pensarlo" porque tengo otra objeción. De nuevo, lo único que le pido es que sea sincero conmigo, como yo lo he sido con usted, y me dé la oportunidad de responder a cualquier pregunta u objeción que usted pueda tener».

Me gustaría señalar que estas respuestas a las objeciones comunes hacen aflorar las cuestiones para poder tratarlas de la forma más eficiente, efectiva y profesional posible, y así obtener una decisión en el momento. Después de todo, si la respuesta es sí, entonces tú, tu empresa y el cliente ¡podréis empezar a disfrutar de los beneficios *ahora*! Si la respuesta es no, podrás dirigir tu energía y atención al siguiente cliente potencial con la reconfortante idea de no haber dejado una orden de pedido sobre la mesa.

Vuelvo enseguida

Tim Jones, de Campbellsville, Kentucky, descubrió una forma muy interesante de tratar la objeción de «pensarlo un poco más». Después de pasar por todo el papeleo y dar todo tipo de datos al posible cliente, hacía la pregunta que le obligaba a tomar una decisión. Si el cliente pedía más tiempo para «pensarlo», Tim sonreía, se ponía de pie y decía: «Muy bien, voy a acercarme rápidamente a la cafetería de la esquina a tomar un café. Volveré en quince o veinte minutos para que puedan ustedes hablar sobre ello». Antes de que el posible cliente tuviera tiempo de contestar, él ya se había marchado dejando los papeles sobre la mesa.

Cuando volvía, Tim retomaba el tema donde lo había dejado, diciendo: «¿Cuál ha pensado que será la mejor forma en que podamos proporcionarle ese ahorro: mensualmente, mediante un cheque automático o a través de primas anuales?» La mayoría de las veces, conseguía la venta.

El pistolero

Algunos vendedores aprenden a disfrutar demasiado cuando se ocupan de las objeciones. Dejan que su ego entre en escena y llegan incluso a avivarlas para demostrar su inteligencia y sus habilidades. Estos vendedores se convierten en pistoleros, hambrientos de pelea: «¡Da un paso, sucio cliente! ¡Tengo respuesta para cualquier cosa que preguntes!»

¿EL PROBLEMA ES EL PRECIO?

Antes de que abandonemos el área de las objeciones, permíteme compartir un ejemplo clásico de cómo tratar comentarios como «¿Es éste su mejor precio?» o «¡Vamos, haga números, estoy seguro de que puede hacerlo mucho mejor!»

Larry Spevak de Maplewood, Minnesota, responde de esta forma: «No, no es mi mejor precio». En la mayoría de los casos, los ojos del posible cliente se abren como platos y, a continuación, su boca. Larry prosigue con esta explicación lógica: «Puedo darle un precio más bajo del que acabo de decirle, pero tendré que ponerlo de mi bolsillo y, al igual que usted, yo no puedo trabajar para no ganar nada. Estoy seguro de que no querría eso para mí más de lo que yo lo querría para usted».

Cuenta Larry que, en una ocasión, uno de los posibles clientes «me miró fijamente a los ojos, aparentemente abrumado por la sincera explicación y, con una mirada de alivio en el rostro, me tendió la mano y dijo con solemnidad: "Larry, es usted un hombre honesto y me gusta. ¡Tome nota del pedido!"». Evidentemente, Larry acababa de cobrar el depósito de credibilidad que había estado construyendo durante un periodo de tiempo.

Y, FINALMENTE...

Larry tiene también una forma extraordinaria de tratar otra objeción: el posible cliente que «advierte de entrada» al vendedor que *no* va a comprar hoy. Las excusas son varias y van desde «Siempre me lo pienso» hasta «Siempre comento mis decisiones con mi cuñado».

Durante una visita específica, Larry cuenta que tras el saludo inicial el posible cliente dijo: «Mire, Larry, quiero que le quede claro que no voy a comprar nada esta noche, porque nunca compro la primera vez que me ofrecen algo. Si no quiere darnos un presupuesto y dejar que lo pensemos, entonces estará perdiendo su tiempo y el nuestro». (Larry vende mejoras del hogar).

Larry explica: «Esperaba que agarrara mi maletín y que me marchase, pero le sorprendí. Le miré directamente a los ojos y, en un tono de voz deliberadamente serio, repliqué: "Sr. Cliente, tiene usted toda la razón. Estoy de acuerdo con usted. A mí tampoco me gusta comprar la primera vez, pero (e hice un gran hincapié en el *pero*) cuando veo algo que realmente me gusta, que sé que me va a resolver un problema y cuyo precio es el correcto, considero seriamente hacer una excepción. Ahora, permítame que le enseñe a usted y a su esposa lo que nuestro producto puede hacer por ustedes"».

Esto constituyó un puente desde la presentación hasta el cierre. Larry hizo que el hombre cambiara su actitud a la defensiva y abrió su mente para que prestara oído a la presentación. Como dijo Larry: «Al mostrar que estaba de acuerdo con él, mi imagen de persona amable subió diez puntos, y no me resultó difícil convencerles a ambos, porque yo era su amigo, de que mi producto iba a resolver sus problemas».

Larry hizo una demostración convincente que no dejó lugar a objeciones. Con un poco de diplomacia, consiguió que esta pareja de compradores frustrados se convirtieran en compradores felices. Según Larry: «Si permites que el "no compramos esta noche" de un posible cliente te intimide, tu presentación se convertirá en algo aburrido y rutinario, y te restará el poder necesario para mantener el control, y acabarás dejando que tu competidor se quede con la venta».

PELIGRO

Recuerda: tu objetivo no es demostrar cuántas objeciones puedes contestar, sino probar cuántos beneficios pueden aportar tus artículos y servicios al posible cliente.

IMPORTANTE

La venta no acaba cuando has vencido las objeciones y el cliente dice sí. En realidad, en ese momento la venta no ha hecho más que empezar. El siguiente capítulo está diseñado para ayudarte a comprender cómo tratar con los clientes felices y con los descontentos.

Un gran peligro a la hora de tratar con las objeciones (y en otros muchos momentos del proceso de venta) es cruzar la línea que separa el «comprensivo/agresivo» del «irritante/brusco». Mantener la preocupación por los clientes de forma agresiva y conservar la confianza sin distanciar a los clientes es el tema que tratamos en el capítulo 12.

CAPÍTULO DOCE

DEL «SERVICIO AL CLIENTE» A LA «SATISFACCIÓN DEL CLIENTE»

¿Abandonas, rectificas o haces un seguimiento?

En los días antiguos de las ventas, un vendedor mayor y otro joven volvían a casa en tren después de una semana de trabajo y se encontraban inmersos en una conversación seria. El joven se lamentaba de lo mal que le habían tratado durante aquella semana. El negocio había ido mal, la gente había sido maleducada, y le habían insultado una vez tras otra. El viejo vendedor se quedó pensativo por un momento y dijo: «¿Sabes?, me han dado con las puertas en la cara, me han echado de sitios diciéndome que no volviera, me han gritado, me han dicho de todo y hasta me han escupido, pero *¿insultarme?* ¡Nunca!»

MEDICINA PREVENTIVA

Hace mucho tiempo que acabaron los días de un «servicio al cliente» como modelo de excelencia. En la actualidad, *todo el mundo* habla de la importancia de la «satisfacción del cliente». En este mercado tan competitivo, la única forma de avanzar (y a veces, de sobrevivir) es ir desde el servicio al cliente hasta llegar a la satisfacción del mismo.

La mejor forma de evitar que el cliente o el posible cliente estén descontentos es proveer un servicio excelente *antes* de que los problemas surjan. Como dije anteriormente, la palabra noruega para el inglés *sell*, *vender*, es *selje*, que significa literalmente «servir». La pregunta es simple: ¿es esa una buena estrategia de venta? Carl Sewell está convencido de que el servicio es la clave. En su libro *Customers for Life* [Clientes para siempre], ofrece una visión profunda del concepto. Al parecer a él le funciona, porque es el dueño de un negocio de concesionarios de coches en Dallas, Texas, que produce 850 millones de dólares al año. Esto significa 650 millones más que cuando escribí este libro originalmente y planean abrir de tres a cinco concesionarios más en los próximos tres años.

Como sin duda sabrás, el año 2002 trajo serias dificultades para muchas industrias, incluida la del automóvil. Para muchos concesionarios la única forma de conseguir clientes era ofrecer enormes descuentos y «tratos» fantásticos. Como muchos de ellos dijeron: «Vendíamos muchos coches, pero no hacíamos dinero». La pregunta es: ¿cómo lo hacía Sewell?

A Sewell le va extraordinariamente bien. ¿Por qué? Primero, lleva muchos años en el negocio y, segundo, Laurel Cutter, vicepresidente de FCB Leber Katz Partners, lo resumió muy bien cuando afirmó: «Los valores determinan la conducta; la conducta determina la reputación; y la reputación define las ventajas». La reputación de Sewell es legendaria. No venden un coche con la idea o la esperanza de venderle otro más al mismo cliente; su objetivo es mucho mayor y a un plazo más a largo. Es hacer clientes para toda la vida, y todo lo que hacen va encaminado hacia ese objetivo.

¿Qué hace el señor Sewell para asegurar una segunda, tercera, cuarta, o quinta venta? Bien, empecemos por una flota de 250 vehículos de cortesía disponibles para sus clientes cuando tienen el suyo en revisión. Por cierto, un empleado del concesionario se encarga de dejar el vehículo de cortesía en la casa del cliente y recoger el automóvil que debe pasar la revisión. ¿Problemas en carretera? Si compró su coche en el concesionario de Sewell no tiene más que llamar al número de emergencias y un empleado hará lo necesario, desde una nueva llave hasta llevarle gasolina o reparar una rueda pinchada.

¿Es rentable esa forma de mimar al cliente? Respuesta: en un concesionario medio, un vendedor medio vende entre seis y ocho coches al mes. Varios vendedores de Carl Sewell hacen más de 200,000 dólares al año porque él espera que vendan un promedio de quince automóviles de lujo al mes. Después de todo, reciben mucha ayuda del departamento de relaciones públicas y, lo más importante, del departamento de servicios. Si el trabajo realizado por el personal de servicios no es perfecto, tienen que volver a hacerlo fuera de su horario laboral. ¿Le molesta eso a su personal? Al contrario. Se sienten socios en el negocio, y el jefe del departamento es el mejor pagado de la zona, o quizá de todo el sector. Tiene una gratificación del 10% del incremento de los beneficios cada año, y unos ingresos de más de 150,000 dólares no es algo insólito.

Algunos dicen que Sewell ha ido muchísimo más allá de lo realmente necesario. Pero no está satisfecho con ser igual de bueno hoy que ayer, sino que estudia el modo de actuar de los expertos para aprender a ser aún mejor. De la gente de Disney aprendió a ser muy cuidadoso con las pequeñas cosas. Sus suelos están inmaculados. Si hay algún papel en el suelo, él mismo lo recoge. Stanley Marcus de Neiman-Marcus le enseñó la importancia de decir sí a los clientes. Los japoneses y el gran asesor de dirección de este siglo, W. Edwards Deming, le enseñaron el valor de medirlo todo. En resumen, se trata de un vendedor convencido de que mantener un cliente no supone más que una quinta parte de lo que se suele gastar en publicidad para conseguir uno nuevo.

Como hemos tenido el privilegio de llevar a cabo algún programa de formación para Sewell, estamos familiarizados con el hecho de que dedican mucho tiempo a un largo entrenamiento diario. Tienen un interés genuino en sus clientes de primera línea que, para ellos, son su personal de venta y el de servicios. Comprenden claramente que la forma en la que ellos tratan a sus clientes de primera línea es la forma en la que estos clientes tratan a aquellos clientes que entren a hacer negocios. El porcentaje de clientes que repiten con ellos es extraordinario. Estas son las claves de su crecimiento continuo.

VENDO COCHES

Durante años, Tom Armstrong fue el mejor vendedor de Cadillac en Texas. Trabajando para Sewell, Tom vendió más de siete millones de dólares en un solo año, y eso fue cuando se vendía un 40% menos de automóviles que en el mercado actual. Aproximadamente el 80% de sus ventas eran a personas que ya habían sido clientes. Tom sabe realmente cómo manejar su vida y su negocio. Trabaja con la clase pudiente, sus ingresos anuales son de seis cifras y no quiere ni oír hablar de establecer su propio concesionario, porque no quiere ganar menos dinero.

Se mueve en los círculos de la élite social, y cuando le preguntan en qué trabaja (para disgusto de algunos de sus amigos), él simplemente responde: «Soy vendedor de coches». No incluye el prestigioso calificador «Cadillac» en su respuesta. Él destaca que los vendedores de coches no están muy bien mirados, pero dice: «Me siento orgulloso de mis éxitos. Trabajo en ello, y me encanta. Por eso me considero vendedor de coches... y punto». En un año vendió 326 Cadillacs. ¡Esos son muchos automóviles! Patrocina a su propio equipo de béisbol de una liga infantil que lleva «Armstrong Cadillacs» en sus camisetas.

¿Qué es lo que vende en realidad? Tom dice: «Yo vendo el sueño americano. El Cadillac es, para mucha gente, un símbolo de éxito». Trabaja duro, y se siente particularmente renovado cuando hace una venta a una de esas personas que han trabajado y ahorrado durante años para hacer realidad la compra del coche de sus sueños. Convierte en todo un espectáculo el momento de entregar un brillante coche nuevo a esos orgullosos propietarios. Hace que los nuevos propietarios de un Cadillac se sientan como el rey y la reina que Tom cree que son realmente. Tom es, quizá, el vendedor más orientado al servicio que encontrarás jamás, y trabaja para el concesionario más orientado al servicio que te puedas imaginar. Recientemente, Tom ha pasado al concesionario Lexus de Carl Sewell y ahora está vendiendo esa lujosa marca con la misma actitud hacia el servicio.

LA VENTA NO ACABA CUANDO SE CIERRA LA VENTA

Dentro de las veinticuatro horas siguientes a la magnífica entrega del coche, Tom hace una llamada a los nuevos propietarios para asegurarse de que todo funciona correctamente y de que están felices. También sabe que ese mismo momento es el que le proporciona la mejor oportunidad de conseguir nuevos clientes (cosa que, por lo general, suele pasar). Deja muy claro que si hay cualquier problema en cualquier momento, él es el hombre al que hay que llamar. Tom hace hincapié en el hecho de que tanto él como el jefe de servicios trabajan juntos con un objetivo principal en mente: ¡servir al cliente!

Tom es uno de los trabajadores más entregados que jamás hayas conocido. Y no lo hace por obligación, lo hace porque le gusta. Empieza a trabajar a las seis de la mañana. Llega al concesionario para empezar lo que será un proceso de aproximadamente tres horas revisando los informes de servicio de los coches vendidos por él. Sobre las diez se pone a trabajar con su lista de posibles clientes, formada por compradores anteriores, personas que han visitado el concesionario pero no compraron, y referidos de otros clientes. Hace al menos diez llamadas cada día. También mantiene al corriente a sus compradores anteriores del valor actual de sus automóviles. Él no trabaja desde el concesionario, lo hace desde su oficina. Lleva a cabo la mayor parte de su negocio mediante citas, y suele tardar más o menos una hora en hacer una venta.

Sobra decir que trata con alguna gente muy rica, y aquí es donde nos da algunos consejos importantes. Él dice: «Los clientes ricos no son muy distintos al resto de la gente. Está claro que con ellos no vas a tener que emplearte demasiado en una venta complicada. Lo que impresiona es el aire de confianza: ellos lo tienen y quieren ver que tú también lo tienes, a ti van a ser a quien compren» Él también es consciente de que la gente no compra el coche por lo que es, sino por lo que hace y por lo que representa. No dedica demasiado tiempo a los detalles técnicos de los coches y nunca abre el capó. «A los clientes les interesa mucho más —dice él— lo que ese medio de transporte de primera clase representa para ellos».

«VENTA SUGESTIVA» Y SERVICIO

Un granjero fue a un concesionario de coches a comprar un camión. Cuando terminó de comprar todas las opciones, el precio era considerablemente mayor que el que le habían dado en primera instancia. Estuvo sopesando la cuestión un tiempo y entonces, un día, el vendedor de coches le visitó para comprarle una vaca. El granjero le dijo que la vaca costaba 275 dólares, y el vendedor contestó: «Está bien. Me la quedo». El granjero dijo: «Discúlpeme un momento, voy a hacerle la factura de venta». Unos minutos más tarde regresó y dijo: «Aquí la tiene. El total es de 805 dólares con un plus de 64 dólares de impuestos, lo que hacen un total de 869 dólares». El vendedor de coches, sorprendido, dijo: «¡Pero usted me dijo que el precio era de 275 dólares!» El granjero respondió que ese era el precio de la vaca «estándar», pero que ésta venía con unos «añadidos especiales». «Por ejemplo —dijo—, esta belleza viene empaquetada en una piel de cuero genuino, de dos tonos y cepillada a mano por valor de 175 dólares. Dispone de fertilizante para plantas incorporado, que son 95 dólares. Dos cuernos a medida a 30 dólares cada uno y por un total de 60 dólares los dos. Cuatro dispensadores de leche, a 10 dólares cada uno, 40 dólares. Un estómago extra, 95 dólares, y un espantamoscas personalizado por 65 dólares, lo que hacen un total de 805 dólares más las tasas de 64 dólares, 869 dólares».

Estoy seguro de que muchos de nosotros hemos experimentado algo de frustración cuando hemos ido a comprar aspiradoras, ordenadores, pólizas de seguros, automóviles, servicios de limpieza del hogar, servicios de jardinería, y otras muchas cosas, y hemos descubierto que cuando se le añaden todos los "extras", el precio es considerablemente más alto de lo que habíamos anticipado. Por favor, no me malinterpretes. Muchas veces, esos «extras» marcan la diferencia entre el simple placer y la eficacia, y ciertamente en muchas ocasiones merecen la pena. La razón principal por la que he incluido este ejemplo es alertarte del hecho de que siempre necesitamos recordar que como vendedores tenemos la responsabilidad de ofrecer a los clientes las cosas que les harán la vida más fácil y les harán ser más productivos y rentables, pero debemos tener en mente que la pregunta recurrente suele ser siempre: «¿Estoy recomendando esto para beneficio del cliente o para el mío propio?» He de reconocer que la línea que separa las dos opciones es bastante fina. Ciertamente nosotros no estamos en la posición de tomar la decisión del cliente.

En muchos casos ofrecer la opción es adecuado para hacer la venta, pero es una oferta sobre la cual debemos sentirnos bien. Al mismo tiempo, tenemos una responsabilidad con ese cliente.

En mis primeros días en los seguros de vida ocurrió un caso clásico de vendedor que no actuó pensando en el bien y en los intereses de su cliente. Había trabajado muchísimo para vender uno de nuestros seguros de vida a un joven responsable de la oficina de correos de una pequeña ciudad. El hombre no tenía un seguro, y tenía mujer y un pequeño bebé. Fue una de las ventas más duras que hice, y la indemnización total de la póliza era de 5,000 dólares. Esto ocurrió hace muchos años pero, incluso en aquellos días, 5,000 dólares era una cantidad tristemente inadecuada. La prima adicional para una doble indemnización, en caso de muerte accidental, era de unos pocos dólares más; sin embargo, yo temía perder mi venta si le presionaba en ese sentido. Debo confesar que en aquel momento yo pensaba en no perder mi venta y no en los mejores intereses del cliente. Nunca le ofrecí la doble indemnización. Menos de un año después tuve el triste deber de entregar a la joven viuda un cheque totalmente insuficiente que podría haber sido del doble si yo hubiera tenido la valentía y el cuidado de mirar por los intereses de mi cliente. Nunca olvidé la lección que aprendí aquel día. La verdadera tragedia es que la joven viuda tuvo que pagar por mi educación.

Mensaje: si tus «extras» benefician a los mejores intereses de tus clientes, ciertamente tú tienes una responsabilidad profesional de ofrecérselos y de animar a tu cliente a que actúe al respecto.

ESTO ES VENDER

Tu interés en tus clientes después de la venta juega un papel principal para que ellos te ayuden a hacer compras adicionales. En 1985 construimos la casa de nuestros sueños con vistas al hoyo quince del Club Glen Eagles Country en Plano, Texas. Estábamos muy entusiasmados con la casa y aún hoy la disfrutamos enormemente. Por desgracia, la construimos cuando el mercado inmobiliario empezó un drástico deterioro. Las tasas de interés eran altas y el mercado tenía dificultades para vender casas de segunda mano.

Penny Magid, una agente inmobiliaria altamente especializada, estaba interesada en ayudarnos a vender nuestra casa (la que habíamos ocupado con considerable placer y deleite durante diecisiete años). Penny y sus asociados en realidad tenían un único posible cliente legítimo y le vendieron a él. Pero esa no es la razón por la que la historia aparece en este libro.

Dos años después de la adquisición de la casa de nuestros sueños, las tasas de interés descendieron. Inesperadamente, Penny nos llamó un día con un gran entusiasmo para compartir con nosotros el hecho de que había localizado unos tipos de interés mucho mejores para una hipoteca. Nos puso en contacto con una entidad de crédito y conseguimos un nuevo préstamo con un interés mucho mejor que aquel primero que habíamos adquirido. Desde entonces la Pelirroja y yo hemos hecho posible que Penny vendiese al menos otra casa y tuviese la oportunidad de vender dos o tres más. ¿Por qué lo hicimos? Muy simple. No pensamos que Penny sea una vendedora, aunque realmente sea una vendedora estupenda. Pensamos en ella como en una amiga. Ella demostró que era el tipo de persona a la que querríamos recomendar a otros porque demostró un interés creciente en nosotros.

El profesional que está interesado en construirse una carrera no debe olvidar al cliente una vez realizada la venta. El profesional, a través de un meticuloso registro, hará un seguimiento cuando se presente algo que sea del interés o beneficio del cliente. Penny Magis es un ejemplo de primera mano del credo del vendedor profesional que ya hemos mencionado a lo largo de este libro: Puedes tener todo lo que desees en la vida únicamente ayudando a otros a conseguir lo que ellos quieren.

LA HISTORIA CONTINÚA

La historia de Penny Magid tiene otro capítulo más. En 1991 los tipos de interés bajaron de nuevo y Penny trabajó en los detalles de un préstamo hipotecario que fue incluso mejor que aquel gran préstamo que nos había descubierto en 1987. Cuando fuimos a cerrarlo, Penny sufrió un gravísimo ataque al corazón y fue declara clínicamente muerta. Afortunadamente, después de someterse a una gran operación se recuperó rápidamente y comenzó la rehabilitación.

Sin embargo, incluso durante su rehabilitación Penny tuvo uno de los mejores meses de su carrera. ¿Cómo pudo ocurrir si estaba recuperándose en el hospital? La respuesta es muy sencilla: Penny no solamente era una amiga especial para la Pelirroja y para mí; también lo era para el resto de sus clientes y asociados. Todos los negocios en los que trabajó durante su operación (incluyendo el de mi hijo y su esposa) le fueron ingresados a Penny. Sus clientes lo pidieron y Forester-Clements, la empresa inmobiliaria para la que ella trabajaba, y todas las personas afiliadas a la compañía, estuvieron encantadas de manejar los detalles y el papeleo hasta que Penny pudo volver a ponerse en pie. Sí, es absolutamente cierto. Cuando eres el tipo adecuado de personas, ¡te conviertes en el tipo adecuado de vendedor!

PEQUEÑAS GENTILEZAS

Yo prefería sentarme junto al pasillo, pero todos los asientos estaban ocupados cuando hice la reserva en mi compañía aérea. Le expliqué al encargado de la puerta en Orange County, California, que si era posible y una vez abrieran las puertas, me gustaría tomar ese asiento. La joven con mucho gusto escribió mi nombre abajo y me dijo que anotaría cuidadosamente mi petición. Si uno se quedaba libre se encargaría de que yo lo obtuviese.

> *Puedes tener todo lo que desees en la vida únicamente ayudando a otros a conseguir lo que ellos quieren.*

Embarqué en el avión, tomé mi asiento y ya estaba trabajando en mis asuntos cuando una agradable voz masculina se inclinó sobre mí y dijo: «¿Sr. Ziglar?» Levanté la vista para ver la mano extendida de Geoffrey M. Gregor. Se presentó como el director de servicios de American Airlines y dijo que había encontrado a alguien que estaría encantado de intercambiar su asiento conmigo. En ese momento, Don Whilhelm, que tenía un asiento junto al pasillo, apareció a mi vista. Le agradecí por su cortesía e hicimos el intercambio.

Durante el vuelo Don pasó junto a mi asiento y le pregunté si era un empleado de la aerolínea. Me aseguró que no, y entonces le pregunté cómo se dio la conversación para que Geoffrey le preguntara por el cambio. Dijo que él y Geoffrey eran amigos desde hacía tiempo y que era típico de Geoffrey salirse de la normal y hacer favores a la gente y ser servicial.

Muchos de ustedes pensarán que no fue un gran negocio... y realmente no lo fue. Pero la diferencia entre estas personas que se construyen una carrera exitosa y aquellos que no lo hacen es el hecho de que los ganadores siempre dan ese «sencillo» paso de más. Ésta es la venta profesional en su máxima expresión. Obviamente, el hecho de que Geoffrey diera ese paso adelante no iba a repercutir espectacularmente en la esencia de American Airlines, ni tampoco ese gesto relanzaría su carrera, pero tengo la impresión de que él tenía aquel trabajo tan excelente por la manera en la que trataba a los demás.

VENDER SERVICIO

Bob Dunsmuir de Victoria, en la Columbia Británica, dirige una de las gasolineras más grandes del mundo. Tiene algunas ideas que son únicas y enormemente eficaces en el mundo de la venta, los servicios y la persuasión. En el momento en que un coche se detiene en su gasolinera, cuatro empleados se acercan a él. Uno llena el tanque de combustible, otro echa un vistazo debajo del capó, un tercero comienza a limpiar el parabrisas y un cuarto pasa la aspiradora en el interior del coche y limpia los ceniceros. Incluso cuando la gasolinera está «inundada» de coches y cada surtidor está ocupado, siempre tendrás como mínimo a una persona adicional allí que se pondrá en marcha y trabajará aún más rápido y con más efectividad para dar el tipo de servicio que los clientes de Bob esperan recibir.

Dunsmuir Shell tiene uno de los índices más altos de rotación de personal de cualquier negocio en todo Canadá. No me malinterpretes. No es porque a estos jóvenes, no les gusten sus trabajos o porque no aprecien lo que Dunsmuir ha hecho por ellos. Para la mayoría de estos ganadores concienzudos y orientados al servicio, una carrera sirviendo a los conductores no es su objetivo principal. Entonces,

Dunsmuir los forma y los inspira para que traten a cada persona que venga a su negocio con un respeto y una cortesía genuinos; que vayan más allá de lo que es su estricto deber en lo que a servicio se refiere; a que sean entusiastas, alegres y educados. Bob les enseña exactamente qué tienen que decir y cómo decirlo para poder alcanzar esos objetivos. Entonces él les señala que el siguiente motorista que entre quizá vaya a ser su jefe algún día. Muchos de los negocios locales, cuando buscan personal extraordinario, simplemente acuden a Dunsmuir y encuentran la gente entusiasta y motivada que andan buscando.

Esto en realidad representa un giro interesante: la gasolinera Dunsmuir se ha convertido un campo de entrenamiento para muchas compañías de la ciudad. La relación de Bob con esas compañías es excelente. No hay ningún resentimiento de su parte cuando alguien contrata a uno de los suyos. De hecho, está muy contento porque puede contratar continuamente a jóvenes que buscan empleo en su gasolinera y enseñarles que cuando «sobrepasan y van más allá de sus obligaciones», dando lo mejor de sí mismos en su trabajo, a su tiempo tendrán la oportunidad de conseguir un trabajo mucho mejor.

LA *ÚNICA* FILOSOFÍA DE VENTA Y DE SERVICIO

¿Qué te parece esto como filosofía? ¿No demuestra de nuevo que «puedes tener todo lo que desees en la vida únicamente ayudando a otros a conseguir lo que ellos quieren»? ¿Acaso proveer un servicio extraordinario no redunda en una situación en la que ambas partes ganan? ¿Acaso ese trabajo «echando gasolina» en una estación de servicio no es el clásico ejemplo de cómo un individuo puede convertir una situación aparentemente negativa en una de las más positivas que se pueda imaginar? Bob Dunsmuir ha demostrado que aquellos que tienen la actitud adecuada en la venta pueden tomar los limones de la vida y hacer una limonada.

Otra lección vital que se puede aprender de la gasolinera Shell de Dunsmuir es que hay que hacer las cosas de la mejor forma posible, independientemente de lo rutinario o inútil de la situación. En primer lugar, tu responsabilidad es hacer tu trabajo lo mejor posible. Tú aceptaste el trabajo. Ahora hazlo, y hazlo bien. En segundo lugar, cada trabajo es una oportunidad. En más de setenta años de vida, puedo decirte desde la experiencia y la observación de primera mano que los que hacen su trabajo y lo hacen bien no tienen que buscar empleo... ¡ellos son los buscados! A veces no ocurre todo lo rápido que ellos quisieran, pero los *encuentran*. Si realmente quieres un trabajo mejor del que tienes ahora, haz tu trabajo lo mejor posible. ¡O tu trabajo se convierte en el mejor trabajo, o el que tú estás buscando vendrá a ti!

Nota para personas ambiciosas: si no te encargas de hacer un trabajo básico o «de baja categoría» con entusiasmo y eficacia, ¿por qué rayos querría creer tu actual o tu futuro jefe que podrías encargarte de un trabajo más exigente?

Sorpréndelos haciendo algo bien

Cuando Ken Blanchard publicó *The One Minute Manager* [El ejecutivo al minuto], tenía toda la razón cuando nos animaba a «sorprender a las personas que forman parte de nuestra vida haciendo algo bien». Esta misma filosofía se aplica a la perfección al mundo de las ventas, independientemente de que estemos ayudando a un cliente o posible cliente nervioso, descontento, ofendido o indignado, o de que estemos previniendo que otros clientes experimenten estas molestias.

Demasiadas veces aquellas personas que se ven implicadas en una venta difícil o en una situación de enfrentamiento tienden a querer «demostrar» su punto de vista y a señalar dónde se equivoca el cliente. Yo no suscribo necesariamente esa teoría que dice que «el cliente siempre tiene la razón», pero sí suscribo firmemente la teoría de que nuestro trabajo como vendedores profesionales (y especialmente como vendedores orientados al servicio al cliente) es trabajar especialmente duro y *sorprender a las personas que forman parte de nuestra vida haciendo algo bien*.

Pongámonos rápidamente en la piel del cliente, escuchemos su versión del caso, averigüemos por qué

> *«Sorprende a las personas que forman parte de nuestra vida haciendo algo bien».*

se siente como lo hace y escuchemos atentamente lo que está diciendo. A lo largo de la conversación necesitas preguntarte: «¿Qué diferencia hay?» Por ejemplo, digamos que tú «ganas» y rechazas la petición del cliente de una rebaja o una devolución. ¿Cuánto te va a costar eso? Si el problema del cliente o su preocupación se puede medir en centavos o en unos cuantos dólares, quizá quieras considerar lo que va a significar para ti una buena voluntad creciente de parte del cliente. ¿Por qué no valorar (con frialdad) qué valor tendrá el negocio en el futuro? ¿Realmente quieres ganar esta batalla y tener la posibilidad de perder la guerra, o puedes encontrar algún área donde estar de acuerdo? ¿Puedes reconocer legítimamente, sin comprometer tus ideales, que el cliente tiene algunas razones que merecen una seria consideración? ¿Eres lo bastante sabio para hacerle al cliente la pregunta «mágica»?: «¿Para usted, qué sería lo justo?»

EGO FRENTE A COMPRENSIÓN, COMPASIÓN E INTERÉS

En muchísimos casos, el cliente sólo quiere ser escuchado. Todo el mundo quiere tener razón, pero podemos decir con más certeza aún que todos quieren que se les entienda. Cuando los clientes se saben entendidos, con frecuencia se ajustarán que será una ventaja para ti. Cuando esto ocurra, sería sabio de tu parte permitir que los clientes ganen lo más posible. Aumenta ese ajuste; gánate los corazones y las mentes de tus clientes para que piensen como tú. Haz algunas concesiones con una sonrisa y de buena gana, reiterando cuánto aprecias el negocio y lo contento que estás por la confianza que han puesto en ti y en tu compañía con la cuenta.

¿PODEMOS «PERMITIRNOS» TENER CLIENTES DESCONTENTOS?

Cuando te tropiezas con un individuo grosero, beligerante y descontento, ¿reaccionas comportándote igual que él o recuerdas que tú tienes el poder de la elección? Puedes escoger responder de forma amistosa y cortés, o puedes reaccionar de forma grosera y beligerante.

Seré el primero en reconocer que esto resulta más fácil de decir que de hacer, pero préstame un momento de atención, porque quiero compartir algunos consejos que te ayudarán a elegir lo que sea más correcto en la mayoría de las ocasiones.

En concreto, ¿cómo te sientes cuando se ha cometido un error, se ha actuado con torpeza o se ha cometido un horrible descuido (como hacer el envío a tiempo, enviar el color equivocado, una factura errónea, etc.), haya sido culpa tuya o de un compañero, que ha causado un enorme problema al cliente? ¿Qué piensas cuando, sin haber tenido nada que ver con el problema porque no eras «más que el vendedor» el cliente te responsabiliza a ti y está muy descontento? La forma en la que trates a esa persona en ese momento será la que determine, en gran medida, tu éxito en la profesión.

Sorprende a los clientes haciendo algo bien.

Las investigaciones demuestran que aproximadamente el 90% de nuestros clientes descontentos dejan de hacer negocios con nosotros sin un solo comentario al respecto. Desafortunadamente, sí lo comentan con amigos, familiares, vecinos y absolutos extraños. Pregunta: ¿podemos permitirnos tener clientes descontentos?

Todos podemos ser amables, gentiles, educados, amistosos, entusiastas y optimistas con las personas que nos hacen un pedido, nos tratan de forma amistosa y son fáciles de tratar. Amigo vendedor, si eso es todo lo que eres capaz de hacer, recuerda que tu empresa puede emplear a cualquiera para que se ocupe de esos clientes (y pagarle mucho menos de lo que tú puedes ganar). Eres importante para tu empresa en la medida en que desarrolles habilidades para tratar de una forma eficiente y profesional a todo tipo de clientes y posibles clientes, incluso a los que estén descontentos.

«DON DE GENTES» BÁSICO

¿Cómo puedes asegurarte de tratar a las personas en la forma adecuada? Si tan sólo recuerdas que todo el mundo quiere tener razón y sentirse entendido, ya estarás tomando la dirección correcta.

Obviamente, todo el mundo no puede tener siempre razón, pero cuando tratas a las personas en la forma correcta (con profesionalidad, cortesía y dignidad), te resultará fácil comportarte como es debido con ellos. Procura recordar que, de estar en su lugar, tú también estarías descontento por las circunstancias que provocaron esa situación.

CONTRÓLATE A *TI* MISMO EN LO FÍSICO

En lugar de retorcerle el cuello a alguien, que suele ser la primera reacción frente a la persona enfadada, relájate, deja los brazos caídos a ambos lados del cuerpo y *escucha a la persona*. ¡No la interrumpas! No puedo recalcar más esta parte cuando se trata de atender a una persona airada. Independientemente de lo enfadada que pueda estar la persona, resulta difícil *expresar* el enfado con palabras o actos durante más de dos minutos. Si no me crees, haz la prueba. Enfádate todo lo que quieras, grita, chilla, despotrica, critica, vocifera, protesta

> *Escucha a la persona.*

y haz lo que te venga bien para expresar tu enfado, agravio o irritación. Si escuchas hasta que la persona libere todo su enfado, permitirás que se desahogue. *Si la interrumpes, estarás permitiendo que recobre su energía, ¡y los dos minutos vuelven a empezar!*

Seguro que lo has presenciado en muchas ocasiones, cuando las discusiones degeneran en «¡Sí, lo hizo!», frente al «¡No, no lo hice!» y los comentarios van y vienen como una pelota de tenis. En lugar de esto, ¡*escucha*! ¿Cómo puedes ocuparte de un problema y solucionarlo si no lo entiendes por completo? Cuando escuchas estás mostrando cortesía hacia el cliente, y consigues una gran ventaja, porque obtienes más información sobre el problema o la situación en cuestión.

VOZ Y DICCIÓN

Cuando haya pasado lo peor, tu siguiente estrategia es bajar el tono de voz y articular cada palabra de forma clara y pausada. Recuerda que la persona con la que estás tratando se encuentra en un estado de gran carga emocional. Demasiadas personas se ponen *a* la altura de quien está airado. El error consiste en parecer muy enérgico, hablar en voz muy alta y de una forma «disparatada», como hace el airado cliente. Si te relajas físicamente, escuchas a la persona y luego le contestas con una voz suave, articulando claramente cada palabra, conseguirás llevarle a tu nivel de calma.

Es posible que no estés de acuerdo con esa persona y esto es perfectamente lícito, siempre que te expreses de una forma adecuada. Comienza tu respuesta dándole las gracias a la persona, si esto es posible. Sé que algunos de ustedes estarán pensado cómo se puede mantener la calma hasta el punto de agradecer a quien te está reprendiendo. «No» es fácil. La mejor forma de mantener la calma es salirte de la parte emocional de la situación. Nada de esto es personal. Y, en el caso de que esté llegando a serlo, tienes que salir físicamente de esa situación. Cuando respondes con calma y dices «¿Sabe, Sr. Cliente? Quiero agradecerle que comparta conmigo lo que siente con toda sinceridad», no estás poniéndote ni a ti ni a tu empresa en un compromiso. Tampoco estás demostrando que apruebes la forma de pensar o actuar de la persona enfadada. Sólo le has hecho saber a la persona que vas a ocuparte del problema de forma profesional y con cortesía.

Sigue asegurándole al cliente que le vas a ayudar una y otra vez. Déjale bien claro que quieres ayudarle. Si memorizas la frase siguiente podrás utilizarla en la mayoría de los casos en los que tengas que tratar con una persona enfadada.

«Sr. Cliente, gracias por compartir conmigo lo que siente con toda sinceridad. Es muy importante que sepa que realmente quiero ayudarle. Comprendo cómo se siente. Tiene todo el derecho a sentirse así. ¿Estaría dispuesto a colaborar conmigo para solucionar esta situación tan desagradable?»

Con esta pequeña «presentación de venta» le has mostrado tu buena fe sin dañar tu base de experiencia o autoridad. No le has dicho que estés de acuerdo con él; has permitido que exprese sus sentimientos personales. Y, después de todo, es un derecho que nos corresponde a todos.

Mientras buscas una solución al problema (y no a quien culpar), recuerda que muy pocos llegan a enfurecerse demasiado y muy pocos pueden permanecer en ese estado frente a un individuo que está intentando sinceramente resolver el problema y la situación.

ADMITE TUS ERRORES

Cuando se haya cometido un error, no te pongas a la defensiva. Reconocer que se ha cometido un error es el paso principal para arreglar las cosas y para que el cliente se calme. Curiosamente, cuando la compañía no ha cometido ningún error, es aún más importante que sigas los pasos que hemos visto. Muchas veces las quejas, el enfado y la irritación aparecen como resultado de una serie de acontecimientos en la vida del individuo, tales como el abuso, el abandono, actitudes ofensivas hacia él por parte de otras personas, o cualquier otro «desafío personal». Sin embargo, en la mayoría de los casos, cuando muestras una actitud de ayuda puedes calmar ese enfado y no sólo conservar al cliente sino ganar a un amigo durante el proceso.

¿Qué ocurre cuando los clientes se calman y reflexionan? En ese momento tienes la oportunidad de conservarlos como clientes e incluso incrementar tu negocio con ellos. Es un paso vital que puede proporcionar un excelente servicio a tus clientes a la vez que te ayuda a ti. Tras el enfrentamiento y la resolución, si los clientes están completamente equivocados suelen acabar por cuenta darse cuenta de su error y se sentirán avergonzados. Es muy importante que te acerques a ellos de una forma amistosa, alegre, optimista y animada y les reiteres lo mucho que aprecias su sinceridad y claridad al expresar sus sentimientos. Diles lo mucho que valoras su negocio.

Este planteamiento hará que tengas clientes más consolidados. De otro modo, al saber que se han equivocado, se sentirán tan avergonzados por su conducta que no seguirán haciendo negocios contigo. Es el viejo principio de ir siempre «mucho más allá» aplicado a la vida y a las ventas. Como los instructores de ventas han venido diciendo a lo largo de los años, hay que aplicar el principio de «y mucho más» a

---

¡Escucha!

la vida. Cuando haces todo lo que se espera de ti como profesional «y mucho más», estás construyendo una extraordinaria carrera en el mundo de la venta.

UN ACTO DE ELEGANCIA

Una de las distinciones del comercial que te llevarán a un mayor éxito en las ventas es la clase. Según el diccionario, *clase* es «un alto grado en la sociedad, en grado o en calidad». La *elegancia* es «una persona o cosa de mucha calidad o excelencia». Un comercial tiene clase, y la mejor forma de demostrarlo es observando cómo trata un profesional a quien no la tiene. ¿Qué haces cuando tratas con esas personas menos afortunadas o con menos clase que tú? ¿Te rebajas a su nivel y los tratas como ellos lo hacen contigo, quizá de una forma maleducada, levantando la voz, sin pensar las cosas y sin consideración? ¿O demuestras tu clase haciendo todos los esfuerzos posibles por mantener la elegancia y la dignidad y elevar su conducta a tu nivel?

«¡NO PUEDO CREER QUE HAYA DICHO ESO!»

Una de las acciones con menos clase de cualquier persona es recurrir al lenguaje malsonante. La razón principal por la que se insulta es por un déficit de lenguaje, que a menudo se debe a una falta de madurez y control emocional. Los individuos que usan lenguaje malsonante están diciendo esencialmente que no tienen la suficiente inteligencia o control para hablar de forma adecuada en ese momento determinado.

El comercial debe preguntar: «¿Cómo puedo tratar de forma más efectiva a alguien que elige usar un lenguaje malsonante?» Como ocho de cada diez veces al comercial lo insultan por teléfono, estas directrices están escritas desde esa perspectiva, pero estos mismos principios funcionan en persona.

Empieza por recordar que, en casi todos los casos, esas palabras no son un ataque personal. Por lo general el cliente o posible cliente no te conoce lo suficiente como para lanzarte un ataque personal. Lo que estás experimentando no es más que una descarga de frustraciones.

El segundo paso cuando tratas con una persona enfadada que maldice y usa lenguaje malsonante es no hacer *nada*. Permanece en silencio. No digas nada. El silencio absoluto sorprenderá y, lo más importante, calmará a la persona airada. Estas personas suelen ser «provocadores» que andan buscando discusiones. ¿Por qué seguirles el juego? Haz una pausa hasta que la persona pregunte: «¿Sigue usted ahí?» En ese momento, si quieres divertirte un poco y «ganarte al cliente» en lugar de «ganarle al cliente», elige la parte más ridícula y exagerada de la diatriba y responde: «Por lo que veo, su problema principal es _____». Y repite de forma clara y concisa lo que él haya dicho. Lo más probable es que el cliente, algo avergonzado, «confiese» que la cosa quizá no fuera «tan grave».

Llegados a este punto, vas camino de una solución. Te habrás «ganado al cliente», ¿y acaso la venta no trataba de eso en realidad? Pregunta: ¿cuánto negocio has generado al «ganar» en un enfrentamiento y reprender a alguien? *Pero* esto no significa en absoluto que debas aceptar un trato maleducado o degradante. Sigue leyendo.

«Sr. Cliente, gracias por compartir conmigo lo que siente con toda sinceridad. Es muy importante que sepa que realmente quiero ayudarle. Comprendo cómo se siente. Tiene todo el derecho a sentirse así. ¿Estaría dispuesto a colaborar conmigo para solucionar esta situación tan desagradable?»

RESPONDE DESPUÉS DE ESCUCHAR

Aquí tienes otra presentación de venta que puedes memorizar o escribir en una tarjeta para usarla en esas ocasiones especiales en las que te falten al respeto:

«Sr. Cliente, cuando me habla de ese modo, siento que ya no puedo ayudarle. Si quiere trabajar conmigo y centrarse en el problema, creo que podremos encontrar una solución. Sin embargo, si continúa usando ese lenguaje malsonante, ¡mi integridad me pide que dé por terminada esta conversación!»

Si los insultos continúan, haz lo que has dicho. Si estabas tratando con alguien por teléfono, deja pasar un tiempo de «enfriamiento» y vuelve a llamar. Hay muchas posibilidades de que el cliente esté avergonzado de su comportamiento y será más fácil trabajar con él. En realidad, si muestras un espíritu correcto en lugar de enfado o rencor, te encontrarás en una excelente posición para hacer una venta o consolidar al cliente. La razón es la siguiente: el cliente siente que te ha hecho algo *a* ti; ahora siente debe hacer algo *por* ti. Ese «algo» puede ser una disculpa, su disposición para escucharte e incluso el deseo de «rectificar» comprándote o consolidándose como cliente.

PRINCIPIOS CLAVE

Para poder tratar de forma eficaz con personas airadas, recuerda la siguiente información:

NADIE PUEDE «PONERSE EN TU LUGAR» NI ALTERARTE SIN TU PERMISO, POR LO QUE:

- Escúchales mientras se desahogan, deja que la ira salga.
- Sé paciente.
- Ten tacto.
- Ten empatía.
- Reconoce la importancia que tienen.
- Articula tu respuesta despacio, con calma y con cuidado.
- ¡No permitas nunca que te controlen!

EL «SERVICIO», UNA REALIDAD

Es una realidad que, si vas a quedarte mucho tiempo en el mundo de la venta, te encontrarás con desacuerdos y quejas. Es inevitable. La forma en la que manejes esos desacuerdos será la que determine con toda claridad la duración y el éxito de tu carrera. Al mismo tiempo, recuerda el proverbio árabe: «La luz del sol hace un desierto», que significa que si no encuentras dificultades a lo largo del camino, nunca desarrollarás todas tus habilidades y técnicas que te lleven de las profundidades de la mediocridad a las alturas del gran éxito. Considera que esos clientes contrariados y descontentos son oportunidades para crecer y tener más éxito en tu carrera.

CAPÍTULO TRECE

EL GLAMOUR DE LA CARRETERA

Un mito de la profesión de vendedor

Como ya habrás visto a estas alturas, para mí todo es venta. El Pastor Rex Hensely de la Iglesia Bautista de Addyston, Ohio, cuenta la historia de un joven que había impreso su currículo en veinticinco camisetas que entregó personalmente a otras tantas empresas. En la parte inferior de la camiseta imprimió estas palabras:

«Creo que encajo perfectamente en su compañía».

Consiguió veinte entrevistas. Algunos que ni siquiera tenían un puesto disponible le entrevistaron sólo para conocerle. ¡Lo más importante es que pudo elegir entre varias ofertas de trabajo!

EL PROBLEMA DE VIAJAR

El concepto del viaje se ha venido idealizando desde que se inventó la rueda. Muchos quieren saber qué hay «más allá del horizonte» y están dispuestos a emplear una enorme cantidad de tiempo y dinero para descubrirlo. Si pudiésemos echar un vistazo a la lista de «deseos» de la mayoría de las personas, viajar tendría una prioridad especial.

Sin embargo, como muchas cosas en la vida, el viaje debe considerarse desde dos perspectivas distintas.

La perspectiva adecuada

Durante varias semanas aquella pareja no había recibido carta de su hija, así que se sintieron encantados al ver la tan esperada misiva. Sin embargo, conforme iban leyendo, su alegría se iba convirtiendo en consternación.

Queridos mamá y papá,

Les pido perdón por todo el tiempo que ha pasado desde nuestro último intercambio de correspondencia. En primer lugar, quiero decirles que todo va bien. Me estoy recuperando estupendamente del accidente.

Hubo un incendio en la residencia de estudiantes y al trepar desde mi ventana del segundo piso resbalé, caí y sufrí una conmoción cerebral. Afortunadamente, un joven del vecindario que pasaba por allí me vio en problemas, así que me llevó a su casa y me ha cuidado con mucho cariño. Los doctores dicen que he sufrido daños permanentes.

Mi benefactor ha resultado ser una de las personas más amables y cariñosas que he conocido. Pertenece a una familia maravillosa, y les alegrará saber que planeamos casarnos en un futuro muy próximo. Ustedes siempre quisieron nietos, así que les alegrará saber que en cuestión de meses anunciaremos su llegada. La ecografía revela que será niño, y todo transcurre según lo esperado. Les mantendré informados de todo.

Su hija que los quiere,
Sally

P.S.: La verdad es que no hubo ningún incendio en la residencia; no sufrí una conmoción cerebral; no estoy viviendo con ningún hombre; y no van a tener un nieto. Pero obtuve un par de suspensos en mi último boletín de calificaciones y quería que lo vieran desde la perspectiva adecuada.

DOS CARAS DE LA MISMA MONEDA

Verse alejado de las actividades rutinarias de la vida cotidiana; comer en restaurantes donde te preparan la comida recogen los platos por ti; dormir en hoteles donde *te* hacen la cama en lugar de tenerla que hacer *tú*; ver lugares históricos y caminar por donde lo hicieron hombres y mujeres que dieron forma a nuestro mundo; volar en avión; viajar en lujosos trenes, o conducir por parajes cuyas vistas sólo se ven en postales; sí, los apasionantes beneficios de la vida del viajero son muy gráficos en la imaginación de muchos.

Por desgracia, la vida del viajante de comercio se contempla desde una perspectiva totalmente distinta. Cargar con las actividades mundanas de nuestra vida rutinaria cuando estamos en la carretera; comer «palitos de pollo» es siempre lo mismo, los comas en un restaurante o en otro, e independientemente de quien recoja los platos; dormir en hoteles y leer libros a la luz de lámparas atornilladas a la mesita de noche mientras te preguntas *si* habrán cambiado las sábanas tras la salida del último huésped; ver lugares históricos como si pulsaras el botón de «avance rápido» en la pantalla del video de tu mente mientras te sacan a empujones del aeropuerto hasta llegar al lugar o a la oficina donde tienes una reunión; ver la cara de otra azafata, chófer o empleado de la oficina de alquileres de coches, para poder orientarte correctamente y no equivocarte con esos indicadores de calles que parecen hechos para confundir. Sí, los ojos del viajante de comercio contemplan escenas distintas a las que ve quien viaja por placer.

EL «SOSTÉN DE LA FAMILIA» SE PONE EN CAMINO

Desde que el ser humano tiene constancia siempre han existido la confusión y las ideas falsas acerca de lo que ocurre cuando el «sostén de la familia» se ausenta de casa durante un largo periodo de tiempo. La persona que se «queda atrás» suele sentirse «privada» de la diversión y la emoción. Y aunque a algunos el rigor de la carretera les da energía, la abrumadora mayoría de los viajantes de comercio se sienten como el héroe de la siguiente historia.

UN VIAJANTE, MUCHAS PERSPECTIVAS

Cuando Chris se acercó al mostrador, el dueño de la tienda reconoció a su viajante de comercio favorito.

—Chris, ¿cómo estás? —dijo levantando la voz.

—Estupendamente, Sr. O'Connor, ¿y usted? —contestó Chris.

—Bien, sencillamente bien. Probablemente también me sentiría estupendamente si estuviera volviendo de Las Vegas.

—Bueno, Sr. O'Connor, ya sabe que estuve en una convención de venta allí, y además, tuve que irme un día antes a Chicago para visitar a uno de nuestros mejores clientes.

—Chris —prosiguió O'Connor, ignorando los esfuerzos de Chris por quitar importancia a los viajes a Las Vegas y Chicago—, he oído que Las Vegas es una ciudad espectacular. Quizá algún día pueda ir a ver todas esas «luces brillantes».

—He de admitir que en ninguno de mis viajes he visto nada parecido. El juego dura toda la noche, y los espectáculos son realmente extravagantes. Los vestidos, la música, la diversión, ¡resulta fácil entender por qué dicen que Las Vegas es la ciudad que nunca duerme!

El señor O'Connor se rió.

—Sí, y he oído que la ciudad del viento tampoco está nada mal. ¿Con quién se vio en Chicago?

—Con la compradora de Sears. Me costó más llegar a ella que a usted, Sr. O'Connor. Tuve que tomar un ascensor presurizado hasta el piso 98 de la torre Sears.

—¡Noventa y ocho pisos! —exclamó el señor O'Connor—. ¡Debe ser el edificio más alto del mundo!

—En realidad —respondió Chris—, la torre Sears tiene 110 pisos. La última vez que estuve allí, el cliente me dijo que en ese edificio trabajaban 12,000 personas.

La mirada del señor O'Connor se veía «ausente, nostálgica» cuando dijo:

—Chris, tienes mucha suerte de poder estar en esos sitios maravillosos. Yo soy esclavo de esta tienda de doce a catorce horas cada día del año. Incluso los días que no abrimos hay que ocuparse del papeleo o de reponer las estanterías. A veces pienso que nunca me libraré de esto.

Chris no quería destrozar la burbuja del señor O'Connor diciéndole «la verdad y nada más que la verdad», de modo que, en lugar de robarle más tiempo a la reunión de venta, nuestro vendedor profesional empezó la presentación.

—Sí, esas ciudades son maravillosas, nunca hay un momento de aburrimiento. Por cierto, tengo un gran producto del que quiero hablarle, pero antes de eso, cuénteme cómo van las ventas de los suministros que le entregamos después de mi visita anterior.

No sólo clientes

Esta no fue la primera vez que Chris se encontró con ideas erróneas acerca del «glamour en la carretera». Cuando llegó a casa descubrió que su esposa, aunque obviamente estaba contenta de verle, también tenía algunas preguntas.

—Bienvenido a casa, cariño. ¿Cómo te ha ido la semana?

—Pat —respondió Chris—, ¡no te lo vas a creer! ¡Deberías ver Caesar's Palace! ¡De noche, las luces son increíbles! Y la exhibición de caballos árabes de Wayne Newton, ¡qué animales tan bellos! El presentador de los sistemas de entrenamiento Ziglar fue lo más destacado de la convención de ventas. La mejor noticia de todas es que cerré la venta de Sears el viernes,... y a menos que la compañía les haga una cuenta... ¡vamos a ganar importantes comisiones! —y, casi como un pensamiento perdido, Chris añadió—: ¿Qué tal te ha ido a ti la semana?

—Tu madre llamó —prosiguió Pat— y parecía deprimida. Me preguntó tres veces cuándo iremos a visitarla. Todo el mundo preguntó por ti en la iglesia el miércoles por la noche, pero tuvimos que irnos pronto porque Kelly estaba muy inquieta. Chris, ¿crees que podríamos ir a Las Vegas juntos si consigues el cheque de la comisión por la venta de Sears? Un fin de semana largo podría venirnos muy bien a ambos.

—Por supuesto, Pat —contestó Chris, mirando el correo de la semana—. ¿Ha llamado tu hermano para ir al cine mañana por la noche?

Viajar juntos

El siguiente viaje se hace en pareja. A su vuelta, los vecinos quieren saberlo todo sobre el fantástico viaje.

—Chris, Pat, ¡qué bueno tenerlos de vuelta! ¿Cómo fueron esas vacaciones? En Denver, ¿no? ¡Cuánto me gustan esas montañas!

—Bueno —comenzó a decir Pat—, en realidad no han sido unas vacaciones. La reunión de venta de Chris se hizo conjuntamente con una convención nacional de comercio, y yo estuve ayudando. Acabamos trabajando unas 18 horas diarias.

—¿Todo trabajo y nada de descanso?

—Si consideras descanso un viaje en canoa y una comida al aire libre en once días —agregó Chris—, entonces sí que tuvimos descanso. Lo pasamos muy bien, pero francamente, no vimos mucho de Colorado. El viaje fue un cambio de ritmo, pero ¡estoy exhausto! ¡Voy a necesitar unas vacaciones para recuperarme de estas vacaciones!

LA VERDAD ACERCA DE VIAJAR

El comercial de hoy es consciente de que el glamour de viajar se va perdiendo (por no decir que desaparece) después de unos pocos viajes, ¡y lo que queda es mucho trabajo duro a la antigua usanza! Pero tampoco quiero pintar un cuadro totalmente negativo para el viajante de comercio. Con la perspectiva adecuada podemos convertir esta situación, potencialmente negativa, en algo positivo.

De hecho, ¿por qué no aprender de nuestra propia «medicina» y usar el método Ben Franklin (el método del gran hombre de estado) que hemos visto con anterioridad para que nos ayude a examinar el tema de viajar? Recuerda que dividimos la hoja en dos partes, de arriba abajo, y anotamos las cosas positivas en el lado izquierdo y las negativas en el derecho.

VARIEDAD

Los nuevos vendedores y los veteranos que entrevistamos para *Zig Ziglar Ventas* contestaron que lo que más les gusta de la profesión de las ventas es la variedad de experiencias. «No hay dos días iguales». «Cada día es un nuevo desafío con algo nuevo que aprender». «Desde luego, ¡no es nada aburrido!» Sencillamente, en muchos trabajos no siempre se puede tener esta variedad (y, en puestos de venta que no requieren viajar, es imposible). Pongamos «variedad» en la columna positiva.

VENTAJA COMPETITIVA

El vendedor profesional que aprende a viajar con regularidad y con éxito, representa a la compañía de forma adecuada y mantiene una vida familiar equilibrada, tiene una ventaja competitiva en el mercado laboral. La persona que funciona bien en estas áreas se revaloriza dentro de la organización y conseguirá tener una reputación positiva en su sector particular y en la profesión de la venta en general. Esta ventaja competitiva permite que tu empresa te pague más (de lo contrario lo hará la competencia). Ya que sueles ser la única persona de la empresa que el cliente ve, ¡tú eres la empresa! La dirección de empresas estables reconoce tu importancia, y esto incrementa tu compensación y tu seguridad laboral.

Anotemos «ventaja competitiva» en la columna positiva.

Oportunidades educativas

El tiempo que empleas en viajar en coche o en avión te ofrece mucho tiempo para escuchar y leer, cosas que no puedes hacer en una oficina. Algunos viajantes de comercio me han escrito para decirme que han conseguido diplomaturas y licenciaturas, han adquirido habilidades de planificación financiera, aprendido idiomas, vocabulario y muchos otros conceptos. Algunos se convierten en expertos de su sector. Otros lo hacen en áreas sin relación aparente que amplían su base y hacen de ellos mejores personas, amigos, padres y, en último lugar, empleados. Cuando aprovechas las oportunidades de educación, el tiempo que pasas fuera del hogar se convierte en una situación en la que todos salen ganando, ya que la compañía, el empleado y la familia disfrutan de los beneficios y las recompensas.

Otro aspecto positivo para anotar en el gráfico del gran hombre de estado.

Enriquecimiento cultural

Cuando los viajes de trabajo te llevan a lugares de interés cultural, puedes ampliar tu base cultural y enriquecer tu vida personal y familiar. Además, ese enriquecimiento cultural te da más valor a los ojos de tu empresa. Los gastos se minimizan porque los gastos de viaje y hotel no corren de tu cuenta y, con una pequeña planificación, puedes aprovechar oportunidades que de otro modo no se te presentarían nunca.

¿Quién habría imaginado que un niño de Yazoo City, Mississippi, crecería para subir a una colina y contemplar el lugar en el que se unen el verde del Océano Índico y el azul del Pacífico; que compartiría el estrado y podría conversar con el presidente actual, los antiguos presidentes y los futuros presidentes; que pronunciaría las palabras de presentación en la Convención Internacional Jaycees en Suecia (sólo dejaron que el rey de Suecia les diera la bienvenida la noche anterior); que iría a lomos de un avestruz en las lejanas tierras de Sudáfrica; que saldría a correr al parque que está frente al palacio Buckingham o en Australia, tierra de koalas y canguros; y que podría compartir todas estas oportunidades culturales con su familia? La lista de cosas «positivas» va creciendo.

Habilidades sociales

Viajar te obliga sin duda a usar diariamente las habilidades sociales que probablemente estarían aletargadas en el entorno de la oficina. Presentar gente, cumplir con el protocolo en las comidas, recordar nombres, elegir regalos, enviar notas de agradecimiento, mantener conversaciones apropiadas y confiar en otras muchas habilidades, es una obligación para el viajante de comercio.

Las habilidades sociales que aprendes y practicas se convierten en un estilo de vida que te permite actuar y sentirte cómodo a un nivel superior del que la mayoría de las personas experimentarán jamás.

Forma física

Demasiados amigos vendedores usan la carretera como excusa para justificar su pobre forma física, en lugar de que sea una razón para el éxito en esta área fundamental. Durante años he planificado un tiempo para andar antes de mis compromisos en conferencias y seminarios. Eso me da fuerza y estimula mi pensamiento, pero también es un tiempo que me permite centrarme en la presentación y en las personas que asistirán a ella. Además, mi sistema se llena de endorfinas, esa sustancia química natural que produce nuestro cuerpo y que incrementa la energía y la creatividad a la vez que alivia el dolor y la ansiedad. Francamente, la *planificación* de ejercicio físico que hagas cuando estés de viaje probablemente sufrirá menos interrupciones que cuando te encuentres en casa. El problema es que la mayoría de la gente no se plantea hacer ejercicio cuando está de viaje.

Algunos viajantes piensan que es difícil, por no decir imposible, mantener un peso corporal estable cuando se viaja. Esto es una mentira para la mente que el cuerpo acepta. La verdad es que hay menos posibilidades de que vayas a la nevera a picar algo cuando viajas que cuando estás en casa. Elegir el menú cuidadosamente en los restaurantes resulta más fácil en la actualidad (la mayoría ofrece menús para «un corazón saludable» bajos en grasa, colesterol y calorías). Las cafeterías permiten que pidas una gran cantidad de verduras y de «todo lo bueno» que necesitas para seguir adelante. La mayoría de las aerolíneas ofrecen menús especiales sin cargo adicional. Viajar te puede ofrecer incluso más oportunidades de romper con esos hábitos alimenticios pobres que has desarrollado en casa. Otra anotación positiva en la lista.

Este aspecto es tan importante que he dedicado más espacio en el capítulo 16 al tema de la forma física del comercial. Es posible que muchos de nuestros colegas vendedores que no tienen que viajar no presten tanta atención como tú a este capítulo, pero lo cierto es que todos nosotros necesitamos el mensaje de la buena forma física.

SOLEDAD

Hace mucho tiempo que los grandes vendedores (como otras personas de éxito en todas las áreas de la vida) vienen alabando las virtudes de la soledad. Viajar te brinda la oportunidad de controlar tu «tiempo de paz» y pasar tiempo en soledad y contemplación.

Quince minutos de soledad dos veces al día, pueden ayudarte de forma sorprendente a la hora de tratar los asuntos y a las personas. La soledad conduce a la paz interior que, a su vez, lleva a mejorar la calidad del sueño, y con el descanso adecuado, las ventas se dispararán.

TIEMPO CREATIVO

El tiempo para pensar o para la creatividad es distinto de la soledad. Por lo general, en tu tiempo de paz no habrá agenda; en el tiempo creativo te centrarás en un cliente, en una situación, un entorno o una preocupación específica.

El tiempo creativo se pasará a solas y también con clientes y posibles clientes. Cuando las personas creativas interactúan sobre un negocio, producto o idea de *marketing*, ¡saltan las chispas! Estas chispas creativas pueden generar un incendio forestal de ideas innovadoras. Uno de los principales beneficios para el viajante de comercio es este intercambio creativo.

No temas compartir ideas que puedan ayudar a que tus clientes tengan más éxito. Una actitud positiva y un sentido de la expectación sacarán buenas ideas de ti. Los profesionales de venta que están alerta verán que muchas de las mejores soluciones a sus problemas situacionales de venta les llegan a través de otros como resultado de una interacción. Estas son «buenas noticias» y significa que tú no tienes por qué tener todas las respuestas.

Ser la misma persona

Hasta aquí nos hemos centrado en los puntos que van en la columna positiva del diagrama. Sin embargo, existen algunas áreas de peligro. La primera de ellas es ser la misma persona cuando estás en la carretera y cuando estás en casa. Tener múltiples personalidades puede llegar a ser muy peligroso. Obviamente no estoy hablando del doctor Jekyll y el señor Hyde, sino sencillamente de llevar un estilo de vida distinto al que tenemos en casa.

Hace algunos años, una serie popular de televisión se llamaba *I Led Three Lives* [Llevé tres vidas]. El personaje principal era un agente del FBI, un espía de la KGB (Agencia del Servicio de Inteligencia y del Partido Comunista) y el típico ciudadano estadounidense de clase media. La serie ganaba dramatismo a través de los guiones que hacían que la estrella viviera constantemente a punto de que uno o más de los que intentaba engañar la descubrieran. ¡La verdad es que, en la vida real, nadie puede sentirse cómodo y tener éxito viviendo de ese modo!

Los viajantes de comercio caen con frecuencia en la trampa de interpretar varios papeles en una función que se desarrolla cada semana: el hombre de familia tradicional, pilar de la comunidad, los fines de semana; el «juerguista cordial y amistoso» en la carretera; y el buen soldado distinguido en el ejército de la compañía, creativo y expresándose con claridad en los cuarteles generales durante las reuniones de venta.

Estar en una ciudad distinta, donde poca gente te conoce, te permite tener una cierta libertad, pero *tú* te conoces a ti mismo, y *tienes* que ser capaz de vivir contigo mismo. William Shakespeare dijo: «Sé fiel a ti mismo». Y a eso debo añadir que tener un pequeño papel en una película de serie *B* el resto de tu vida sería como tener una sentencia de cárcel. Obviamente (espero), me estoy refiriendo a cualquier conducta que pudiera poner en peligro la relación con tu empresa o con tu familia si te descubren. Mi mentor, el ejecutivo jubilado Fred Smith, dice que los grandes fracasos son fallos de *carácter*. Estoy de acuerdo.

Detente antes de empezar. Si has comenzado a vivir así, deja de hacerlo de inmediato. Recuerda que tendrás éxito cuando hagas lo que te gusta hacer, aquello que te haga sentir a gusto y que te permita crecer en lo personal y en lo profesional.

Durante un tiempo, las personas crecen en todas las facetas de su vida. Este es un fenómeno maravilloso porque puedes ser hoy más de lo que fuiste ayer, pero no todo lo que puedes llegar a ser mañana. Mi argumento es el siguiente: sé la mejor versión de *ti* mismo que puedas ser, pero asegúrate de ser *tú*. Después de dos años de serio asesoramiento, una buena amiga mía dijo que lo mejor que había aprendido era a confiar en sus propios instintos. ¡Ve y haz tú lo mismo!

UN DESAFÍO ESPECIAL

La parte del día que constituye un desafío más grande para el viajante de comercio es sin duda la noche, cuando ya has cumplido con todas las obligaciones de tu trabajo y te ves frente a una serie de elecciones para invertir ese tiempo libre. Muchos hoteles y moteles ofrecen una «hora feliz», y cada vez son más los que ofrecen bebida gratis incluida en el precio de la habitación. De este modo se han destruido muchos matrimonios y muchas carreras han sufrido serias dificultades, llegando en muchos casos a naufragar.

Te voy a sugerir firmemente que tomes una decisión previa para que puedas ocuparte de este desafío en particular en la forma adecuada. Si estás casado, tienes un evidente y fuerte compromiso moral que querrás respetar. Ir a beber a un bar con solteros es llevar la tentación a un límite que muchos hombres y mujeres no son capaces de resistir. Aquí es donde la disciplina, el compromiso y la responsabilidad luchan contra la imaginación y la emoción. La única forma de ganar la batalla es haber decidido con antelación lo que vas a hacer con tu noche.

En esta sociedad «progresista» donde el «todo vale» parece ser una forma de vida, hay muchos que sonríen y hacen un guiño a la infidelidad con la vieja actitud de «todo el mundo lo hace», como si éste fuera el planteamiento correcto de la vida. En primer lugar, no todo el mundo deja que la tentación llegue al punto de convertirles en víctimas de la imaginación y la emoción. Muchos viajantes demuestran valentía y determinación al *planificar de antemano*. Pueden decirte exactamente cómo emplearán su tiempo en la carretera y, al tenerlo todo tan cuidadosamente planificado, sencillamente no tienen tiempo para exponerse a una situación de la que se arrepentirían en un futuro.

En segundo lugar, el precio de la estupidez es enorme. Sí, ya sé que suena duro, pero cuando se analiza el impacto de ceder a la tentación en la familia y en la carrera, la conclusión es que la indiscreción es estúpida.

El síndrome del teleadicto

Me alojé en un hotel de Houston, Texas, donde tenía un compromiso para dar una conferencia. Para mi sorpresa y disgusto el recepcionista me dio una nota con la llave. La nota decía: «Cuidado con la gente amable en la entrada del hotel y en los ascensores. Un delincuente ha estado circulando por los hoteles del área de Houston mostrándose muy amable para aprovecharse de los huéspedes. Entrará en el ascensor con usted y le dirá: "¿No le conozco de algo?". Esperará a que usted pulse el botón y dirá que va a la misma planta que usted. Mientras va conversando con usted, le seguirá hasta su habitación y acabará robándole.

»Si alguien toca a su puerta y le pide cambio para la máquina expendedora, o una guía de teléfono porque le falta la suya, no abra».

Hace ya muchos años que proliferan los timadores y delincuentes, y los viajantes de comercio tienen que extremar las precauciones en la carretera. Pero el mayor ladrón no es el timador o la persona que lleva una pistola; el mayor ladrón es la televisión.

No me malinterpretes. Yo creo que la televisión puede ser una gran herramienta para la educación y el relax. Pero también reconozco la fuerte hipnosis que genera ese poderoso medio. Todos nos hemos sobrepasado con la televisión, embelesándonos con cualquier cosa «absurda» y media hora o una hora y media después hemos vuelto a la realidad preguntándonos: «¿Cómo ha pasado todo este tiempo?» Los anunciantes están insistiendo mucho en las películas (especialmente las de adultos) que se pueden ver en la habitación y nos roban algo más que tiempo. Varios socios y hombres de negocios me han dicho que les resulta muy difícil dejar de ver las películas de adultos que se emiten de madrugada. Un hombre llegó a temer ser adicto a la pornografía y sentía que esa dependencia se había creado a raíz de las películas que veía cuando viajaba.

La felicidad viene del interior

Mi difunto amigo Cavett Robert decía: «El carácter es la habilidad de llevar a cabo una resolución mucho después de que la euforia del momento haya pasado». Te reto a que no enciendas la televisión hasta que consultes la guía de programación y decidas de antemano lo que quieres ver. Si asignas una determinada cantidad de tiempo para ver un programa específico, encendiendo y apagando el aparato en el momento adecuado, harás que la televisión trabaje para ti y no lo contrario. ¿Tomarás esa resolución ahora? ¿Serás una persona de carácter y mantendrás el compromiso contigo mismo? Creo que lo harás, ¡y te sentirás enormemente contento con los resultados!

La lista nocturna del viajero

Entonces, ¿en qué emplearás esas noches? La respuesta es razonable y simple. Puedes hacer muchas cosas realmente productivas. Primero y principal, debes prestar atención a tus necesidades físicas. Eso puede significar una cena tranquila seguida de un enérgico paseo, jogging o hacer un poco de ejercicio. Tendrás el resto de la noche libre para continuar el proceso de cortejo con tu pareja que se quedó en casa. Una llamada telefónica nunca viene mal, y seguro que tu pareja se alegrará de recibir un bonito y simpático correo electrónico contándole lo que has hecho durante el día. Esto centra tu mente en la persona que amas, en el compromiso que tienes con ella, y ayudará a que el tiempo pase más rápido.

Segundo, puedes gestionar todo el papeleo necesario de las actividades del día de forma que, cuando llegues a casa para pasar el fin de semana, no tengas responsabilidades de trabajo y puedas dedicar tu tiempo, tu energía y tu atención a la familia.

Tercero, tienes el área de crecimiento personal. Puedes leer buenos libros o revistas, o escuchar grabaciones de audio. Quizá haya algún socio tuyo del mismo sexo en la ciudad y puedas visitarle para realizar una sesión de formación, o de exposición de ideas (lluvia de ideas), o de venta el uno con el otro, para estar mejor preparado para el día siguiente.

Después puedes irte a la cama temprano para disfrutar de un buen sueño nocturno, que es una excelente preparación para las actividades del día siguiente.

Felicidad contra placer

Existe una diferencia considerable entre placer y felicidad. El placer es muy temporal, mientras que la felicidad es más duradera. Siguiendo los procedimientos que te recomiendo asegurarás la estabilidad de tu matrimonio, la felicidad de tu hogar y la progresión de tu carrera. Cuando llegues a casa para pasar el fin de semana, tu familia estará eufórica de verte, y la semana de soledad en la carretera te hará sentir que lo más importante para ti es el deleite y la felicidad de estar con tu pareja. Te sentirás mucho mejor contigo mismo si la semana ha sido productiva. Podrás mirar a tu pareja y a tus hijos a la cara, y estarás dispuesto a dedicarles todo tu tiempo, tu energía y tu atención. Los beneficios son enormes.

MORDER Y MASTICAR

Otro peligro para los vendedores profesionales enérgicos es la tendencia a querer «hacerlo todo». Se imponen objetivos irreales en cuanto al número de llamadas, porcentajes de cierre y ganancias, mordiendo más de lo que nadie podría masticar. Aunque creo firmemente que hay que marcarse objetivos que impulsen a un rendimiento máximo, algunas personas provocan su propio fracaso.

El vendedor cuya presentación dura unos cuarenta y cinco minutos y se fija el objetivo de hacer diez presentaciones al día, de ocho de la mañana a seis de la tarde no está pensando de forma coherente. No ha considerado el tiempo que va a perder en los desplazamientos, en la comida y en el papeleo. Sobre el papel, parece que puede haber tiempo para hacerlo, pero un objetivo de entre seis y ocho presentaciones es bastante más realista.

Sacar el máximo rendimiento de nuestras horas es un tema que merece consideración. En el capítulo 15 veremos más a fondo la diferencia entre efectividad y eficiencia. Con respecto al tema que estamos tratando, sólo quiero decir que intentarás estirarte como una banda elástica porque igual que ella, una vez estirada ya no vuelve a su tamaño ni a su forma original, tú también puedes crecer más si te estiras. Sin embargo, algunas acaban rompiéndose. Para evitar que esto te ocurra a ti, comienza con objetivos realistas que se puedan cumplir y ve incrementándolos de forma gradual y regular. No te propongas batir el récord mundial el primer día; establece más bien un récord personal. Si consigues suficientes récords personales podrás llegar a pensar en desafiar el récord mundial.

COMUNICACIÓN

Vivimos en una época de aparatos de fax, teléfonos móviles, correo por voz, correo electrónico y otros muchos medios de comunicación instantánea. La radio de muñeca de Dick Tracy es una realidad, con la única diferencia de que es un teléfono en lugar de una radio de onda corta. Independientemente de la tecnología, el producto nunca será mejor que su usuario.

Por experiencia digo que viajar puede mejorar realmente las comunicaciones. En la carretera no se pueden dar por sentadas las oportunidades de comunicación como se hace en la oficina. El tiempo que se pasa viajando permite escribir y leer notas, y contestar los correos de voz y electrónicos.

La comunicación con la familia es particularmente importante. Cuando viajo llamo a casa *cada* noche. Sí, puede resultar caro. Sí, llamo para hablar con la Pelirroja. Y sí, hablo con otros familiares si están en mi casa de visita. Sí, las conversaciones pueden ser redundantes, pero siguen informando y siendo apasionantes. No, no me quedo al teléfono largos periodos de tiempo. Al principio de mi carrera no llamaba en el horario punta, pero en estos días mi teléfono móvil me permite llamar a la Pelirroja en cualquier momento que sienta el impulso, y esto significa a veces tres llamadas al día.

La clave es esta: durante quince minutos o más cada noche de las que estoy fuera, presto toda la atención a mi mujer. Se eliminan las distracciones por completo. Como mercader de palabras profesional y pintor de cuadros, no deberías permitirte no utilizar tus habilidades con tus seres queridos. Entrégate a ellos y a tu amor por ellos, y luego escribe «comunicación» en la columna positiva del gráfico de nuestro gran hombre de estado.

SEPARACIÓN

Una de las peores partes de viajar es el momento de marchar. Si te has visto implicado alguna vez en escenas de lágrimas con un «Papi, no te vayas» o un «Mami, ¿puedes quedarte hoy conmigo en casa?», sabrás lo mal que se pasa a la hora de marchar. ¿Y por qué siempre parece que las mayores discusiones con tu cónyuge ocurren durante los quince minutos anteriores a tu partida? De vez en cuando, todos hemos sufrido el dolor asociado a la «partida» o a abandonar la casa para salir de viaje.

Como en tantas áreas de nuestras vidas, la clave para el éxito de la partida es la *preparación*. Deja un itinerario completo con direcciones y números de teléfono a cada familiar. Determina de antemano cómo se van a manejar las emergencias. Deja que los niños sepan lo esencial: cuándo, dónde, por cuánto tiempo, con quién, por qué. Mi amiga, socia, y conferenciante Mamie McCullough (la dama del programa «I Can») tiene un «calendario de viajes» en la puerta de su nevera. Señala con un color los días que va a estar en casa y de otro color los días que va a estar fuera. Sus hijos tenían un cuadro visual del calendario de su madre incluso antes de saber leer.

Otro amigo juega con sus hijos a un juego de geografía. Tiene un inmenso mapa de los Estados Unidos en su oficina de casa y, antes de un viaje, se sienta con sus hijos y señalan su itinerario con alfileres de colores. Cuando llama a casa durante la semana, hablan desde donde los niños puedan ver el mapa y saber dónde está su padre. (Esto tiene las ventajas adicionales de enseñarles habilidades comunicativas y geografía).

Pasar media hora con la familia varios días antes de partir, es un tiempo bien invertido. Repasa con ellos tu itinerario, las personas que vas a ver, algunas de las cosas buenas que van a pasar mientras no estés y alguna de las preguntas que vas a hacer cuando llames a casa. («Quiero saber lo mejor que les pase cada día que yo esté fuera, así que piénselo antes de que llame»).

Para aquellos que viajan y tienen hijos pequeños, les animo a que graben historias, expresiones de su amor y recordatorios para sus hijos de cosas que hacen y de las cuales ustedes se sientes orgullosos. Sin embargo, cuidado con una cosa. No intentes planificar la vida de tus hijos mientras estés fuera de la ciudad. Estos mensajes tienen que ser cálidos, llenos de amor, de aliento y de apoyo. Harías bien en comprar libros infantiles o tomarlos de la biblioteca y grabar una historia por cada día que estés fuera. Así, cada noche, tu pareja puede ponerles esas historias a los niños, que disfrutarán de ellas y de escuchar tu voz, sabiendo que te acuerdas de ellos.

DESCOMPRESIÓN

Hay veces que volver a casa es más difícil que marcharse. La «carretera» tiene su propio ritmo y no tiene nada que ver con el «flujo» de actividad en el hogar.

Igual que un meteorito lanzado hacia la tierra, nuestro vendedor viajante se acerca a una colisión más dura de lo que cabría esperar. ¿Pregunta primero el viajante al que no ha viajado cómo le ha ido la semana o debe compartir la información sobre su viaje? ¿Inicias tú la conversación o respondes?

Una pareja que reconoció que las primeras dos horas después de que el cónyuge viajero volviera a casa eran un periodo de peligro, encontró una solución. Después de un saludo breve, cortés y afectuoso, el viajante iría a la habitación de la pareja y fuera la hora que fuera, se daría una ducha larga y refrescante. Durante este tiempo de relajación, llenaría su mente deliberadamente de pensamientos positivos sobre su pareja y su casa mientras considerara las partes del viaje que revisaría con su pareja, que habría tenido la suficiente paciencia de esperar todo ese tiempo.

El que no viajara se sentaría tranquilo, escucharía música instrumental suave y se centraría en los mismos temas: pensamientos positivos sobre su pareja, su hogar y el repaso de la semana. Se alternaban a la hora de quién debía empezar a compartir, y después de seis meses la «peor» discusión que tuvieron (y realmente no fue una discusión) iba... ¡sobre quién de los dos iría primero!

Otra vendedora itinerante que conozco usa el viaje desde el aeropuerto como cámara de «descompresión». Ella planificó una ruta desde el aeropuerto que la lleva por un entorno rural con árboles, arroyos y patos. Durante este tiempo, escucha cintas de olas marinas o lluvia. El trayecto dura apenas diez minutos más que la ruta más directa hasta su casa y, visto el efecto relajante que tiene en su espíritu, ella piensa que merecería la pena tardar media hora más en llegar.

La clave principal es la relajación y la comprensión del peligro potencial. Si tú y tu cónyuge y tus hijos, que no viajan, hablan de este peligro *antes de que te marches* y exponen ideas para la «descompresión», verás que tu regreso a casa puede ser un acontecimiento importante y positivo en lugar de una prueba dolorosa.

Con todo esto quiero decir que, cuando vuelves a casa, deberías llegar a un acuerdo con tu pareja para hablar primero de los aspectos positivos y agradables de lo que te ha pasado a ti y a la familia durante tu ausencia. A lo largo de un periodo de tiempo, este planteamiento establecerá en la mente de cada miembro de la familia la idea de que será divertido tener al viajero de nuevo en casa. *Nota muy importante*: una vez completado el agradable regreso y cuando las cosas han recuperado la sensación de normalidad (no antes de la cena), los «desafíos» y preguntas sobre el tiempo que se ha estado fuera tienen que asumirse con calma y con tranquilidad.

Estoy convencido de que planificando y siguiendo estos procedimientos enriquecerás tu vida personal y familiar, harás progresos y prolongarás tu carrera y mejorarás tu matrimonio y tu propia vida.

EL PLACER DE VIAJAR

Con la perspectiva adecuada, podemos convertir los viajes de negocios en un verdadero placer. La forma en la que nos sintamos depende mucho de cómo percibamos nuestras circunstancias. Mirando el gráfico, veremos que las cosas positivas sobrepasan las negativas para el viajante de comercio. Variedad, ventaja competitiva, oportunidades educativas, enriquecimiento cultural, habilidades sociales, forma física, soledad y tiempo creativo son todas muy buenas razones para considerar los viajes de negocios como una parte positiva de tu vida.

CUIDADO

Una vez conscientes de los peligros potenciales a los que nos enfrentamos, podemos planificar, estar preparados y *esperar* ganar en nuestros viajes. Ser consecuentes con nuestra personalidad en casa preguntándonos «¿Haría esto en casa?», nos ayudará a ser la misma persona en casa y fuera de ella.

Casi todo el mundo sabe que «una planificación previa adecuada evita un rendimiento pobre» y, mediante la planificación, aprendemos a no morder más de lo que podemos masticar y a comunicarnos con las personas adecuadas en el momento apropiado.

Planificar también nos ayuda en el momento de la «partida» y la «descompresión» (salir al mundo de ahí fuera y volver a casa) para que esos momentos difíciles se puedan manejar de forma que creen armonía en lugar de causar estragos.

UN PENSAMIENTO
FINAL (E IMPORTANTE)
ACERCA DE VIAJAR

Durante muchos años compartí en mis presentaciones la historia de un viajante de comercio que pensaba constantemente en su familia cuando estaba fuera, y cuando estaba en casa pensaba en su trabajo. Yo representaba este concepto diciendo: «Cuando estaba en el campo de trabajo, su mente estaba en casa (y corría a un lado del escenario). Cuando estaba en casa, su mente estaba en el campo de trabajo (volvía corriendo al otro lado). Él decía a sus amigos, vecinos, clientes, familia y a cualquiera que le escuchara que nunca tenía tiempo para hacer lo que deseaba realmente. ¡Como lo iba a tener, si estaba siempre viajando!»

Debido a mis carreras de un lado al otro del escenario, y por habernos sentido todos así alguna vez, la audiencia se reía mucho y, lo más importante, aprendía la lección. Aun a riesgo de parecerte un *pseudoterapeuta*, te animo a «estar en el momento». Cuando estés en casa, *¡está allí!* Cuando estés viajando, haz un buen trabajo, utiliza cada momento libre para hacer todo lo necesario para que, cuando llegues a casa, puedas *estar allí*. Céntrate en la tarea por hacer. Presta toda tu atención a tu pareja, hijos y amigos cuando estés en casa. No puedes pensar en hacer una llamada de venta sin planificar antes lo que va a pasar. ¿Pensarías en pasar un día especial con tu familia sin planificarlo? No estoy diciendo que tengas que llenar cada día con excursiones, acontecimientos importantes o sucesos extraordinarios. Puedes planificar algo tan simple como una conversación. Puedes proponerte pasar cierto tiempo a solas con cada miembro de la familia. Puedes planificar simplemente estar disponible para ellos cuando te necesiten (ten cuidado con esto, no lo utilices como excusa para no planificar).

> *Cuando estés en casa, ¡está allí!*

Esto es lo que quiero decir. Un poeta dijo: «La vida es lo que pasa mientras tú estás ocupado haciendo otros planes». La vida es demasiado frágil y corta para que nos perdamos un solo momento de ella. Debemos detenernos y oler las flores, y no estoy hablando de una planificación rígida que obligue a los demás a hacer lo que no quieren. ¡Aprovecha el momento! Vive cada hora de cada día como si fuera la última porque algún día tu última hora llegará. ¿Ha sido buena tu última hora? ¿Has aprovechado cada momento? ¿Qué me dices de esta hora en la que te encuentras ahora?

Vive cada día al máximo, estés donde estés, y vive con un propósito, con pasión y con persistencia.

CAPÍTULO CATORCE

EL EXITOSO SISTEMA DE SOPORTE DE VENTAS

Cómo pueden reforzar tu carrera la oficina y la familia

En las entradas de las aduanas de Toronto, Ontario, un pequeño cartel identifica «las tres lenguas oficiales de Canadá». Debajo dice, «la elección es suya. ¡El placer de servirle es nuestro!» Eso es vender.

CONSTRUYENDO UNA CARRERA

Para construir una carrera en el mundo de la venta, necesitarás el apoyo y la cooperación de muchas personas. Empecemos por los miembros del equipo de la compañía: el departamento de contabilidad, el departamento de facturación, el departamento de envíos y, quizá, el departamento de relaciones públicas. Aunque en la mayoría de los casos se recibe el pedido, se procesa, se envía y se entrega sin problemas, retrasos o defectos, también existen esas ocasiones en las que todo parece salir mal. Esto ocurre cuando se requiere algún grado de personalización en el proceso.

Cuando algo sale mal, quizá no tenga nada que ver contigo, que sólo eres el vendedor. Sin embargo, siendo como es la naturaleza humana, como tú fuiste quien persuadió al posible cliente para que actuara e hiciera el pedido, puedes estar seguro de que la persona te hará responsable a ti. Sea culpa tuya o no, si algo ocurre y se pierde la venta, tu comisión, bono, salario, empleo o carrera se verán afectados por esa transacción. Por ese motivo, el vendedor que piensa en su carrera prestará una especial atención a los fallos que pueda haber en el sistema con respecto a la operación. Un cliente insatisfecho comentará su problema a mucha más gente que uno satisfecho, que apenas hablará de la forma tan estupenda en la que has llevado su cuenta de cliente. Esto suele ser así cuando alguien trata al cliente de forma grosera durante el proceso.

EL MUNDO REAL

Cuando tuve el privilegio de visitar el centro de apoyo al cliente de Hewlett-Packard en Atlanta, Georgia, ¡me quedé impresionado! Desde el momento en el que Tom Walsh me recogió en el hotel hasta que me dejó en el aeropuerto, el espíritu de equipo y la unidad que se respiraban me fascinaron.

Después, los responsables del departamento de atención al cliente, Joe Lingle y David Halford se ocuparon de mí, y con un entusiasmo y un orgullo considerables compartieron conmigo el historial de éxitos de H-P en la satisfacción del los clientes. Mientras Joe y David me explicaban satisfechos los múltiples sistemas y procedimientos, pude entender por qué Data Pro Survey, una organización independiente, calificaba al equipo de H-P como el número uno en atención global al cliente en la industria informática. Mientras escuchaba conversaciones entre clientes con necesidades, ingenieros y servicio de personal que estaban allí para suplir esas necesidades, pude ver también por qué Hewlett-Packard es una compañía que ingresa miles de millones de dólares anuales y que sigue creciendo.

Era impresionante ver cómo Julie Harrington gestionaba las necesidades de sus clientes. Mientras yo observaba, era evidente que el cliente no daba una oportunidad de contestar ni dejaba que diera consejo y sugerencias. Julie escuchaba pacientemente e intentaba responder, pero inmediatamente había una interrupción. A pesar de las más de seis interrupciones en una sola llamada, la expresión de interés, preocupación y concentración de Julie fue siempre la misma. En ningún momento pude notar el menor indicio de fastidio, irritación, frustración o enojo. Las escasas palabras que consiguió pronunciar fueron en todo momento de comprensión, controladas y bien moduladas.

¿SON TODOS ASÍ?

Para que no pienses que Julie Huntington era la excepción (aunque sospecho que es una estrella), quiero destacar otro factor en el compromiso que Hewlett-Packard tiene en el servicio al cliente. En un esfuerzo por fomentar la satisfacción del cliente por encima de su irritación, H-P conserva en funcionamiento un modelo de cada uno de los ordenadores que ha construido la compañía. Aunque todas las llamadas de clientes se gestionan con aparente facilidad en solo unos pocos minutos, de las preguntas y los problemas más complicados se ocupan profesionales que operan desde un modelo idéntico al que el cliente está utilizando. Recrean el problema y sus ingenieros altamente cualificados se ponen a trabajar en la solución. En la mayoría de los casos pasan muy pocos minutos antes de que el cliente reciba una llamada con la solución. Sin embargo, al margen de lo complicado que pueda ser el problema, la gente que yo estuve observando mostraba la misma paciencia y preocupación que he mencionado anteriormente y *siempre* devolvían la llamada al cliente con una solución.

Por poner un ejemplo concreto, el cliente John V. llamó. Estaba teniendo un problema con un plóter. Se asignó el sumario técnico a Fred Cardinal, de Atlanta. Dos minutos después de la llamada del cliente, ya tenía una respuesta a su problema. Dieciséis minutos catorce segundos más tarde, el cliente volvió a llamar con este informe: «Todo está bien. Muchas gracias por su ayuda. ¡Si Hewlett-Packard tuviera un bulevar de la fama, usted debería estar en él!» Esta es la forma de construir un negocio.

INGENIEROS ENTUSIASTAS

Los ingenieros demostraban entusiasmo por su trabajo y por su profesión. Muchos de ellos son introvertidos, callados, serios y no suelen expresar el entusiasmo. Aparentemente, ese grupo no es gente de muchas palabras porque su zona de trabajo es casi como una exposición de venta en lugar de un taller de servicio técnico. A medida que resolvían los problemas se iban viendo sonrisas a modo de «¡choca esos cinco!» que querían decir: «Lo hemos vuelto a hacer: ¡un trabajo bien hecho!»

Éste es el mensaje: cuando todas las partes de una compañía despliegan la misma actitud de entusiasmo para servir al cliente y mantenerle contento, no tendremos que preocuparnos de importaciones, balanza comercial ni ningún otro de los problemas económicos de nuestra sociedad.

¿Cómo puedes ayudar en esta área tan importante? Simplemente comprendiendo quiénes son realmente tus clientes.

CLIENTES INTERNOS

¿Te has parado alguna vez a pensar que tienes dos tipos de clientes? Los clientes obvios y los potenciales a quienes haces presentaciones son tus clientes externos: los que están fuera de tu organización. En el segundo grupo están los clientes internos y los potenciales, aquellos que trabajan para tu organización. Está claro que no les vas a vender los mismos productos y servicios a ambos grupos, pero ¡tú estás vendiendo!

El hecho de que la misma persona que firma tu nómina haga lo mismo con la del recepcionista no quiere decir que él o ella no sea tu cliente. El contable, el dependiente, el equipo de secretarias y los jefes de servicio deben recibir (y merecen) la misma cortesía (si no más) que mostramos a los clientes y posibles clientes. ¡Piensa! ¿Tratarías de igual manera a un cliente potencial que a las personas de tu oficina? ¿Cómo puedes utilizar esas extraordinarias «habilidades con las personas» fuera de tu oficina y olvidarlas cuando entras por las puertas de tu edificio? Cuando fallas a la hora de tratar a las personas que trabajan contigo con la misma cortesía y respeto que demuestras a los clientes, pagarás el precio que todos los vendedores sin éxito tienen que abonar por olvidarse de quiénes son sus verdaderos clientes.

APLICAR LOS PRINCIPIOS DEL
«SERVICIO AL CLIENTE» A
TODOS LOS CLIENTES

Hemos descubierto que una clienta descontenta que recibe un trato maleducado le contará el incidente a otras once personas pero, por lo general, no se lo dirá a alguien que pueda hacer algo por el problema, como por ejemplo al supervisor del individuo que le ha atendido. Lo triste es que esas once personas a las que ha comentado el problema suelen contárselo a un promedio de otras cinco personas. Saca tu lápiz y haz la cuenta. Eso significa que cincuenta y cinco personas han oído hablar de ti y de tu empresa de forma negativa. No hace falta un gran número de clientes descontentos para dejar a una empresa fuera del negocio y hundir la carrera de un vendedor.

Cuando tratas a un compañero de trabajo de una forma grosera o desconsiderada, el mismo principio se pone en funcionamiento. Hablando en términos generales, se lo contará a otros once compañeros que irán por ahí diciéndoselo a otros cinco. Aunque trabajes en una gran organización, no pasará mucho tiempo antes de que te hayas creado una reputación negativa.

El procedimiento para tratar con estos problemas es muy similar al que se utiliza para gestionar cualquier otro en un departamento de atención al cliente. En el momento en que surge un problema y tú te enteras, trátalo con la máxima celeridad posible. A los típicos clientes (internos y externos) no les interesan las excusas; quieren una solución para su problema. No quieren que les pongas excusas ni que eches la culpa a otra persona. No les importa de quién sea la culpa, ¡quieren solucionar el problema! Si te disculpas rápidamente por los inconvenientes y/o el retraso y te pones a trabajar en la solución, darás pasos de gigante hacia la construcción de una sólida reputación «interna».

Averigua qué tienes que hacer para que tu estimado compañero esté contento y aporta la solución al problema. Una vez «arreglado» el problema, comprueba al día siguiente o a los dos días que el «arreglo» es permanente y que tu colaborador está contento. Una semana más tarde, una nota escrita a mano te hará ganar muchos puntos. La realidad es que el vendedor profesional agresivo sacará provecho de esas oportunidades de «hacer amigos y ganarse a la gente influyente». Y ya que hablamos de este principio de Dale Carnegie...

UNA DISCULPA NECESARIA

Hace muchos años, cuando yo trabajaba con Dale Carnegie en Nueva York, aprendí una verdad que me ha sido muy útil en muchas ocasiones. La gente de Carnegie me enseñó que cuando se pone un huevo hay que dar un paso atrás y admirarlo. Lo más importante es que tienes que reconocer que acabas de poner ese huevo.

Gerry Clonaris de Charlotte, Carolina del Norte, le dio nueva relevancia a este consejo en una historia que él contaba. Tal y como Gerry lo cuenta, el principal temor de alguien que trabaja para una compañía de venta al por menor es pasar el «límite autorizado de compra». En cualquier empresa bien dirigida, una vez alcanzado el límite de la cuenta de «compras autorizadas» el comprador no puede adquirir nada más hasta que se haya hecho una reposición en la cuenta, y es posible que eso no ocurra antes de la temporada siguiente. Gerry contaba que, en una ocasión, acababa de ampliar una destacada colección de bolsos de diseño con uno de los mayores vendedores de Japón cuando se dio cuenta de que había llegado al «límite autorizado de compra». Había invertido hasta el último céntimo disponible. Reconoció con valentía que una planificación descuidada de su parte era lo que había causado el problema (no le echó la culpa a nadie, sólo *reconoció* el problema para poder ayudar a *solucionarlo*).

Gerry tenía un problema. ¿Cómo podía abordar al interventor de la compañía que no era precisamente famoso por una actitud compasiva y comprensiva hacia la gente que, como Gerry, no había elaborado una planificación cuidadosa? Gerry utilizó una técnica, que yo les recomiendo, para resolver su problema. Empezó escribiendo una frase que resumía su aprieto. Tras limitar la situación a una sola frase, ya no parecía insuperable y le permitía centrarse en encontrar una solución en lugar de verse vencido por un problema.

Esta es la frase que Gerry escribió: «Problema: ¿Cómo abordo al interventor con mi situación y le explico que necesito más dinero para "mi límite autorizado de compra" cuando sé que este hombre tiene una arraigada fijación por devorar a los compradores cuando piden más dólares para el "LCA"?»

Por favor, no minimices la importancia de escribir lo que a ti te parezca obvio. Escribir las cosas sobre papel nos permite contemplar la información bajo la fría luz de la realidad, mientras que mantener las ideas en nuestra mente puede maximizar (o minimizar) la información necesaria. Sobre papel, la lógica puede imponerse.

UNA SOLUCIÓN NECESARIA

Tras examinar la situación cuidadosamente y tomarse el tiempo de considerar el problema escrito, a Gerry se le ocurrió la siguiente solución:

«Me dirigí a la oficina del interventor permitiendo que toda la frustración y el abatimiento se viera en mi cara y dije:

—Ray, tengo un problema. ¡He metido la pata!

—Bien, ¿qué es lo que ocurre? —replicó Ray.

Entonces Gerry procedió a contarle la historia a Ray, el interventor de su compañía. Le explicó cómo había ampliado la nueva línea de producto sólo para desperdiciar la oportunidad, porque había agotado su "límite autorizado de compra" con una mala planificación de su parte.

—Mira —dijo Ray—, no eres el primero en demostrar demasiado entusiasmo con el dinero autorizado para comprar. Al menos tú lo admites. Ahora veamos cuál es tu plan y qué es lo que podemos hacer.

Ray encontró la forma de conseguir algún dinero adicional para la nueva línea que, dicho sea de paso, fue todo un éxito.

Según dijo Gerry después, aprendió rápidamente que cuando cometía un error tenía que utilizar un enfoque lleno de humildad o un «¿puede ayudarme?» En este proceso Gerry aprendió mucho acerca de la naturaleza humana. En resumen, cuando nos acercamos a personas conocidas por ser muy severas (y lo hacemos de forma adecuada), descubrimos que no solo están dispuestos a ayudarnos sino que suelen ser buenazos que han desarrollado un «caparazón» como medio de supervivencia.

¿*Necesitas* pedir ayuda a alguien? ¿Hay algún cliente interno que necesite (y que posiblemente merezca) una disculpa tuya? ¿Tienes el valor de dar un paso atrás y admirar ese huevo que has puesto y señalárselo a otros? Si tratas a tus colaboradores, empleados y jefes con la misma compasión que mostrarías hacia un cliente que paga, serás capaz de vencer el 99.9% de todos los problemas mientras construyes un «sistema de soporte bárbaro» para tu éxito en las ventas.

PERO NO ME GUSTAN ALGUNAS DE ESAS PERSONAS

Cualquiera puede amar lo adorable. No existe talento alguno en cuidar a quien te cuida. Algo elemental para tener éxito en la vida (y también en las ventas) es aprender a amar a los antipáticos. Y francamente, no pasa nada si no quieres a todo el mundo. Tampoco se te exige que seas el mejor amigo de todos ni que tengas que buscar la aprobación de todo aquel que pase por tu vida. Sin embargo, verás que cuando tratas a cada persona de tu vida de una forma cortés y educada, te tratarán del mismo modo.

Esto no significa que tengas que permitir que te traten con poca amabilidad o que te «pisoteen». No estoy hablando de permitir que te maltraten verbal o físicamente. Puedes salir de una situación con cortesía y dignidad (y sentirte mucho mejor), y conseguir mejores resultados sin perder el control. Cuando imaginas a las personas que están en tu vida como verdaderos seres de «carne y hueso», y las tratas con respeto, aunque ellos no se den cuenta tú si lo notarás... y te estarás respetando a ti mismo, lo que a la larga es mucho más importante que el respeto que ellos sientan por ti.

Es posible que hayas escuchado este comentario: «¡Cada acto detestable es un grito que pide ayuda! Si puedes conceder a los demás el beneficio de la duda y permitir que conserven su dignidad, podrás ayudarles a ganar mientras tú también ganas. Y esto es, en realidad, la «doble ganancia» de la que tanto has oído hablar.

HAZ QUE SE IMPLIQUEN

Un método primordial que puedes utilizar para unir a tu equipo de soporte y estar seguro de que todos están tirando del mismo extremo de la cuerda (lo contrario a tirar cada uno de extremos opuestos) es trabajar hacia la «propiedad compartida».

Gerry Clonaris, al que mencioné anteriormente, también compartió el ejemplo siguiente: «En un momento dado de mi carrera compartí la responsabilidad de comprar una línea importante de Sears con otros dos compradores brillantes e inteligentes. Los tres compramos prácticamente una línea idéntica con ligeras modificaciones en el estilo y la clientela. Sin embargo, había una diferencia importante. Mis ventas siempre eran mayores que las de los otros dos compradores, sobre todo cuando se presentaba un nuevo producto.

»Cuando miro hacia atrás, con frecuencia siento que el producto que los otros dos compradores comercializaban era a veces superior en estilo al mío. Pero las ventas de mis nuevos productos siempre parecían ser mejores. El secreto estaba en que cuando yo comercializaba un nuevo producto me aseguraba de implicar siempre al director de ventas al por menor, al director del catálogo de ventas, los jefes de distrito, los de publicidad, etc. Implicaba a cualquiera de aquella oficina que pasara por mi puerta. El resultado era que tenía a todo el personal de la sede central entregado a aquella línea *incluso antes de tenerlo en el almacén*.

»Con toda la publicidad planeada asegurada porque el director de publicidad "ayudaba" a desarrollar las líneas (por no mencionar la ayuda de los directores de ventas al por menor y por catálogo), el éxito de mi nuevo producto estaba prácticamente garantizado. Con toda esta publicidad asegurada, era capaz de conseguir un coste menor de los productos por el inmenso volumen que podía garantizarle al vendedor. Los clientes de nuestros almacenes no podían evitar comprar esa línea porque dondequiera que mirasen se la encontraban. Esta era una magnífica forma de construir ventas».

Una de las cosas que Gerry nos enseña es que cuando compartimos la propiedad de un proyecto los demás apoyan las ideas con más entusiasmo y le dan soporte con su mayor dedicación, sea cual sea el proyecto.

LA FAMILIA

En un momento u otro todos los miembros de nuestra familia han trabajado conmigo en nuestra empresa. Antes de que nuestra hija Suzan falleciera a causa de una fibrosis pulmonar el 13 de mayo de 1995, hacía de editora de nuestro boletín de empresa y también de mi columna en el periódico. Nuestro hijo Tom es actualmente presidente y director general de Ziglar Training Systems, mientras mi yerno Richard Oates trabaja como vicepresidente y director de operaciones. Julie, nuestra hija menor, es mi editora y mi hija Cindy me tiene al día del material escrito pertinente y trabaja como caja de resonancia para nuevas ideas. El valor que doy a todas sus aportaciones es incalculable.

Ciertamente, el miembro más importante de nuestro equipo de dirección y junta de directores es la Pelirroja. Ella es y ha sido mi amiga, compañera, confidente, socia, ayudante y regalo especial de Dios por más de cincuenta y siete años. Ella es mi «chica para todo». Me inspira, me deleita y me alienta. Independientemente de lo que me ocurra «ahí afuera», sé que cuando llegue a casa seré el número uno y que estará ella a mi lado. Eso no significa que esté siempre de acuerdo con todo lo que yo diga o haga, pero sí quiere decir que «a la hora de la verdad» sé que puedo contar con ella con toda confianza y seguridad. Jamás consideraría tomar una importante decisión de negocios sin su asesoramiento. ¡Cuánto me habría gustado escuchar sus opiniones y juicios desde el principio! ¡Cuánto me alegra que, en la actualidad, cada vez juegue un papel más importante en la compañía! Presto mucha atención no solo a su intelecto, sino también a cómo se siente.

IMPLÍCALOS

Si te estás preguntando por qué menciono la implicación de mi familia en nuestra compañía, permíteme dejarlo perfectamente claro. Tú, como exitoso vendedor profesional, tienes que recordar que eres el propietario de tu propio negocio. Como dije en el primer capítulo de este libro: «Estás en el negocio para ti mismo y no por ti mismo». Las personas que están en tu casa tendrán una gran influencia en tu éxito, ¡así que *implícalos!* No puedo recalcar más la importancia de esta frase, pero puedo repetirla: *¡implica a tu familia en tu negocio!*

INFÓRMALES

El inherente optimismo de la mayoría de los vendedores es tal que suelen presentar una imagen muy poco realista a su familia. Por ejemplo, una de las cosas que aprendí «a posteriori» fue que nuestros hijos casi no se enteraban de las dificultades a las que nos enfrentábamos, ni cuando estábamos preocupados por tomar una decisión ni por nuestras inquietudes económicas. Como no los manteníamos «al tanto», daban por sentado que todo iba bien, aunque no fuese así. Al protegerles de todo no les estábamos enseñando cómo luchar con algunas de las dificultades de la vida. En resumen, no les habíamos preparado para algunos de los problemas con los que ellos se encontrarían más adelante en la vida igual que nosotros.

Algo sorprendente salió a la luz cuando estaba escribiendo la primera edición de este libro. Había preguntado a cada uno de los miembros de mi familia cómo les había afectado mi trabajo como viajante y orador. Un día que Julie y yo estuvimos solos durante unos treinta minutos, comenzó a compartir conmigo algunos de los temores que había experimentado de niña. Le asustaba que un día mi avión se estrellara o que me ocurriera algo y no volviera a casa. Se encontraba tan preocupada por eso que antes de que yo marchase de viaje aprovechaba la ocasión para abrazarme, darme un beso de despedida y decirme que me amaba. Sí, por cualquier razón aquello no había tenido lugar, ella sentía temor hasta que yo volvía a casa. Aquello fue una gran sorpresa para mí porque yo siempre dejé mi hogar con la confianza de que regresaría. Nunca me preocupé por mi propia seguridad y no se me ocurrió que algún miembro de mi familia pudiera pensar en esa posibilidad.

Padres, este es el mensaje: si su trabajo les obliga a salir de la ciudad o si se marchan por la mañana y no vuelven hasta la noche, sólo les llevará unos cuantos segundos abrazar y besar a su pareja y a sus hijos y decirles cuánto los ama. Esto no perjudica en nada y el resultado específico (incluyendo un acercamiento en la relación) puede ser muy bueno. Este sencillo acto puede eliminar o, al menos, reducir los temores de la familia.

EXPLICA Y COMUNICA

Dado que toda la familia está implicada en su carrera, el vendedor sabio no sólo consultará con la familia sino que también compartirá los resultados de sus esfuerzos. Por ejemplo, frecuentemente hay concursos que tienen que ver con los viajes y las recompensas. Esto quizá necesite una mayor carga de trabajo y estar más a menudo ausente del hogar. El vendedor debería convocar una reunión de venta, compartir con la familia los detalles del concurso, solicitar su ayuda, implicarlos, escuchar sus aportaciones y después permitir que compartan las recompensas.

Los ganadores de concursos pueden recibir un viaje a un complejo de lujo durante unos cuantos días. El premio suele incluir sólo al marido y la esposa. El reto es que los niños se entusiasmen por ayudar a que papá y mamá consigan un premio que ellos no van a compartir. De hecho, van a perder a sus padres durante unos cuantos días. Pregunta: ¿qué puedes hacer para alentarles a que te den su apoyo? Respuesta: comunícales que tú, el vendedor, ganas el viaje y también consolidas tu empleo, y te aseguras una demanda más grande en el futuro, lo que significará que ellos también saldrán beneficiados. Esta es la prioridad. En segundo lugar, puedes iniciar pequeños concursos para que los niños puedan ver «ahora» los beneficios. Por ejemplo, cuando te comunicas con la familia, incluye a los niños en los detalles. Monta un circuito de coches dividido en el número de semanas que dura el concurso y consigue dos coches pequeños. Uno podría mostrar donde deberías llegar en el concurso y el otro donde te encuentras ahora. Cada semana que batas tu cuota, recompensa a los niños con un pequeño premio o trato, y si ganas el gran premio, dales a ellos también una recompensa mayor. El tamaño del premio no es tan importante como el concepto de implicación y recompensa.

Puedes hacer también que los niños se impliquen en leer e investigar. Anímalos a buscar citas positivas y eslóganes para que los sitúen en lugares estratégicos por toda la casa. Estos procedimientos garantizarán que tus hijos tiren de ti y te empujen para ganar el concurso. Actuarán como «motivadores» y directores de venta.

VIAJAR Y TU EXITOSO SISTEMA DE SOPORTE

En el capítulo anterior me centré en cómo manejar los viajes. Dado que los siguientes principios se aplican igual ya sea que viajes mucho, en raras ocasiones o nada, los he incluido aquí.

Existen excepciones a esta regla, por supuesto, pero en la mayoría de los casos en los que hay que viajar y se tiene niños pequeños, el hombre hace el viaje. Insto de forma especial a la pareja que se queda en casa a que tenga mucho cuidado en no convertir al padre en el castigador, vengador, el que disciplina o el «malo de la película» cuando llega a casa. Con frecuencia, la persona que se queda en casa hace una lista de travesuras y cosas malas que los niños han hecho durante la semana y los amenaza con que papá se ocupará de ellos cuando vuelva a casa.

He conocido personalmente a varias familias en las que se daba a papá una lista de todas las cosas que los niños habían hecho «mal» (o que no habían hecho) sin ninguna mención de aquello que habían hecho «bien». Como resultado, papá llega a casa con el disfraz de malvado haciendo el papel del «matón». Muchas veces, sin conocer todos los hechos, trata con el niño «malo» en lugar de hacerlo con el niño que ha hecho algo malo. Ahora bien, si tenemos en cuenta que papá puede estar muy cansado y estresado, podrás comprender por qué los niños temen realmente su regreso, porque tienen miedo a que los trate de una forma ruda. Ya te puedes imaginar el impacto que esto tiene en los niños, en el padre y en la relación que existe entre ellos. Te ruego que pongas atención a esto: el impacto sobre la familia y en la carrera de venta puede ser desastroso.

Habrá excepciones, pero en la mayoría de los casos, mamá tendría que ocuparse de estas cuestiones conforme vayan ocurriendo. Si la situación es grave, que implique un peligro para la vida o quebrante la ley, lo oportuno sería una llamada de teléfono para discutir la medida adecuada a adoptar. La madre podría decir algo como: «Tu padre y yo hemos hablado sobre esto por teléfono y, sinceramente, no hemos llegado a una conclusión en cuanto a lo que vamos a hacer. Cuando él regrese discutiremos esto de una forma más profunda y decidiremos cómo actuar».

Castigo frente a disciplina

En este punto, tengo que alentar a los padres a que recuerden que hay una gran diferencia entre castigo y disciplina. Castigo es algo que haces *al* niño; disciplina es algo que haces *para* el niño. La mayoría de las veces el castigo se sirve cuando el padre está enfadado. Mal momento.

Permíteme que te aliente a que te «enfríes» antes de decidir cuál será la disciplina más adecuada. Si la infracción es menor, no deberías enfadarte. Para alejar cualquier problema futuro, puedes tratar la cuestión con calma, fríamente, y con rapidez. En mi libro *Cómo criar hijos con actitudes positivas en un mundo negativo*, hablo extensamente de la diferencia entre disciplina y castigo.

Retrasa el castigo

Cuando papá vuelve después de un viaje fuera de la ciudad, si ha habido serios problemas te animo a que dejes el castigo o disciplina hasta la mañana siguiente. Haz que el regreso a casa sea un momento que los niños esperen. Papá necesita volver a las actividades normales de la casa y a la rutina de la vida familiar. En ese momento es necesario que haya muchos abrazos y afecto.

Con este planteamiento el niño entiende que, aunque papá y mamá tendrán que tratar con él al día siguiente, lo harán desde el amor y la preocupación por él. En resumen, dale el sentimiento del amor y de la seguridad que le hará saber que lo que se haga sale del amor y de la preocupación por él. Si en el transcurso de la noche el niño saca a relucir el tema, en la mayoría de los casos es aconsejable que digas: «Hablaremos de ello mañana, cuando haya podido hablar con mamá y decidamos qué es lo adecuado. Mientras tanto, divirtámonos juntos porque independientemente de lo que hayas hecho, sigues siendo mi hijo y tenemos que pasarlo bien juntos esta noche».

PLANIFICACIÓN FINANCIERA

El vendedor profesional de éxito evita uno de los mayores peligros para su familia y su carrera cuando desarrolla una planificación financiera. *¡Por favor, no te saltes lo que estás leyendo ahora!* Durante muchos años, si hubiera leído la primera frase de este párrafo, habría buscado la siguiente línea en negrita que indicara un cambio de tema. Por ese motivo, en algunos momentos de mi carrera me vi en una montaña rusa financiera de altos y bajos. Aprende de mi experiencia y niégate a repetir los errores del pasado.

Los problemas financieros son la mayor causa de tensión en las relaciones y las carreras. Tu éxito personal depende directamente en muchas formas de cómo manejes tus asuntos financieros. No me estoy refiriendo a hacer el esfuerzo de convertirte en multimillonario; estoy hablando de gestionar de forma adecuada el dinero que entra.

Permíteme darte una «mini lección» sobre finanzas, que a muchos de ustedes les parecerá terriblemente sencilla. Aun así, menos del 10% de las personas en nuestra sociedad seguirán todos estos pasos. De hecho, te voy a dar una garantía. Si sigues cada uno de estos pasos durante dos años, la mayoría de tus preocupaciones financieras se disiparán; y si sigues este planteamiento a lo largo de tu carrera, podrás disfrutar de la libertad financiera.

Planificando para el éxito

Para liberarse de las preocupaciones e inquietudes financieras:

1. Comienza hoy. La teoría económica del «lo haré mañana» causa muchas aflicciones financieras a muchísima gente inteligente. Empieza hoy a leer libros, escuchar cintas y asistir a seminarios que tengan que ver con tus finanzas. Comienza con lo básico, establece un fundamento y construye cualquier tipo de «edificio» que desees para ti y tu familia.

Lee *El hombre más rico de Babilonia* de George S. Clason. Este libro clásico te dará nuevas perspectivas sobre el dinero y la tranquilidad de espíritu en el área de las finanzas, igual que el libro de Lynn Robbins, *Uncommon Cents: Benjamin Franklin Secrets to Achieving Personal Financial Success* [Céntimos poco corrientes: los secretos de Benjamín Franklin para conseguir el éxito personal en las finanzas]. Ambos están disponibles en Amazon.com.

En cuanto a publicaciones periódicas, podrías considerar las revistas *Consumer Reports, Money* y *Kiplinger's Personal Finance*.

No te dejes atrapar por la duda de a quién ir o dónde ir. ¡Empieza hoy!

2. *Planifica con tu cónyuge.* Las finanzas familiares deben ser el negocio familiar. Tú y tu cónyuge determinarán quién será responsable de todos los aspectos de llevar la contabilidad, pero hagan *juntos* el trabajo. Aunque uno de los dos no sea más que un observador, trabajen de forma conjunta.

Ten cuidado con las dos trampas más frecuentes. En primer lugar, no caigas en la trampa de decir que «examinarás» el talonario, el extracto bancario o las facturas más tarde. ¡Lo más probable es que no lo hagas! La falta de conocimiento conduce a la frustración y al temor. En segundo lugar, no «protejas» a tu cónyuge de las malas noticias económicas. Comparte toda la información en todo momento.

3. *Utiliza un sistema de contabilidad.* Guarda todos los documentos financieros en un lugar. Una carpeta de tres anillos será un excelente «archivador» para dichos documentos. Las carpetas de cartulina están bien para guardar los papeles. *Lo* que utilices no es tan importante como tomar la *decisión* de utilizar lo que sea y empezar de inmediato. Todos los documentos tienen que guardarse juntos de una forma organizada para que, en caso de emergencia, aquellos que necesiten tener acceso al número de la cuenta del banco, la información de la tarjeta de crédito, las inversiones, las cuentas pendientes (el dinero que te deben) y los recibos pendientes (deudas) puedan disponer de toda la información necesaria a mano.

Hablando de emergencias, permíteme aconsejarte que hagas tu testamento de inmediato si es que no lo has hecho ya. Una amiga muy querida de nuestra familia perdió a su esposo de repente y durante tres años sus hijos quedaron oficialmente bajo la custodia del estado; ella no tenía acceso a los registros financieros y tuvo que pasar por muchas dificultades. Sus hijos vivían con ella y gracias a su influencia personal pudo pagar sus cuentas, pero sus circunstancias se vieron muy afectadas de manera negativa por la excesiva falta de planificación. Ya habrás oído todo tipo de historias horribles. Si amas de verdad a los tuyos, haz tu testamento. Los temas referentes a sistemas de respiración artificial y donación de órganos tienen que quedar determinados de la forma y en el momento más lógicos posibles y no cuando llegue el dolor y la desesperación.

4. *Establece prioridades de gastos.* Discute los desembolsos más importantes con tu cónyuge. Considera lo que *tienes* que gastar y lo que *quieres* desembolsar. En cierta medida, este paso te ayudará a controlar los gastos «emocionales o por impulso». Si haces una lista de tus prioridades de gastos y la guardas con los demás documentos financieros para revisarla cada vez que te sientes a pagar las facturas, te sentirás increíblemente contento con el impacto que tendrá en tu planificación financiera y en tu relación con tu cónyuge. La planificación financiera *no* les separará. Malas decisiones financieras contribuyen muchas veces a llegar hasta el divorcio. Planificar, hacer un esquema y soñar *juntos* ayudará a vencer los problemas financieros y te conducirán hacia el control económico.

5. *Recuerda estos conceptos clave.* Más dinero no resolverá tu problema. El sistema de crédito americano nos anima a gastar más de un 10% de lo que ganamos, independientemente del nivel de ingresos.

Una planificación financiera se percibe como algo restrictivo, pero en realidad solamente podemos tener libertad con planificación.

Tus finanzas no están fuera de tu control. Tu situación económica se basa en elecciones históricas (¡hechas por *ti*!).

Sin embargo, algunas personas han llegado al punto de que necesitan ayuda y conocimientos profesionales. Si esta es tu situación, la Fundación Nacional para el Asesoramiento Crediticio son buenos recursos (véase la Bibliografía para más información).

LA FAMILIA VENDEDORA

Como este libro se ocupa de todo el procedimiento de ventas así como del vendedor y su vida personal, familiar y profesional, me gustaría compartir otro ejemplo de cómo la venta se puede utilizar de forma efectiva en el trato con la familia. Angie Logan de Lubbock, Texas, señala que ella y su esposo no están en el mundo de las ventas, pero han visto que los principios de esa profesión les ayudan a apañárselas con su vida, y especialmente con su familia.

Angie cuenta una experiencia que tuvo con su hija de tres años, Danielle, que es muy inteligente y tiene sus propias ideas (¿les suena familiar, padres?). Antes, las peticiones que se le demandaban a Danielle acababan en un «tira y afloja» y en ocasiones en un castigo que entristecía a todo el mundo. A pesar de todo, Angie y Danny sentían que no podían permitir que su hija de tres años los manipulara o los controlara, de modo que decidieron «optar por el camino más fácil» y utilizar algunos antiguos procedimientos comerciales de sentido común.

Señalan que a nadie le gusta que le manden a hacer algo, de modo que empezaron a dejar que Danielle tomara sus propias decisiones. No, no abdicaron de su responsabilidad en favor de una niña de tres años; simplemente le dieron a elegir. En lugar de decir: «Danielle, recoge tu camión», le decían: «¿Prefieres llevar tu camión a tu habitación o hacerlo rodar hasta allí?» Ella saltaba y gritaba: «¡Hacerlo rodar!» y se ponía a ello. Utilizaron este planteamiento en muchas situaciones distintas para alentar su buen comportamiento y les funcionó muy bien. La familia se ahorró montañas de culpabilidad, dolor y frustración mientras introducían a Danielle en el proceso de aprender a tomar «decisiones». La diferencia en la armonía de la familia se notó casi de inmediato.

Tanto el padre como la madre dicen que Danielle está dejando atrás los momentos de testarudez y se está convirtiendo en una niña feliz, llena de vida y bien disciplinada. El momento culminante llegó cuando oyeron a Danielle preguntar a su hermano pequeño: «Michael, ¿quieres darme mi muñeca Barbie o prefieres acostarla en la cama?» Él la dejó sobre la cama.

HACER QUE OTROS DESEEN
TU LIDERAZGO

La importante lección que Angie y Danny aprendieron es que el *liderazgo y la condición de vendedor* son, en muchos casos, sinónimos. En esta situación, Danielle acabó haciendo lo que sus padres deseaban que hiciera y, en realidad, disfrutó durante el proceso. Dwight Eisenhower, comandante supremo de las Fuerzas Aliadas Expedicionarias durante la Segunda Guerra Mundial y, después de eso, presidente de los Estados Unidos, definió el *liderazgo* como «el arte de conseguir que una persona haga algo que tú quieres que se haga porque él desee hacerlo». La persuasión delicada es efectiva en todas las áreas de la vida porque preserva la dignidad del individuo. Esta es la forma de educar a una familia, hacer amigos y construir una carrera en la venta.

RESUMEN

Para construir un exitoso sistema de apoyo a la venta, empezamos por entender que los clientes *internos* (nuestros compañeros de trabajo) son igual de importantes que los *externos* (nuestros clientes o posibles clientes). Una vez comprendemos la importancia de los clientes internos, nos damos cuenta de que nuestra familia es más importante que los clientes internos o externos.

Cuando tratamos con clientes internos y con la familia, podemos ser más eficientes si utilizamos seis principios básicos de forma regular y recurrente.

1. Nunca subestimar a los clientes internos y la familia. No debes permitir que la familiaridad engendre desdén. Recuerda a diario lo importantes que son esas personas en tu vida.

2. Admite tus errores. Todo el mundo comete errores. Asume la responsabilidad de que eres humano y admite tus errores.

3. Ama a los antipáticos. No hay un especial mérito en amar a los que son adorables; la clave real para una vida de éxito es amar a aquellos que nos ponen las cosas difíciles a la hora de respetarlos y apreciarlos. Recuerda: cada acto detestable es un grito que pide ayuda.

4. Implícalos. Hay sabiduría en el consejo de muchos. Averigua qué piensan los demás. Una de nuestras necesidades humanas básicas es sentirnos importantes. Cuando implicamos a los demás, podemos ayudar a satisfacer esta importante necesidad.

5. Explica y comunica. Aprovecha cada oportunidad para compartir, explicar, mostrar, consultar y preguntar. Todo el mundo tiene un fuerte deseo de estar «al tanto». ¡Comparte la información!

6. Trabaja para eliminar las presiones financieras. Tus compañeros y tu familia tienen inquietudes financieras. Todos nosotros podemos ser más eficientes a la hora de tratar nuestras presiones financieras con sólo seguir unas pocas y simples directrices: a) empieza con tu planificación financiera hoy; b) planifica con tu cónyuge; c) usa un sistema de contabilidad; d) establece prioridades de gastos y e) apártate de los mitos financieros.

La clave para construir un exitoso sistema de soporte de venta es aceptar la responsabilidad de tomar decisiones.

CAPÍTULO QUINCE

ORGANIZACIÓN Y DISCIPLINA

Tomando el control de tu tiempo y tu vida

D isciplínate para hacer las cosas que necesitas hacer en el momento en que necesitas hacerlas, ¡y llegará el día en que serás capaz de hacer lo que quieras cuando quieras!

CONVERTIRSE EN UN VENDEDOR PROFESIONAL «INFALIBLE»

Cuando escribí este libro por primera vez, 175 de los directores de empresas de la lista Fortune 500 habían servido en los Marines de Estados Unidos. Sobra decir que en los Marines se les enseña organización, disciplina y compromiso. También aprenden lealtad, responsabilidad y dureza física y mental. En el mundo de las ventas, estas cualidades también te llevarán muy lejos en tu camino. De hecho, combina todo esto con el conocimiento de las ventas, una actitud comprensiva y algunas otras habilidades sociales razonables y te pondré la etiqueta de vendedor «infalible».

FE Y COMPATIBILIDAD

Ahora toma esas cualidades y vincúlalas a un producto en el que creas y con el que seas compatible ¡y estarás en el camino! Ya hemos hablado sobre la importancia de creer en aquello que vendes. A estas alturas este factor debería ser obvio. Quizá el factor de compatibilidad no haya quedado tan claro. A modo de ejemplo, yo tendría que trabajar más duro para conseguir tener éxito vendiendo un producto de alta tecnología o uno de naturaleza mecánica. Cuando era muy joven me hicieron un «baipás mecánico» y sencillamente no capto algunos de los detalles técnicos y mecánicos que los demás parecen entender con tanta facilidad. Por el otro lado, me siento tremendamente cómodo vendiendo programas educativos o productos tangibles de casi cualquier clase. Cuando veo los beneficios para el posible cliente me vuelvo un tremendo entusiasta acerca de cualquiera que sea el producto o servicio.

EL TIEMPO DE TU VIDA

La disciplina que todos necesitamos es alcanzable. Concretamente, si tú y yo podemos ver los beneficios de empezar el día de la forma adecuada (de forma regular), nos predispondremos para hacerlo lo mejor posible.

El gigante de las ventas Walter Hailey dice que los estudios demuestran que el 70% de las ventas se hacen entre las 7:00 y las 13:00, el 20% entre las 13:00 y las 16:00 y un 10% después de las 16:00. Cuando la gente está llena de energía y justo acaba de empezar su día, obviamente se sienten en un estado mental más optimista e interesado. Además, estas ventas son el resultado de que el vendedor también se siente más entusiasmado y motivado por lo que está haciendo.

La disciplina y la organización marcan la diferencia en las ventas. Si vas a hacerlo a lo grande, tienes más posibilidades de hacerlo bien si lo haces temprano. La excepción evidente sería en los negocios de venta directa en los que la visita o la llamada de venta se hace por la noche, pero incluso la gente que está en posiciones tradicionales de venta (como los seguros) encuentran las horas del día más productivas.

NO TE ENGAÑES

Los vendedores tienen tanta libertad e independencia en el mundo de las ventas que no siempre ejercen un buen juicio o una integridad firme en su andadura por el negocio de la venta. En realidad no llegan al trabajo o la presentación con puntualidad; no realizan todas las visitas que aseguran hacer; no cumplen lo que prometen; no trabajan

> *Disciplínate para hacer las cosas que necesitas hacer en el momento en que necesitas hacerlas, ¡y llegará el día en que serás capaz de hacer lo que quieras cuando quieras!*

el número de horas que anotan en sus informes. En el proceso pueden engañar a sus jefes o patrones. Es absolutamente imposible que un jefe conozca cada pensamiento, cada acto y cada momento que el vendedor individual invierte en el proceso de venta. Sí, puedes engañar a tu jefe y «pasar desapercibido» en esos momentos de inactividad pero, ¿a quién estarás dañando realmente? ¿De quién te estarás burlando en realidad? ¿Qué efecto tiene esto en *tu* resultado final?

Según Terrence Patton, consultor de formación de ventas en crisis de Roanoke, Virginia, el 20% de las llamadas de venta anotadas en los informes nunca se han realizado y más del 15% de las que realiza un vendedor no implica en absoluto que planee llevar a cabo una segunda. Trágico. Imprudente. Y sale caro para el vendedor... para la familia y para la empresa.

¿Cuándo haces qué?

Las cifras varían enormemente sobre dónde pasa el tiempo el típico vendedor. Muchos han calculado que realmente se dedican menos de dos horas del día laborable al proceso de venta. El resto del tiempo se emplea en ir de un cliente a otro, esperar en las oficinas, buscar donde aparcar el coche, ocuparse de los detalles administrativos y contestar a llamadas de clientes y un sinfín de cosas más. Obviamente, algunas de esas cosas son importantes y se deben hacer con regularidad. La pregunta que debe hacerse el vendedor profesional es esta: ¿Puedo realizar esta tarea de una manera más eficaz (o con la misma eficacia) durante las horas que no dedico a la venta? En particular me refiero a contestar la correspondencia, rellenar informes, ocuparse de los detalles administrativos, obtener informes de crédito y ocuparse de los asuntos personales (ir al dentista, comprar ropa, visitar a amigos, pagar facturas, etc.).

Cuando tienes el coche en el taller, ¿creas a propósito un gran número de tareas administrativas para no desperdiciar ese día, o alquilas un coche y continúas con el proceso de venta, encargándote de los detalles administrativos durante las horas que no vendes? Esto entra dentro del apartado de organización (que suele faltar en productores «medios»). ¿Te sorprende saber que los verdaderos vendedores profesionales, con el mismo tiempo que el resto, pasan el doble de horas frente a posibles clientes de lo que lo hace el vendedor común? No realizan ventas por su excepcional destreza a la hora de vender, sino porque han priorizado lo que es importante dentro de lo que hacen en su día a día.

Receta para tener éxito en la venta

Hablando en términos generales, el profesional con una alta productividad no trabaja más duro que el productor común. La realidad es, sencillamente, que si desarrollas tu competitividad podrás llegar a los niveles más altos de la venta. No estoy hablando de trabajar ochenta o noventa horas a la semana. Una hora extra al día de una actividad de alta rentabilidad te permitirá distanciarte del resto y sorprenderte a ti mismo por la cantidad de gente a la que habrás ayudado y la cantidad de dinero que habrás ganado.

A continuación, añade integridad, disciplina y organización a la receta y te catapultarás rápidamente hasta hacerte sitio entre el 10% de los mejores vendedores. Añádele a esto una búsqueda constante de conocimiento y de aprendizaje para saber cómo convertirte en un vendedor profesional «aún mejor» al tiempo que adquieres experiencia en los nuevos procedimientos y las últimas tendencias de la industria, y te pondrás en el 5% superior.

Estoy hablando de usar todos tus recursos (físicos, mentales y espirituales) y de que cuides todas las facetas de tu vida.

«Tiempo» para tener éxito

Cada uno de nosotros es único. Cada vendedor tiene cualidades y características, así como peculiaridades, procedimientos y costumbres que le diferenciarán de cualquier otro. Sin embargo, los vendedores destacados tienen muchas cosas en común.

Un rasgo común de los mejores productores es que tienen «conciencia del tiempo». Los profesionales saben que todo el mundo dispone de la misma cantidad de tiempo (veinticuatro horas al día) y que una de las claves del éxito es el uso que se haga de esa asignación de tiempo.

Mediante un cuidadoso registro, los profesionales que están en la cumbre rinden cuenta del tiempo que pasan con el posible cliente, el que pasan esperando y el que dedican a viajar. No es casualidad que aquellos que se toman en serio el éxito conviertan su tiempo de viaje en algo productivo escuchando grabaciones educativas y motivadoras o ensayando la verborrea de su próxima presentación. Mientras «están de brazos cruzados» fuera de la oficina, los verdaderos profesionales de la venta tienen un plan de acción para utilizar el que esperamos que sea un breve tiempo de espera (aunque por lo general es demasiado largo). A menudo el tiempo se emplea revisando o ampliando la información que se tiene sobre el posible cliente al que están esperando visitar.

Los profesionales no cuentan el tiempo; hacen que el tiempo cuente. Los vendedores profesionales independientes que se autoimponen la disciplina de mantener un registro detallado son más productivos, y las compañías que piden un informe con el detalle de las actividades de un vendedor tienen una fuerza de venta más productiva.

Consigue algo de ayuda

Sólo porque veas o recuerdes algo que necesita ser hecho, o porque haya otros que llamen tu atención sobre lo que ellos quieren que hagas, no significa necesariamente que tengas que cambiar tu curso de acción. Cuando tu dirección está claramente establecida y trabajas para conseguir un objetivo concreto, es mucho menos probable que permitas que tus amigos, vecinos o parientes con ganas de «matar el tiempo» asesinen tu tiempo en el proceso.

Considera esas actividades que «matan el tiempo» que los vendedores poco profesionales permiten, y el hecho de que la mayoría de los vendedores pasan demasiado tiempo en tareas no productivas, y te será fácil entender por qué las autoridades estiman que un porcentaje tan elevado como el 80% del tiempo de un vendedor se invierte en actividades que no generan negocio directamente. La razón principal por la cual los profesionales de alta productividad son tan cuidadosos con sus registros es para asegurarse de que dedican la mayor parte de su tiempo a las ventas cara a cara y situaciones de servicio que conduzcan directa e indirectamente a aumentar las ventas.

EFICIENCIA FRENTE A EFECTIVIDAD

Ya has oído antes que «eficiencia» es hacer las cosas bien; «efectividad» es hacer las cosas correctas.

Uno de los hombres más efectivos y eficientes que conozco es Dave Liniger, el fundador de las agencias inmobiliarias Re/Max. Ha establecido un ambiente de trabajo que anima a la gente que tiene a su alrededor a sacar el mejor provecho de su tiempo y de ellos mismos.

Dave descubrió que cuarenta y siete de los cien mejores productores de Re/Max tenían asistentes personales que se encargaban de algunas de las responsabilidades «no comerciales». Estos «ayudantes» estaban involucrados en actividades como revisiones del coche, llamadas telefónicas de rutina, retirar la ropa de la tintorería, recoger el correo y encargarse de mil y un detalles más que consumen tiempo.

Delegar las tareas no comerciales libera al vendedor profesional y le permite pasar más tiempo investigando y hablando con los clientes, lo que le conducirá con toda probabilidad a más ventas más a menudo. El aumento de ventas significa un empuje a la economía y a los ingresos de los socios de Re/Max. Algo muy curioso es que aunque esos grandes productores trabajan más horas a la semana que sus otros colegas, tienen más posibilidades de tomarse unas vacaciones... que pueden llegar muchas veces a cuatro semanas por año.

La conclusión es clara: cuanto mejor utilices tu tiempo, más ingresos generarás; cuantos más ingresos generes, más tiempo libre tendrás para tu familia y para hacer esos viajes realmente agradables. En resumen, los vendedores de altos ingresos trabajan de una manera más inteligente y no necesariamente más duro. Utilizan a otras personas de una forma más eficiente y efectiva, ¡y así todos salen ganando!

CUIDADO

Por favor, sé muy delicado con tu cónyuge cuando delegues en él o ella esas tareas no comerciales. Algunas familias se desarrollan trabajando estrechamente en esta área, y esto ha causado terribles frustraciones e incluso rupturas devastadoras por culpa de unas expectativas muy poco realistas. ¡Demasiadas veces se espera que el cónyuge que no trabaja fuera del hogar lo haga *todo*! Las tareas de la casa, sobre todo cuando hay niños, *es* un trabajo a tiempo completo.

En la mayoría de los hogares tanto el marido como la mujer trabajan. Ambos tendrán tareas que formen parte de esa categoría de «no productivas». Por favor, discutan cuál es la mejor forma de mantener el «equilibrio» para que una persona (o la carrera de una persona) no sea siempre la que tenga prioridad.

Si has experimentado alguna preocupación o desafío en esta área, te recomendaría un libro que se titula *Courtship After Marriage: Romance Can Last a Lifetime* [El cortejo después del matrimonio: el romance puede durar toda una vida]. La humildad me impide compartir el nombre del autor, pero su nombre y apellido empiezan con la letra Z.

Y AÚN MÁS CARACTERÍSTICAS DE VENTA EXITOSAS

Hoy más que nunca hay algunos rasgos que son compañeros siempre presentes de los vendedores profesionales de mucho éxito. Uno es la convicción de que los clientes deben recibir un servicio superior si los vendedores esperan cimentar la lealtad del cliente. Vender un producto que no recibe un servicio post-venta es un suicidio corporativo. Y con el alto nivel de expectativas que tiene el consumidor de hoy, la opción de no darle un servicio excepcional al cliente ya no existe.

Por ejemplo, el vendedor de un producto que requiere instrucciones o conocimientos prácticos, comprobará de nuevo a los dos o tres días que el posible cliente entiende cómo debe utilizar el producto para sacarle el mejor beneficio. Una vez compramos una aspiradora que tenía unos 287 accesorios (¡y eso es sólo una pequeña exageración!). Parecía muy fácil de usar cuando el vendedor hizo la demostración, pero cuando se fue, la Pelirroja y yo sólo pudimos recordar y utilizar una parte de aquellos accesorios. Qué atento y sabio habría sido que él hubiera pasado en los siguientes días y nos hubiera dado un curso para refrescarnos cuando nuestro entusiasmo se encontraba en lo más alto. Nos habríamos beneficiado mucho y sin duda le habríamos proporcionado otros posibles clientes.

Esto de nuevo va unido a la filosofía a la que me adhiero en cada libro que haya escrito y que escribiré: «¡Puedes tener todo lo que desees en la vida únicamente ayudando a otros a conseguir lo que ellos quieren!» Queremos utilizar al máximo nuestra aspiradora; el vendedor, obviamente, quería hacer más ventas. Él no nos ayudó a conseguir lo que queríamos y nunca nos pidió que le diéramos nombres de posibles clientes, así que ambas partes salimos perdiendo por su falta de interés, servicio y de seguimiento.

Unido al servicio al cliente está el amor del vendedor por la gente y por la profesión de la venta y la firme convicción de que el producto «le queda fenomenal» al cliente. La siguiente «viñeta» explica de lo que estoy hablando.

AYUDAR A OTROS A CONSEGUIR LO QUE QUIEREN

Una tarde de invierno la Pelirroja y yo nos encontrábamos caminando por casualidad por el ahora extinto Centro Comercial Prestonwood en el norte de Dallas. Pasamos junto a la tienda de ropa de caballero de Marvin D. Anthony, que tenía un precioso escaparate provisto de la chaqueta negra de cachemir más bonita que hubiera visto jamás... y que estaba a la venta con un precio estupendo. Paramos, la Pelirroja comentó algo sobre la chaqueta y el mismísimo Marvin «simplemente apareció» de pie allí delante, junto a la puerta. Reconoció a mi esposa porque había comprado un par de artículos en su tienda para mi cumpleaños. No hace falta decir que Marvin nos dijo entusiasmado: «Vamos, entren».

Casi al momento compré aquella chaqueta. ¿Y de qué sirve la chaqueta más bonita «del mundo entero», como señaló Marvin con entusiasmo, sin un perfecto par de pantalones a juego... o incluso dos? Los compré. El «plato principal», sin embargo, era la corbata. Marvin era un auténtico profesional que trabajaba en el marco de su personalidad usando sus habilidades para conseguir el mejor resultado posible. Era ligeramente teatral, tremendamente entusiasta y muy sincero. Con un ademán y sin vacilación fue directamente hacia la corbata, que era el complemento perfecto para la chaqueta y absolutamente magnífica... ¡amor a primera vista! Pero el precio se salía del presupuesto. Aunque costaba más del doble de lo que había pagado jamás por una corbata, la compré. He aquí el porqué: me gustaba, la quería y completaba el conjunto. Además (y éste fue el factor decisivo), estaba convencido, y la Pelirroja lo estaba aún más, de que sinceramente Marvin quería que yo (y nadie más) tuviera esa corbata. Durante el intercambio y el proceso de toma de decisión, mientras Marvin sacaba otros artículos, la Pelirroja dijo: «¿Sabes, cariño? Es una corbata preciosa y realmente Marvin quiere que la tengas tú. Creo que deberías quedártela». Lo hice.

En conclusión: adoro esa corbata y me han hecho más halagos por ella que por ninguna otra que haya tenido jamás. Y la convicción de Marvin de que era «mi» corbata, y su sinceridad al querer que yo tuviese una corbata tan bonita, fueron factores determinantes en mi decisión de compra. *Mensaje*: tu interés sincero en hacer lo mejor para tu cliente y tu convicción de que lo que le estás ofreciendo cumple con esos criterios serán los factores determinantes en muchas, muchas decisiones que acaben en un «sí».

EL «CUADRO» DEL ÉXITO

Pon ahora el punto final a este retrato del verdadero vendedor profesional (uno consciente del tiempo, orientado al servicio, con fe en su producto y que ama su profesión) con la *integridad*, añade un *amor genuino por la gente*, y tendrás un sólido fundamento para el éxito en las ventas.

Cuando tienes esas características siempre encontrarás una gran cantidad de conocimientos prácticos del producto y de la venta mezclados con la fórmula. Piensa en ello. Si amas la profesión, tienes un interés genuino por la gente y crees en el producto que estás vendiendo, entonces sentirás la responsabilidad moral de persuadir a la gente a que compren en su propio beneficio. No puedes evitar ese extraordinario entusiasmo sin creer que si todo el mundo supiera lo que tú sabes de tu producto, todos lo comprarían. Ese sentimiento se transfiere a un número cada vez mayor de posibles clientes que rápidamente se convertirán en clientes porque «vender es una transferencia de sentimientos». Es verdad. Si puedes transferir ese «sentimiento» al posible cliente a través de los procedimientos profesionales de los que estamos hablando, entonces tu posible cliente se convertirá en cliente si la compra está dentro de los límites de lo posible.

MIRAR Y ESCUCHAR

Los vendedores profesionales altamente productivos también son espectadores y oyentes profesionales que prestan atención a los detalles de cada encuentro de venta, observan los gestos del cliente y sintonizan con su forma de hablar. Si el cliente habla lento, pausado y ordenado, el vendedor profesional emula su estilo. Si el cliente se siente inclinado a hablar y moverse a un paso más rápido, el vendedor experto hará lo mismo y será compatible con los gestos del cliente y su patrón de habla.

En otras palabras, un verdadero profesional hace todos los esfuerzos para estar en armonía y para establecer una relación con el cliente.

Lo que en realidad estoy diciendo es la carrera en ventas se construye antes, durante y después de hacer la venta. Como decimos en mi tierra, «incluso un cerdo ciego encontrará una buena bellota de vez en cuando». También es verdad que incluso los vendedores ineptos, por el simple proceso de hacer llamadas y visitas, terminarán con una venta ocasional. Pero puedes garantizar que no se construirán una gratificante carrera en ventas con esa clase de enfoque al azar.

LIBRETA DE AUTOANÁLISIS

Una de las razones por las que este manual de habilidades profesionales de venta creó tanto interés entre los vendedores con los que hablamos es que muchos ellos están ambiciosamente insatisfechos con su productividad. Han llegado a entender que muchas de las cosas que hacen y muchos de los procedimientos que siguen son costumbres que a menudo ya no son eficaces, e incluso a veces son innecesarias y posiblemente incluso dañinas. Por esto el «autoanálisis» es tan importante.

El «autoanálisis» es un procedimiento diseñado para ayudarte a mantener cuidadosamente documentado un registro de tus actividades y para que te preguntes regularmente a ti mismo algunas cuestiones: «¿Necesito realizar esta actividad o necesito hacerla de otro modo? ¿Puedo incrementar mi productividad total aumentando mi eficacia? ¿Realmente necesito trabajar tan duro?»

No me malinterpretes. Estoy convencido de que hay muchos más vendedores que fracasan porque no trabajan lo suficiente que vendedores que lo hacen por trabajar demasiado. Sin embargo, cuando pienso en trabajadores esforzados pienso en mi amigo de toda la vida Randy Manning de Winston-Salem, Carolina del Norte. Durante muchos años Randy ha sido uno de los mayores productores de Pitney-Bowes. Probablemente él ha hecho más negocios por hora trabajada que ningún otro profesional que haya conocido jamás. Él sobresalió haciendo contactos (lo que se conoce como *networking* en inglés) antes de que se acuñara la palabra. Tiene una personalidad atractiva, y a la gente le gusta instintivamente y confían en él.

Tan importante como gustar y ser de confianza (y estas son las características más importantes por las que empezar) su productividad provenía de una cuidadosa planificación. Nunca dejaba su casa a menos que supiera con precisión adónde iba, cuándo iba a llegar, la gente a la que necesitaba ver, las circunstancias de la visita, la presentación que había planeado hacer, el enfoque que iba a usar y la influencia sobre terceros que esperaba aplicar. También conocía los mayores intereses del posible cliente y siempre trabajaba para conseguir una relación a largo plazo.

UNA FUERZA DE VENTA CON «CLIENTE» INCORPORADO
Por estas razones los clientes le eran leales a Randy y hacían un esfuerzo especial para ayudarle a generar más negocio. La razón es

muy simple. Él tenía un magnífico cuidado de ellos porque era lo correcto y lo más inteligente. Randy sabía que su éxito a la hora de conseguir nuevos clientes y nuevas ventas dependía en un grado muy grande de su éxito a la hora de satisfacer a los clientes que ya tenía. Hizo de cada uno de ellos un asistente de vendedor. Durante toda su larga carrera fueron pocos, si acaso alguno, los clientes a los que no regresó para venderles una y otra vez.

Randy también comprendía lo que todo vendedor de éxito debe saber: cuesta aproximadamente cinco veces más conseguir un nuevo cliente que conservar el que ya tienes. Así que él trabajaba para conservar los que ya tenía.

LAS EXPECTATIVAS DE LA COMPAÑÍA

Con el énfasis puesto hoy en día en la productividad, tengo muchas preguntas acerca de lo que se debe hacer cuando lo que la compañía demanda supera la realidad. Éste es un tema muy sensible y, francamente, las compañías y sus representantes lo han convertido en un tema emocional. Permíteme que te anime a considerar lo siguiente, ya sea que trabajes para una compañía que necesita más productividad de sus vendedores o que seas ese vendedor que necesita menos presión de su compañía.

Mi recomendación es que traslades la discusión desde el terreno emocional hasta la lógica a través de los datos científicos. Las cuestiones clave que deben evaluar estos datos son la actividad, el proyecto y los resultados. Actividad es «cómo usas tu tiempo». Proyecto significa «el número de compradores cualificados con los que se trabaja». Resultados son «el número de ventas generado».

ACTIVIDAD

Una de las actividades más valiosas en la que he estado involucrado ha sido realizar una gráfica de análisis de tiempo. Admitiré que cuando escuché hablar de seguirle la pista a mi tiempo por primera vez me sentí como si me hubiera caído una sentencia de prisión. Muchos de nosotros sentimos que no se confía de nosotros cuando alguien nos pide cuentas por cada minuto de cada día.

Entonces, ¿por qué no tomar la iniciativa y hacerla antes de que nos la pidan?

Cualquier compañía que vaya a tener éxito a largo plazo te pedirá que mantengas un registro preciso de tus actividades de venta. Sin embargo, el Registro de Tiempo del Ganador te permite seguirle la pista a cada minuto de tu día. Si mantienes esta tabla solamente dos semanas, afectará espectacularmente tu vida.

Fecha:_____

REGISTRO DE TIEMPO DEL GANADOR

Instrucciones: Las columnas de TAREA (lo que estás haciendo) y RELATIVO A (con qué proyecto o área está relacionada la tarea) se deben completar mientras suceden las actividades. La columna de PRIORIDAD se debe completar al final del día con un 1, 2 ó 3. 1 = *recompensa alta*, actividades ganadoras; 2 = *recompensa razonable*, pero no conseguiré todos mis objetivos realizándolas todo el día; 3 = *recompensa pobre*, demasiadas actividades como ésta y seré infeliz y desempleado.

	TAREA	RELATIVO A	PRIORIDAD
7:00			
7:15			
7:30			
7:45			
8:00			
8:15			
8:30			
8:45			
9:00			
9:15			
9:30			
9:45			
10:00			
10:15			
10:30			
10:45			
11:00			
11:15			
11:30			
11:45			
12:00			
12:15			
12:30			
12:45			
1:00			
1:15			
1:30			
1:45			
2:00			
2:15			
2:30			
2:45			
3:00			
3:15			
3:30			
3:45			
4:00			
4:15			
4:30			
4:45			
5:00			
5:15			
5:30			
5:45			

304 ZIG ZIGLAR VENTAS

Descubrirás (como hice yo) que se pasan poco más de dos horas al día en actividades que realmente generen ingresos. La mayor parte del tiempo lo pasas «preparándote» para participar en actividades que generen ingresos. Tu objetivo no es ser tu propio crítico o juez; tu objetivo es ser consciente de las actividades que debes añadir o suprimir.

Mis tablas mostraron que pasaba una increíble cantidad de tiempo al teléfono. Me quedé impresionado al enterarme de que en los días en los que lo apartaba todo para escribir, había mañanas en las que mi tiempo de escritura se quedaba literalmente partido por la mitad por el tiempo que pasaba al teléfono. Las interrupciones (a veces el teléfono, a veces otras cosas) me alteraban y me robaban de dos a tres horas al día. Ahora, por favor, entiende que el que la Pelirroja venga por un abrazo es una clase de interrupción que espero con ansia y que deseo que ocurra. (Además, el abrazo siempre me inspira a sacar la mejor creatividad de mí.) Menciono esto simplemente para decir que si las llamadas telefónicas y las interrupciones que realizas te sientan bien, piensa en disfrutarlas. No te quedes tan atrapado en eso que los psicólogos llaman comportamiento del «tipo A» que no incluyas tiempo para actividades que te son importantes. Una de las cosas más fenomenales que puedes descubrir y mejorar es pasar tiempo con los miembros de la familia.

El asunto más importante es éste: el Registro de Tiempo del Ganador no es un factor que limita, sino un factor que libera. ¿Cómo podrás corregir unos hábitos poco rentables de los que no te das cuenta? ¿Cómo podrás darte cuenta del modo en el que estás usando tu artículo más valioso (tu tiempo)? ¿Cómo podrás estar seguro de que mantienes el equilibrio adecuado en tu vida? El Registro de Tiempo del Ganador es la respuesta.

Por cierto, los mejores estudiantes se sientan y *empiezan* a estudiar. Los mediocres y los malos pasan un montón de tiempo *preparándose* para estudiar. Los mejores vendedores hacen su planificación y se preparan durante las horas que no venden. Cuando llega el momento de vender, agarran el teléfono, el maletín o el muestrario de venta. Además, los verdaderos profesionales de la venta aprovechan cada oportunidad (esperada o inesperada)... ¡para vender, vender, vender! El siguiente ejemplo explicará lo que quiero decir.

Acres de diamantes

Vender es una profesión que nos capacita para tomar ventaja sobre cada oportunidad casi sin reparar en las circunstancias. Leonard Allen de Eau Claire, Wisconsin, vendía electrodos especiales de soldadura para la industria del mantenimiento. Esto incluía a los granjeros debido a la considerable cantidad de maquinaria que tenían que reparar por su cuenta para mantener todos sus equipos en funcionamiento. Leonard estaba haciendo una visita a una cooperativa y el posible cliente estaba interesado, pero también extremadamente ocupado. A la vez que intentaba escuchar a Leonard era interrumpido todo el tiempo por importantes llamadas telefónicas. Durante los momentos en los que el posible cliente estaba envuelto en una conversación telefónica, Leonard hablaba con un viejo granjero vestido con mono de trabajo y, como él explicaba, «sus botas indicaban que trabajaba en la granja». Leonard llama al siguiente concepto su «Caso Barnyard».

Empezó a conversar con el granjero, abrió su muestrario y le enseñó la varilla de soldar especial: la que suelda a través del óxido, la tierra y el resto de cosas con las que se encuentran los granjeros. Aquel caballero en particular estaba extremadamente bien informado, se expresaba con claridad y se mostraba determinante en las preguntas que hacía. Lo importante es que Leonard terminó con una orden de pedido considerable porque estaba capacitado para contestar con precisión las cuestiones técnicas que le demandaba el granjero.

Cuando Leonard cerró la venta, el gerente de la cooperativa ya había terminado su llamada y le comunicó a Leonard que aquel granjero en particular era uno de los más ricos y respetados de la zona. Quería conocer lo que el hombre había comprado. Cuando Leonard le contó al cliente lo que el granjero había comprado y por qué, el gerente de la cooperativa declaró que por el respeto que le tenía al granjero él también iba a comprar. ¡Dos ventas antes de las 9 de la mañana fueron un comienzo magnífico para el día de Leonard Allen!

Lección: cuando era niño cantaba una vieja canción de iglesia que se titulaba «Brighten the Corner Where You Are» [Ilumina el rincón donde estés]. Los vendedores necesitan vender en el rincón donde se encuentren. También necesitan utilizar su tiempo con más eficacia. Hubiera sido más fácil y menos arriesgado que Leonard hubiera ignorado al granjero o que se hubiera permitido una charla superficial. En vez de eso él aprovechó la oportunidad, rindió un servicio e hizo dos ventas como resultado de su esfuerzo.

PROYECTO

Construir un proyecto es la clave de los resultados regulares para el profesional de la venta. El peligro en esta área es que, basándonos en nuestra definición, el proyecto tiene ciertas cualidades subjetivas. El «número de compradores *cualificados* con los que se *trabaja*» demanda una definición de *cualificados* y de *trabajo*. Necesitarás trabajar con un supervisor o gerente que determine una definición de esos términos con la que los dos estén de acuerdo.

Para nuestras propuestas, un comprador cualificado es aquel que tiene la autoridad y los recursos (normalmente dinero) para tomar la decisión. Trabajar con ese posible cliente significa que la decisión debe ser tomada en un margen de treinta días. Trabajarás con muchos compradores potenciales fuera de ese margen, pero quiero que pienses en estas personas más como contactos o dudosos que como posibles clientes. ¿Son menos importantes que los clientes que cierran la venta en treinta días? ¡Por supuesto que no! ¿Requieren una asignación de tiempo diferente y otra interpretación de la palabra «trabajo»? ¡Por supuesto que sí!

Ahora, por favor, no te dejes atrapar por la semántica. Puede que tu negocio no requiera tener que cerrar la venta en treinta días. Los parámetros de las definiciones son tuyos y tú debes asignarlos. Solamente asegúrate de que *antes* de empezar habrás llegado a un acuerdo con tu supervisor o gerente con respecto a lo que significa «compradores cualificados con los que se trabaja».

RESULTADOS

Los grandes directivos empiezan dirigiendo resultados. Cuando no hay resultados, dirigen y enseñan técnicas y habilidades. Cuando las técnicas y habilidades no consiguen resultados, los directivos más destacados se centran en la actividad. Todo esto quiere decir que mientras vayas consiguiendo resultados asegúrate de saber cómo y por qué estás teniendo éxito para que puedas repetirlo. Nada es más devastador que un vendedor que va «sobre ruedas» vendiendo a todo aquel que encuentre a su vista. Entonces, un día esa persona sencillamente «se queda seca». Nadie le compra nada. ¿Qué ha ocurrido? ¿Cómo ha podido pasar? ¿Qué puedo hacer para que todo vuelva a ir «sobre ruedas»? La única manera de contestar esta pregunta es evaluando la actividad, el proyecto y los resultados.

¿Por qué te compró a ti tu último comprador? ¿De dónde salió (la fuente)? ¿Cuánto tiempo te llevó completar la venta? ¿Fue más largo o más corto de lo habitual? ¿Cuántas referencias conseguiste de ese cliente satisfecho? ¿Cuál es tu ratio actual de cierres? ¿Cómo se compara con la pasada semana? ¿Con el último mes? ¿El último año?

Algunos de ustedes seguramente estarán pensando que para estar capacitado para contestar esas preguntas necesitas emplear todo tu tiempo en mantener un registro y nada de tiempo en vender. Por favor, perdónenme si lo que estoy a punto de decir va dirigido directamente contra alguno de ustedes, pero esa es una respuesta perezosa, testaruda, cerrada y digna de un perdedor. (¡Seguro que he captado tu atención!) Los vendedores que «hacen las cosas sobre la marcha» son no profesionales que provocan que la reputación de los profesionales sufra. Ahora permíteme que me apresure a añadir que de vez en cuando todos caemos en la categoría negativa. Seré el primero en admitir que guardar los registros oportunos, los papeles y detalles no es algo que nos guste hacer a muchos de nosotros. Sin embargo, para ser los profesionales que todos queremos ser, debemos encontrar un nivel de comodidad. Con una evaluación adecuada de la actividad, te prometo que encontrarás más del tiempo suficiente para mantener los registros que te permitan contestar las preguntas que calienten las templadas aguas de la mediocridad y las conviertan en agua hirviendo que te propulse hacia el éxito.

MÉTODO DISCIPLINARIO

Todos necesitamos un método, una técnica o un sistema para ser responsables. En los deportes, los marcadores dicen quién gana y quién pierde el juego. En el mundo de los negocios, algunos dicen que el talonario de cheques es el que dice quién gana y quién pierde. No estoy de acuerdo en ninguno de los dos casos. El mejor equipo no siempre lidera el marcador, y el mejor sueldo no siempre pertenece al mejor resultado. Los marcadores y los talonarios de cheques son indicadores del resultado, pero no tienen la última palabra.

Los verdaderos profesionales (en cada una de sus actividades) tienen la paz mental que proviene de saber que lo hicieron lo mejor que pudieron con lo que tenían a mano en cualquier momento dado del pasado. Tienen la paz mental de saber que han sido honestos con el sistema de valores en el que creen. Esto solamente se puede hacer con un sistema que permita a la gente que busca el éxito rendir cuentas sobre la responsabilidad de las tareas y los objetivos.

Ninguno de nosotros puede dirigir el tiempo. Pero cada uno de nosotros puede justificar el uso de este preciado artículo. No podemos controlar los pensamientos y las acciones de las otras personas, pero podemos tomar decisiones acerca de cómo vamos a pasar nuestro tiempo y qué objetivos vamos a perseguir.

El Planificador de Resultados es nuestra respuesta a las preguntas de «¿Cómo sabré cuándo estoy teniendo éxito?» y «¿Existe un modo de que asuma más responsabilidades mientras me vuelvo más organizado?» Desarrollé el Planificador de Resultados como un método «disciplinario» que nos permitirá seguirle la pista a las tareas y los resultados mientras planeamos los objetivos.

El sistema correcto

Sí, el Planificador de Resultados se puede conseguir en Ziglar Training Systems, pero añadiré que no tienes que tenerlo en tu poder para tener éxito. Creo, sin embargo, que tienes que usar algún sistema para medir tus responsabilidades. Daytimers, Inc., y Covey Co. Franklin suministran calendarios y conceptos que te permitirán utilizar de la mejor manera posible el tiempo que tienes. Un lapicero y un trozo de papel o un programa informático pueden ser el comienzo del desarrollo de tu sistema personal de seguimiento de resultados. Lo más importante no es qué sistema uses... ¡lo importante es que uses un sistema!

LOS COMPONENTES CLAVE

Sin reparar en si compras un sistema o si creas el tuyo propio, los componentes primordiales de un sistema de seguimiento de ventas exitoso son un calendario (ten solamente uno para todas las áreas de tu vida); una lista de tareas (un «almacén de ideas» donde los proyectos y las tareas futuras se puedan recordar y seguir) y una sección para objetivos dirigidos y en seguimiento. Si puedes tenerlos todos juntos contigo *todo el tiempo* en un libro o libreta, te sentirás encantado con el impacto que este sistema tendrá en tu vida.

> *Lo más importante no es qué sistema uses... ¡lo importante es que uses un sistema!*

Desde la perspectiva de la venta, si no tienes un ordenador portátil querrás incluir una sección en tu libreta de posibles clientes por orden alfabético (guarda la hoja de información de cada cliente por orden alfabético y pon el apellido, o el de la compañía, en la fecha del calendario en la que tuvieron su cita o su llamada de seguimiento). Esto evita que tengas que hurgar para buscar la información si el cliente te llama antes de la cita. Puedes duplicar las etiquetas alfabéticas para tener una lista de números de teléfono importantes a mano todo el tiempo.

También debes incluir una sección para notas o ideas. Un «diario» te permitirá recordar los conceptos clave que te ayudarán a tener éxito en el futuro (como ya hemos hablado antes).

LA MALA INTERPRETACIÓN MÁS FRECUENTE

Demasiada gente piensa que la organización y la disciplina restringen la espontaneidad; más bien es todo lo contrario. Cuando los profesionales de la venta dan el paso de convertirse en personas más organizadas y disciplinadas, están dando el paso hacia la máxima utilización de su tiempo y esfuerzo, ¡lo que les liberará en todas las áreas de la vida! Te haré esta promesa y te daré esta garantía. Si sigues las directrices que te recomiendo en este capítulo durante treinta días (exactamente tal y como se explican), incrementarás tus niveles de productividad y placer en un mínimo de diez veces más de lo que te ha costado este libro. Al terminar esos treinta días, quiero desafiarte a que me escribas y compartas tus victorias. Como solían decir los viejos anuncios de televisión, «Pruébelo. ¡Le encantará!»

CAPÍTULO DIECISÉIS

HAZLO BIEN COMO PERSONA

*Hazlo bien como persona y entonces
lo harás bien como vendedor*

El doctor William James, el padre de la psicología norteamericana, dijo: «El mayor descubrimiento de nuestro tiempo es la comprensión de que podemos modificar nuestras vidas modificando nuestras actitudes».

EL EJECUTIVO OCUPADO

Algunos de ustedes podrán identificarse con el ejecutivo ocupado que llega a casa con un maletín lleno de trabajo. Su hijo de seis años le demanda tiempo, pero debido a unas fechas de entrega especiales, el padre al regañadientes le dice al hijo que le quedan muchas horas de trabajo que son prioridad esa noche.

Mientras el chico se va alejando desalentado de la zona donde su papá trabaja, se encuentra con su madre en el pasillo.

—¿Cuál es el problema? —inquiere ella con cariño.

—¡Ah! Papá tiene un maletín lleno de trabajo y no puede jugar conmigo —se queja el niño—. ¿Por qué siempre trae todo ese trabajo a casa?

Con sabiduría y paciencia maternales, ella le responde:

—Bueno, tu papá es una parte importante de su compañía, y sencillamente no le da tiempo a hacerlo todo durante su jornada de trabajo.

El chico mostró una perspicacia impropia para sus años cuando preguntó:

—Bueno, ¿y por qué no le ponen en un grupo más lento?

PERSISTENCIA

El muchacho era un chaval persistente y al final regresó a la zona de trabajo de su padre. La insistente pregunta, «¿Ya puedes jugar, papá?», no solo resultaba dolorosa, sino irritante.

Al final el joven vendedor tuvo una gran idea. Enfrente de él había un periódico que tenía un mapa del mundo. Rasgó el papel en muchos trozos y se los entregó al pequeño para que los volviera a juntar, diciéndole que cuando hubiera terminado el «puzle», entonces sería la hora de jugar juntos. El vendedor se imaginó que así tendría al menos treinta minutos sin interrupciones, pero en cuestión de minutos el niño estaba reclamándole de nuevo al padre para que fuese a mirar el mapa. El padre entró en la habitación contigua y, efectivamente, el niño había juntado el mapa a la perfección. El padre le preguntó cómo se las había arreglado para hacerlo tan rápido. El chaval le explicó que en la otra cara del mapa del mundo había un dibujo de un hombre y cuando hizo bien el hombre, hizo bien el mundo.

HACERLO BIEN COMO PERSONA

En el mundo de la venta, cuando lo hacemos bien como «personas» es mucho más fácil hacerlo bien como «vendedores». Siendo realistas, hasta que *tú* no lo hagas bien, tu *mundo de las ventas* no irá bien. El «secreto» para hacerlo bien es enderezar tu «actitud». Mi intención a lo largo de este libro ha sido transmitirte la información necesaria para que tomes las decisiones adecuadas en todas las áreas de la vida, ¡de tal modo de esas decisiones produzcan la actitud que te conduzca al éxito!

Nadie puede separar la vida personal, la familia y el trabajo. Lo que ocurre en casa (un bebé enfermo, un hijo metido en las drogas, problemas con el cónyuge) tiene un claro impacto en tu rendimiento laboral. Un artículo en *USA Today* afirmaba que en las empresas de menos de cien personas los problemas conyugales eran la primera causa del descenso de la productividad en el trabajo; la segunda era el alcohol y las drogas la tercera. Del mismo modo, lo que ocurre en el trabajo (ser despedido o ascendido) también tiene un firme impacto en las relaciones en casa.

UNA PROFESIÓN EXIGENTE

De todas las ocupaciones del planeta, a excepción quizá de la psiquiatría, la consejería y el ministerio pastoral, seguramente la profesión de la venta sea la más exigente en lo que se refiere al mantenimiento de una actitud mental correcta. De algún modo, tu actitud en la venta es incluso más importante y tiene un mayor riesgo que en el resto de profesiones mencionadas, porque en esos casos los «posibles clientes» suelen acudir en busca de ayuda. En el caso de la venta, nosotros buscamos a nuestros clientes, y muchas veces nuestros contactos con ellos llegan en un momento inoportuno, y a menudo se realizan con gente que no siempre está deseosa de vernos.

Ahora añade el hecho de que muchos no sienten necesidad ni tienen interés en lo que estamos vendiendo, y ya tienes el escenario listo para un elevado índice de «reticencia» para poder hablar de nuestros bienes y servicios... mucho más elevado para hacer una presentación completa. Cuando este proceso se repite cierto número de veces cada día, el vendedor corre el riesgo de ver su ego tan seriamente dañado que una actitud pobre o negativa se convierte en un problema mayúsculo.

¿UNA «VACUNA» PARA LA ACTITUD?

¿Cómo puedes vacunarte y protegerte de la actitud equivocada? Sinceramente, no hay modo de que puedas construirte un caparazón acorazado que te proteja por completo de los sentimientos de frustración, decepción y miedo. Si pudieras hacerlo, *no* serías un vendedor muy exitoso. La razón es simple: tú y yo somos gente «emocional» y «sentimos» toda una gama de emociones. Si no sentimos decepción cuando un posible cliente rechaza tomar parte en «el producto más fantástico sobre la faz de la tierra», no podremos sentir entusiasmo cuando estemos vendiendo. Los mismos «sentimientos» que nos llevan al entusiasmo lo hacen hacia la decepción. Para tener éxito en la venta tenemos que tener la capacidad de sentirnos tanto «bien» como «mal». Puesto que no somos inmunes a los «malos» sentimientos, la pregunta es: ¿Qué podemos hacer para limitar su frecuencia, su extensión y su intensidad? Tomar el control es importante porque nuestra actitud determina cuántos contactos haremos, cuándo empezaremos y cómo terminaremos, y los resultados que obtendremos cada día.

SALUD MENTAL

Con la salud emocional asegurada, necesitas mantener tu salud mental dentro del enfoque apropiado.

Una pregunta: ¿alguna vez fuiste al cine y te reíste? Otra: ¿alguna vez fuiste al cine y lloraste? Existen al menos mil probabilidades contra una de que hayas contestado a las dos que sí. Siguiente pregunta: ¿crees que sentiste esas emociones por algo que pusieron en los asientos? ¿O crees que fue porque pusieron algo en la pantalla que se introdujo en tu mente y afectó a tus pensamientos y emociones? Aquello que introduces en tu mente tiene un impacto en ti. Afortunadamente, puedes elegir lo que entra.

Tu actitud es importante, así que necesitamos considerar con detenimiento lo que podemos hacer para evitar los «malos pensamientos» que al final conducen al «endurecimiento de las actitudes».

Llegados a este punto debes estar pensado: *Muy bien, Ziglar, ¿qué puedo hacer dentro de mi limitado periodo de tiempo para mantener esa actitud mental positiva, y así poder tratar a mis clientes beligerantes con tanta gentileza como trato a los amistosos? ¿Cómo puedo ser agradable con mi pareja y mis hijos así como con mis vecinos y conocidos cuando he tenido un día duro en el campo de batalla?*

La respuesta es sencilla, pero no es fácil: *No puedes controlar las circunstancias de tu vida, pero puedes hacer muchas cosas para controlar tu actitud mental mientras peleas con esas circunstancias.*

Empieza por comprender esto: eres lo que eres y estás donde estás a causa de lo que ha entrado en tu mente; y puedes cambiar lo que eres y el lugar donde estás cambiando lo que entra en tu mente. En resumen, tú eliges lo que lees, lo que escuchas y lo que ves. Lo que sigue te proporcionará más detalles.

PRESIÓN, ESTRÉS Y ANGUSTIA

Sin duda, uno de los aspectos más importantes de una carrera en las ventas es la salud del vendedor. La presión en nuestra gran profesión a veces puede derrotarte. Tan solo piensa en unas cuantas cosas «estresantes»: la necesidad de encontrar una cuota; la entrada de nuevos productos; la creciente competitividad por el dinero del consumidor; los atributos de alta tecnología de algunas de las fases del negocio; el creciente énfasis en el servicio al cliente y la calidad de los productos; el predominio del alcohol y otras drogas en la plantilla, acompañado de la presión social hacia esas sustancias; la creciente congestión del tráfico (lo que provoca que necesitemos más tiempo para viajar de casa a la oficina y de la oficina a los clientes); las familias con dos carreras profesionales, a las que, cuando hay niños, hay que añadir niñeras, guardería, escuela y muchos otros factores complicados. Todo esto y una multitud más de «asuntos estresantes» dan lugar a una creciente presión (física, mental y espiritual) en el vendedor.

¿Cómo puedes tú, el vendedor profesional, cuidar de ti mismo en este ambiente? Como ya he dicho antes y repetiré de nuevo, el género humano es tridimensional: físico, mental y emocional (espiritual). La respuesta a tu pregunta se encuentra en que te evalúes en estas tres áreas.

SIMPLE, PERO NO FÁCIL

El consejo que me gustaría compartir contigo es relativamente simple, pero seguirlo puede llegar a ser complicado. Empecemos con el consejo de una auténtica superestrella de la venta, un hombre del que ya hemos hablado, Walter Hailey. Walter hizo fortuna en el negocio de los seguros de vida y después vendió su compañía a Kmart por una cantidad que rondaría los 78 millones de dólares (una cantidad *inmensamente* linda). Así que hizo un montón de ventas pequeñas y, al menos, también una venta colosal. Es un hombre con una energía extraordinaria, un entusiasmo ilimitado y un gusto por la vida que te hace pensar que debe tener veinte años menos.

Walter dice que un porcentaje increíblemente alto de personas pasan la mayor parte de su tiempo «mirando hacia atrás con ira y hacia delante con miedo». Y con la doble carga de la ira y el miedo prácticamente estás, como dice Walter, «hipotecando tu futuro». Tener ira por lo que ocurrió en el pasado provoca miedo por lo que pasará en el futuro. E incluso la gente potencialmente exitosa se quedará paralizada en el presente.

SALUD EMOCIONAL

Entonces, ¿cuál es la solución? *Paso número uno*: sigue adelante y culpa a las personas que te hicieron lo que fuera que te provocara toda la miseria y los problemas que has sufrido en tu vida. Mis amigos psiquiatras me han dicho que está bien culpar a otro de tu problema. Así que empieza justo ahora a culpar a mamá, a papá, al tío Charlie, a tu antiguo jefe, a tu antigua pareja, a tu antiguo socio (y a cualquier otro que te venga a la mente) de *cada uno* de tus problemas.

Paso número dos: ahora que has culpado a los demás de tus problemas, perdónalos por lo que han hecho. En algunos casos puede ser extremadamente difícil e incluso puede que necesites orientación. Creo que un abuso psicológico, emocional o sexual es un ejemplo de ello. Si necesitas ayuda para perdonar, te animo a que hagas todo lo necesario para conseguirla. Creo tan firmemente en la importancia del perdón porque hasta que no perdones a esas personas por los papeles que han jugado, van a jugar un papel aún mayor en el futuro. Y tu futuro no será todo lo que puede llegar a ser. De hecho, puede ser deprimente... hasta que aprendas a perdonar.

Perdonar no tiene por qué ser necesariamente olvidar. Archibald Hart, psicólogo cristiano, define el *perdón* como «renunciar a tu derecho de lastimar a alguien a cambio». Cuando perdonas a alguien accedes a perder cualquier venganza que previamente creíste necesitar para ser recompensado. Quizá recuerdes el hecho, pero te liberas de su poder para controlarte, y también del deseo de herir al causante del hecho. No es un «apaño rápido». Perdonar, como el doctor Hart define, es un proceso que se realiza en un cierto periodo de tiempo.

Paso número tres: ahora que ya has culpado a los demás de tu pasado y los has perdonado, debes *aceptar la responsabilidad de tu futuro*. Hasta que no aceptes la responsabilidad de tu futuro, vas a revivir tu pasado y a repetir los fallos. Una de las declaraciones más significativas que he estado repitiendo en los últimos cinco años es ésta: *El fracaso es un suceso, no una persona*. Sí, quizá hayas fracasado, pero tú no eres un fracaso.

Cuando sigues esta idea, *entendiendo* con la lógica y las emociones que «ayer terminó anoche y hoy es el primer día del resto de tu vida», es cuando en verdad empiezas a aceptar la responsabilidad de tu salud emocional. Quiero animarte con cada fibra de mi ser a que mires adelante con esperanza en el futuro. Como dice mi amigo John Maxwell: «Si hay *esperanza* en el futuro, hay *poder* en el presente».

Para mí, mi salud emocional está en las manos de Dios. No estoy tratando en ningún modo de imponerte valores, pero en setenta y cinco años de vida he aprendido que una verdadera salud emocional viene de una relación personal con el Creador. Cada uno de nosotros tiene que tomar una decisión. La mía es servir a Dios a través de Jesucristo por el poder del Espíritu Santo.

Te amino a que recojas toda la información que puedas sobre los aspectos espirituales de la vida y que tomes tu propia decisión. Cuando conoces y entiendes este aspecto de tu salud, el resto de las áreas de la vida se llevan con mucha más eficacia.

ENCONTRAR Y MANTENER LA ACTITUD MENTAL APROPIADA

Aquí tienes algunos pasos para desarrollar la actitud correcta:

Número uno: acepta el hecho de que tú *puedes* controlar tu actitud.

Número dos: toma la determinación de hacer lo que sea necesario para tomar el control de tu actitud.

Número tres: evalúa con esta pregunta cada libro, programa de televisión, película o video antes de empezar a leerlo o verlo: «¿Esto me va a ayudar en mi vida personal, familiar y profesional, o puedo hacer un mejor uso de este tiempo para avanzar en estas áreas?»

Número cuatro: aprende una palabra nueva cada día. Con menos de cinco minutos al día puedes conseguir resultados impresionantes. El ciudadano medio solamente aprende veinticinco palabras nuevas al año y tiene un vocabulario en conversación de apenas quinientas palabras. Una nueva palabra al día supondrá que en un año tendrás una «clara ventaja» sobre muchas de las personas con las que tratas; dentro de cinco años tendrás una ventaja colosal: no por saber esas palabras, sino porque éstas te proporcionarán un entendimiento amplio y profundo que enriquecerá tu vida en todos los aspectos. Además, hay más buenas noticias: cada palabra tiene varios «amigos»; cuando aprendes una nueva palabra, estás expandiendo tu vocabulario hacia muchas más.

La empresa International Paper ha probado concluyentemente que tus ingresos y tu vocabulario tienen una relación directa. Con treinta y siete años, Vince Robert de Ottawa, Canadá (que había abandonado los estudios en quinto curso), era taxista. Pasaba muchas horas al día esperando viajeros en hoteles y aeropuertos. Un día se sintió inspirado y compró uno de esos diccionarios que pesan «una tonelada». Lo puso en el asiento de al lado en su taxi y empezó a aprender palabras. Su conocimiento creció tanto, a la par de su seguridad, que empezó a investigar en el mercado de valores. En definitiva: acabó comprando aquella compañía de dieciocho taxis. Hoy da clases de cómo alcanzar el éxito. Una palabra al día puede marcar una diferencia drástica en tu vida personal, en tu familia y en las ventas.

Número cinco: lee algo de valor para ti en lo personal y lo profesional al menos durante veinte minutos al día, algo que sea informativo, inspirador y educativo. Si eres un lector medio (que lee una 220 palabras por minuto), en un año habrás leído veinte libros de 200 páginas. El ciudadano medio lee solamente dos libros nuevos al año, así que, hablando en términos competitivos, en esto tendrás otra ventaja colosal. Estarás en una posición inmejorable para asesorar con propiedad a tus posibles clientes acerca del curso de acción más apropiado para tu propio beneficio.

Piensa en la enorme ventaja que tendrás sobre tus competidores. Tus lecturas deben tratar de tu crecimiento y desarrollo personal o profesional, de la naturaleza y la psicología humanas, o simplemente de cualquier tema que consideres beneficioso para ti.

Número seis: haz que tu vehículo ingrese en la Universidad del Automóvil. Don Hutson, entrenador comercial, dice que un típico vendedor profesional pasa quinientas horas al año dentro de un automóvil. Eso son más o menos unas diez horas a la semana. Con diez horas semanales puedes convertirte en un consumado profesional de la venta mientras conduces. Puedes dominar el arte de manejar objeciones, buscar clientes, ser persuasivo, construir presentaciones y trabajar con cada cierre de venta imaginable conocido por la humanidad. Puedes construirte un extenso vocabulario, aprender una lengua extranjera, adquirir herramientas comunicativas o incluso convertirte en un experto en la Biblia.

Existen innumerables fuentes para adquirir este material, desde bibliotecas públicas y universidades hasta grabaciones de audio de compañías que se especializan en proveer cintas actualizadas, muy informativas e inspiradoras. Por supuesto, esto también incluye a tu propia empresa. Cuando fui alumno visitante durante dos años en la Universidad del Sur de California, me enteré de un estudio que revelaba que si vives en el área metropolitana de una ciudad y conduces 20,000 kilómetros cada año, en tres años habrías adquirido el equivalente a dos años de educación superior mientras estabas en tu automóvil. Si puedes leer aunque sea al nivel de quinto curso, prácticamente no tienes excusa para no adquirir una maravillosa educación.

Con mucho, el beneficio más importante de escuchar mientras estás en tu coche es el impacto directo que recibes en tu motivación. Durante años los vendedores me han dicho que entre visita y visita ponían rápidamente una de mis cintas y de inmediato sentían un «subidón». Francamente, siempre pensé que hablaban de algo psicológico, pero resulta que además de eso ellos recibían un «subidón» fisiológico.

Para conseguir los mejores resultados de lo que te estoy hablando, empieza cada día escuchando una grabación que te motive y te anime. Los psicólogos dicen que el primer encuentro importante del día tiene más influencia en la actitud que las siguientes cinco personas con las que nos encontremos. Si en algún momento pasas entre cinco y treinta minutos escuchando algo que te levante el ánimo, estarás preparado para hacer esa visita. La siguiente hora perfecta para escuchar, desde un punto de vista puramente energético, es después del almuerzo. Eso provoca que ciertas de esas endorfinas se levanten de nuevo, y hará tu nivel de energía y creatividad crezca.

Refuérzalo todas las noches justo antes de apagar las luces leyendo algo educativo que te dé ánimos. Tu mente meditará todas las noches mientras duermes con los últimos datos e informaciones que le hayan entrado. La información adecuada realmente puede marcar la diferencia en tu carrera.

Número siete: elige con cuidado a tus colegas. Hace varios años el periódico *Los Angeles Times* publicó un estudio acerca de lo que tenían en común algunas personas extraordinariamente exitosas: en algún momento de sus carreras tomaron la decisión deliberada de ascender a la gente con la que trabajaban, pasar tiempo en actos sociales y codearse con las clases altas en general. Todos dijeron que aquello había sido un factor esencial para su éxito. Por esa razón te animo a que pienses detenidamente sobre este asunto.

SALUD FÍSICA

El tercer aspecto en la búsqueda de la actitud adecuada es la salud física. A propósito, es imposible separar el aspecto físico, el mental y el emocional (espiritual) de la actitud. Emplearé más tiempo en lo físico porque muchos vendedores desatienden esta área. Existe un gran número de magníficos libros que te darán una considerable cantidad de información acerca de este tema.

Como buen devoto del *fitness* desde principios de los años setenta, puedo decirte que cuidar de tu salud te devolverá enormes dividendos en forma de aumento de la energía y pocos días de enfermedad. La energía extra producirá ingresos crecientes en tu familia. Nunca seremos capaces de calcular con exactitud los miles de millones de dólares de pérdidas de ingresos que sufren los vendedores estadounidenses cada año. Piensa en lo que ocurre cuando el vendedor está sencillamente demasiado cansado para comenzar temprano la mañana, cuando se queda sin combustible antes de que el día haya terminado o cuando tiene ese «inevitable bajón» después de una comida pesada. Para esos vendedores la idea de hacer «una presentación más» antes de terminar por hoy se vuelve una imposibilidad física. Sus reservas de energía se han agotado.

GUÍA PRÁCTICA DE LA FORMA FÍSICA

¿Así que cuáles son las claves para cuidar de la salud física? Empecemos con la *disciplina*, que es importantísima pero se descuida a menudo. Como ya mencioné antes, 175 de los directores ejecutivos de la lista de Fortune 500 fueron miembros de la Marina de Estados Unidos. Seis de nuestros últimos siete presidentes fueron militares. Obviamente, nuestras fuerzas armadas enseñan disciplina, lealtad, entrega y responsabilidad personal, junto con una serie de otras cualidades positivas. Como ya dije antes, «disciplínate para hacer las cosas que necesitas hacer en el momento en que necesitas hacerlas y llegará el día en que serás capaz de hacer lo que quieras cuando quieras».

EMPIEZA TU DÍA A LA MANERA PROFESIONAL

La disciplina comienza con un despertar temprano por la mañana. El que tú y tu pareja se despierten a la vez sería ideal. Pasar unos cuantos minutos juntos planeando las actividades del día, simplemente estando el uno junto al otro relajados, hará maravillas por la relación; y también este procedimiento hará maravillas para empezar el día con la actitud mental apropiada. Si no hay niños, el marido y la mujer pueden dar un paseo, hacer *jogging*, o disfrutar juntos de una taza de café. Esto puede variar de un individuo a otro porque algunos son personas diurnas mientras que otros son personas nocturnas. En mi libro *Courtship After Marriage: Romance Can Last a Lifetime*, comparto algunas ideas específicas sobre la importancia de pasar ese tiempo juntos y cómo es la mejor manera de emplearlo, pero la clave es ésta: si empiezas tu día de la manera adecuada, eso marcará el «tono» para el resto del día. Estás reconociendo tu responsabilidad en tu salud: en la mental, la física y la espiritual.

A un latido del éxito en la venta

Establecer el tono para tu día hará mucho más sencillo seguir adelante con el aspecto más importante de tu programa de salud física. La clave para tener un corazón saludable (que es donde se concentra un cuerpo sano) es éste: varias veces a la semana debes realizar una actividad que acelere tus pulsaciones hasta el límite recomendado por tu médico y que mantenga tu corazón trabajando a ese nivel durante una cierta cantidad de tiempo. Ya sé que puede parecer un tanto impreciso, pero te ruego que sigas leyendo: ¡tu vida (y tu éxito) depende de la atención que prestes!

Permíteme instarte a que *no* aceptes las tablas de ninguno de los libros que hablan de este tema que muestran unos límites cardiacos basados en la edad, la complexión corporal y el nivel de forma física. No somos demasiado buenos a la hora de hacer un diagnóstico sobre nosotros mismos, así que pídele a tu médico que sea él quien establezca cuál debe ser el límite de tus ejercicios. Tu médico también podrá ayudarte a elegir la actividad que encaje con tu personalidad y tu estilo de vida (una actividad que acelere tu corazón de forma sana).

Una vez definido, deberás *trabajar* en mantener el ritmo cardiaco dentro un cierto registro durante el periodo de tiempo que tu médico haya recomendado. Los pocos dólares y minutos que inviertas comentando esto con un médico te beneficiará de muchas maneras. El doctor Ken Cooper, el experto en el cual yo creo firmemente, dice que para mantener nuestro nivel de forma física tenemos que hacer el ejercicio tres veces por semana; para conseguir unos cambios mínimos a lo largo del tiempo, tendrá que ser cuatro veces por semana; para obtener el máximo de cambios en nuestra forma física deberemos llegar hacia las cinco veces por semana (pero no debemos empezar por ahí).

El doctor Copper me hace trabajar mi ritmo cardiaco durante veinte minutos, y mi actividad es caminar. Camino entre treinta y sesenta minutos (nunca calculando la distancia, sino el tiempo), utilizando los cuatro u ocho primeros minutos en acelerar mis pulsaciones hasta el límite; el siguiente bloque de tiempo las mantengo y los último cuatro y ocho minutos los uso para una «suave caída» (un tiempo para que mi corazón regrese a su ritmo normal). Lo hago lo mejor que puedo para organizar mi agenda y caminar tres días seguidos, me tomo un día libre y vuelvo a hacerlo durante dos días seguidos de otro día de descanso. A mi edad y con mis hábitos (incluyendo una especial afición por los dulces que limito a un postre principal una vez a la semana con unos pequeños bocados entre medias), lo mejor para mí es hacer ejercicio cinco días.

Este programa hace cosas extraordinarias controlando el peso, reduciendo el estrés y disminuyendo el colesterol y la presión sanguínea, por no mencionar el efecto que tiene manteniendo mi nivel de energía. Cuando mejor me funciona caminar es a última hora de la tarde o cuando empieza a anochecer.

Cuando hace mucho frío o llueve y no puedo salir, camino por el salón de baile del hotel, recorro los pasillos o voy a la sala de ejercicios y trabajo en la máquina de remo, la bicicleta estática o lo que esté disponible. En resumen, una vez que te hayas comprometido y hayas comenzado a disciplinarte para hacer estos ejercicios, llegarán a ser un hábito, ¡y qué hábito tan maravilloso el del ejercicio!

Muchos ejecutivos de ventas eligen la primera parte de su hora del almuerzo para un breve paseo o para hacer *jogging*, y como resultado se sienten tremendamente activos durante el resto de la tarde. En mi caso, la energía que surge del ejercicio se extiende de dos a cuatro horas y mi creatividad aumenta. Mi nivel de energía y mi resistencia crecerán. El ejercicio no es algo con lo que pasas el tiempo, es algo en lo que inviertes tiempo... ¡con una recompensa enorme, inmediata y a largo plazo!

¿Qué pasa con tu día?

En lugar de establecer el tono adecuado para el día y programar el ejercicio, ¿cómo reacciona mucha gente por la mañana? Muchos son como tus vecinos (sé que *tú* no empezarías la mañana de ese modo), que se levantan en el último momento, lanzándose a una carrera contrarreloj para despertar a los niños, vestirles y plantarlos frente al televisor con un bol de cereales llenos de azúcar, estropeando así al mismo tiempo sus mentes y sus cuerpos.

El marido y la esposa corren de un lado a otro con demasiados gritos, y a veces incluso lloros, lamentándose y rechinando los dientes, tomando su café, donut o bollo de canela mientras se visten, se afeitan o se maquillan al mismo tiempo. Cuando llega la hora en la que tendrían que estar llegando al trabajo, nuestra pareja se lanza a una carrera loca para que los niños entren en el coche y así puedan salir pitando hacia la carretera. Pobre del incauto conductor que impida su avance de algún modo mientras los padres corren para arrojar a los niños en la guardería... algunas veces incluso sencillamente frenando un poco y abriendo la puerta para dejar que los niños salgan.

Todo esto para llegar atropelladamente a un frenético día de trabajo de ocho a doce horas, sustentadas con entre tres y ocho tazas de café a lo largo del día para «mantener su nivel de energía». Por culpa de la crisis de tiempo y las presiones de un día acelerado, la única opción para el almuerzo es comprar un bocado rápido en un punto de comida rápida, engullirlo y despegar en nueve direcciones diferentes para realizar los contactos de la tarde.

Al final del día, invierten el proceso. Recogen a los niños, se apresuran para llegar a casa, quizá compran más comida rápida por el camino, a menos que puedan permitirse el lujo de una cena congelada. Como la comida es «ligera», «sin grasa» y «saludable para el corazón», está sin duda justificado (al menos en sus mentes, aunque no en sus cuerpos). «Disfrutan» de la comida mientras ven las noticias de la noche.

Cuando se acerca la hora de acostarse, nuestra pareja toma un pequeño tentempié, algo con muchas calorías, colesterol y grasa. Entonces, cuando debían llevar una hora y media durmiendo, se acuestan agotados. Esta no es la mejor forma de pasar un día.

EN SERIO...

Si has caído en esta trampa, detente ahora mismo y *¡piénsalo!* Proyecta en tu mente adónde te llevará esto dentro de un año, de cinco o de diez. Algo tendrá que ceder. Puede ser el matrimonio, los niños o tu salud, pero cederá. «Si sigues haciendo lo que mismo que hasta ahora, seguirás teniendo lo que has tenido». Es posible que gramaticalmente a la frase le falte algo, pero desde una perspectiva práctica da justo en el clavo.

Algunas personas, en un esfuerzo por aliviar el estrés y la presión construidos a base de malos hábitos, empiezan a tomarse una cerveza fría o un cóctel para relajarse, y después otro, y después otro. Puesto que ahora sabemos que una de cada nueve personas que beben terminará con un problema de bebida, este estilo de vida conlleva un riesgo. No me estoy «entrometiendo», sencillamente te pido que examines lo que quieres en esa área de tu vida.

En primer lugar, ¿beber te proporciona los beneficios que buscas? ¿Se lo recomendarías a un miembro de tu familia o a un amigo cercano que esté bajo estrés y presión? Si estuvieras realizando una presentación de venta, ¿cómo convencerías a tu cónyuge o a otra persona de la importancia de beber en un entorno social u ocasional? ¿Cuáles son las tres cosas que más te gustan de la bebida? ¿El dinero que gastas en el producto? ¿El rendimiento de la inversión? ¿La influencia que puedes tener en los niños?

No, no estoy «dando un sermón», ni siquiera estoy «jugando el papel de padre». Te estoy animando a que pienses a largo plazo acerca de lo que es mejor para tu vida personal, familiar y profesional. Te desafío a que encuentres una persona, solamente una, que tomara su primera bebida con la clara intención de convertirse en un alcohólico. También te desafío a que realices con el alcohol el test de «Ben Franklin». A un lado de la página escribe «beneficios potenciales» y al otro lado, «posibles costes». P.S.: No olvides incluir el hecho de que en el 90% de los divorcios, el 70% de los casos de abuso a mujeres y niños, el 69% de muertes por ahogamiento y el 50% de muertes en carretera, el alcohol intervino como factor.

VIVIR A LA CARRERA

Cuando evalúas tu rutina diaria, ¿te sientes culpable de estar viviendo «a la carrera»? ¿Cómo has pasado los últimos tres o seis meses de tu vida? ¿No te parece más sensato detenerte ahora mismo y evaluar dónde te encuentras y dónde quieres ir?

A estas alturas es posible que digas: «Zig, *estoy metido* en una agenda frenética, las cosas andan mal. Tengo hijos que alimentar, una hipoteca a la que hacer frente, unos pagos de seguros muy altos, una economía inestable y otras cosas que tú sencillamente no entiendes. Si no "me meto prisa", no seré capaz de hacer frente a todas mis obligaciones, que son tan importantes».

Es un buen argumento. Nunca dije que fuera fácil convertirse en el exitoso y saludable vendedor profesional que querías ser cuando empezaste a leer este libro. Pero puedo decirte que, aunque puedas ser temporalmente productivo con esta agenda indisciplinada y con tanta presión, al final del año no habrás hecho tantas ventas, ni habrás ganado tanto dinero, ni te habrás divertido tanto, ni habrás sido tan buen sustento como persona para tu familia como hubieras sido con una agenda más sensata.

LOS BENEFICIOS EQUIVOCADOS

El tipo de programa que te describí antes hará que te impacientes por tratar de hacerlo todo al momento, incluyendo conseguir esa orden del cliente. Tenderás a no ver todas las pequeñas señales que te ofrece el cliente ni a escuchar adecuadamente aquello que tiene que decir. Un gran número de cosas marcarán una gran diferencia a la hora de establecer relaciones permanentes en lo personal y lo profesional.

Los posibles clientes se sienten más confiados haciendo negocios con los vendedores calmados, seguros y que pasarán esos cinco minutos más con ellos asegurándoles que han hecho lo correcto (o que deberían hacer lo correcto). La misma paciencia que te conduce a involucrarte regularmente en el adecuado programa de ejercicio físico, te lleva a manejar clientes reales y potenciales con pericia.

ERES LO QUE COMES

El doctor Richard Furman y el doctor Ken Cooper pueden darte grandes consejos acerca de los alimentos que deberías comer. Pero te animo a que sigas una regla básica que se ha utilizado durante muchos años. Desayuna como un rey, almuerza como si la empresa estuviera reduciendo la plantilla y no supieras si tú eres el siguiente, y cena como si acabaras de perder tu trabajo. Te animo especialmente a que no caigas en la trampa de la «comida rápida».

En vez de precipitarte como un loco hacia el local de comida rápida para tomar una comida poco equilibrada llena de grasa, toma pollo, una ensalada de atún o pavo en pan integral y complétalo con una pieza de fruta de postre. Muchas cadenas de comida rápida ofrecen ya alimentos bajos en grasa y colesterol entre los que puedes elegir. La clave es hacer la *selección* adecuada.

Cierra la puerta de tu oficina y sal hacia una zona solitaria. Siéntate allí y come lentamente y disfruta de esa comida sencilla. Si es posible, da un pequeño paseo después de comer. Incluso un breve paseo de cinco minutos hará maravillas para reducir el estrés, darte una oportunidad de asimilar tus pensamientos y prepárate para la tarde que tienes por delante.

Elimina los venenos

Además de comer adecuadamente y hacer ejercicio con regularidad, tu salud física está determinada en gran parte por la eliminación (o la omisión) de venenos. Ante todo pienso en el tabaco y el alcohol. Espero que no seas como esa persona que después de haber leído mucho acerca de los peligros del tabaco y el alcohol dejó... de leer.

Hablando en serio, ¿te has dado cuenta de que cada vez que enciendes un cigarrillo decides morir catorce minutos antes de lo que habrías muerto de lo contrario? En 1998 un estudio realizado en la Universidad de Pensilvania calculó que hay cerca de mil millones de fumadores en el mundo, con un resultado de tres millones de muertes al año provocadas por el tabaco, y que para mediados de la década de 2020 se estima que las muertes por tabaco se triplicarán. Éstos son números muy serios.

Ahora bien, confieso que tengo ciertos prejuicios aquí. De entre mis once hermanos, la diferencia en esperanza de vida de aquellos que fumaron frente a aquellos que no es de veinticinco años hasta el momento. Cada año que los dos que quedamos seguimos vivos, la diferencia se hace incluso más grande. El tabaco es un asesino.

En el mundo competitivo de hoy, el vendedor que enciende un cigarrillo está exponiéndose a la pérdida segura de una venta. De nuevo cito a mi amigo Walter Hailey, que dice que con todas las pruebas que tenemos ahora de lo que hace el tabaco, él nunca haría negocios con gente que fuma porque esa es una clara indicación de que realmente no son gente muy brillante. Sé que eso ofenderá a algunos de ustedes, pero ahora que tengo su atención permítanme insistir en que *fumar mata personas*. A finales de 1990 enterré a mi hermano pequeño como resultado directo de su adicción a fumar.

Si eres fumador, te animo firmemente a que lo dejes. Probablemente ya lo habrás intentado y no lo conseguiste. Todos los estudios que he leído indican que aquellos que lo abandonan con éxito suelen hacerlo después del tercer intento. Te lo vuelvo a recordar: el fracaso es un suceso, no una persona.

> **El fracaso es un suceso, no una persona.**

Cuando lo dejas (o decides no empezar), respiras mejor, hueles mejor y no ofendes a nadie por no fumar (excepto a las compañías tabacaleras que, después de todo, ya has financiado lo suficiente, ¿no?). Las ventas adicionales que realizarás contribuirán a tu economía. Si estás casado, tu pareja y tus hijos aplaudirán el esfuerzo. Tu coche volverá a valer dinero. Gastarás menos en repintar el interior de tu casa. El dinero que ahorres será importante y la vida que ahorres te pertenecerá.

Además, no puedo pensar en un solo beneficio a tu carrera que te aporte fumar. Nunca he visto realizar una venta por culpa del trabajo, pero sí he visto muchas perdidas. Fumar es un hábito insidioso que nos atrapa cuando somos jóvenes (en la mayoría) y que no se suelta mientras le permitamos tener el control de nuestras vidas. Por nuestra vida, nuestra familia y nuestra carrera: encuentra un modo de dejar de fumar. Y si no fumas, por favor, no comiences.

LA MONTAÑA DE MUERTES

El segundo veneno que hay que evitar es el alcohol. Más de *cien millones* de estadounidenses beben, y unos dieciocho millones de personas tienen un serio problema con la bebida. El «Healthy People 2010 Report» redactado por el Departamento de Salud de Estados Unidos y publicado por la revista *Globe* en 2000, afirmaba que existen 100,000 muertes relacionadas con el alcohol cada año en Estados Unidos y que el coste económico anual por abuso de drogas y alcohol está estimado en unos 276,000 millones de dólares. Es un coste excesivo.

Créeme cuando digo que entiendo que la presión social para beber es increíble. Pero una cosa que he observado sin falta es que la gente que tiene el valor y el carácter de rechazar beber una cerveza o un cóctel por obligación se ganan el respeto general de aquellos que también desearían tener la disciplina, la voluntad y el valor de decir que no.

Quiero enfatizar que desde mi perspectiva realmente éste no es un asunto moral, aunque creo que podría tener muy buenos argumentos en ese sentido. Cuando ves los estragos económicos causados por el alcohol y el tabaco, el número de carreras que se han visto acortadas o destruidas, el número de vidas que ha trastocado, puedes ver lo horrible que puede llegar a ser el veneno. Si consideras por un momento lo que estos venenos le hacen a tu carrera y a tu futuro, verás que se trata de un asunto práctico.

No lo echamos de menos hasta que se va
La salud parece ser una de esas cosas que nos empiezan a interesar enormemente ante la posibilidad de perderla... y aun así la tomamos como garantizada mientras la tenemos. ¡Te animo que pienses en tu salud antes de ponerte en peligro!

Drogas ilegales
No hablo de las drogas ilegales a propósito porque son una violación de la ley y en realidad no deberían ser un factor. Hablando en términos comparativos, las drogas ilegales no se acercan siquiera al problema de las drogas legales. En 2002, por ejemplo, «solamente» perdimos 19,202 vidas por culpa de drogas ilegales, mientras que perdimos 406,290 vidas por el tabaco y 116,000 por el alcohol.

Ahora combina esa información con el artículo de *U.S. News and World Report* que afirma que pocas veces se da el caso de que una persona consumidora de drogas ilegales no haya utilizado el tabaco y/o el alcohol como droga «de entrada».

Otro estudio destacado
Forest Tennant, doctor en medicina, quizá sea la primera autoridad en drogas del mundo. Cuando Howard Hughes y Elvis Presley murieron, se enviaron los resultados de sus autopsias al doctor Tennant para que los evaluase. Durante varios años trabajó como asesor para la NFL (Liga Nacional de Fútbol Americano, por sus siglas en inglés), el Departamento de Justicia, NASCAR (Asociación Nacional

de Carreras de Automóviles de Serie), Los Angeles Dodgers, Abbott Laboratories, Texaco y muchos otros.

El doctor Tennant asistió a un seminario que yo conducía en Anaheim, California. Antes de empezar a hablar tomó muestras de sangre de cinco personas (en realidad, ellos le dieron la sangre). Cuando terminó el seminario cuatro horas más tarde, de nuevo les tomó muestras a esas mismas cinco personas. Sus niveles de endorfinas y cortisol estaban por encima del 300%. Desde entonces el doctor Tennant ha dirigido más experimentos y ha hecho descubrimientos fascinantes.

Hay una base bioquímica por la cual la gente se siente bien después de estas charlas. Hay algo en escuchar hablar acerca del éxito que nos provoca una carga emocional que libera estos componentes químicos en nuestro torrente sanguíneo y hace que el cuerpo funcione mejor. Y aunque estos efectos no duran más que unas pocas horas, las dosis regulares de motivación conducen a una salud mejor, a la felicidad y al éxito.

El doctor Tennant y yo hemos sido amigos durante muchos años, y en conversaciones privadas él me ha dicho que sus descubrimientos prueban que podemos acumular creatividad, energía y resistencia. Cuando te encuentres entre dos visitas, pon la cinta de un orador en quien realmente confíes y cree en ello.

Ahora permíteme que insista en una cosa. Puedes conseguir información de grabaciones de estudio, pero si quieres conseguir todos los beneficios de la inspiración, el genuino entusiasmo y la motivación, las grabaciones deben estar hechas frente a una audiencia en directo. Repitiendo lo que el doctor Tennant dijo: «La combinación de escuchar hablar acerca del éxito y el hecho de que sea compartido de manera entusiasta, activa la glándula pituitaria, lo que a su vez inunda el sistema de endorfinas, dopamina, norepinefrina y otros neurotransmisores». Cuando esto ocurre, literalmente almacenas energía, creatividad y resistencia.

Estoy completamente convencido de que las estadísticas de cierres que compartí anteriormente (que el 70% de todas las ventas se hace entre las 7:00 y las 13:00 y que solamente el 10% se realiza después de las 16:00) son precisas porque para esa hora la motivación del vendedor normalmente ha descendido y el nivel de energía es bajo.

Cuando te sientes activo y seguro psicológicamente, le añades dos poderosos ingredientes a tu modo de vida y a tu enfoque de las ventas. Y en el proceso serás capaz de manejar lo único que probablemente le cueste al vendedor más dinero y rompa más carreras comerciales que ninguna otra cosa: la falta de acción. Estar sano en lo físico y en lo psicológico permitirá que te centres en las cosas que van bien en vez de en las que van mal. En vez de sufrir la «parálisis del análisis», como Cavett Robert solía decir, tu naturaleza optimista (propulsada por el aporte adecuado) te obligará a comprender que una venta perdida simplemente te acerca más a esa que estás a punto de hacer.

La salud psicológica y física, además, te ayuda en otra área importante. Cuando tu energía y tu seguridad sean grandes, la tendencia natural a no visitar a gente rica y de prestigio irá disminuyendo gradualmente hasta que desaparezca por completo. También te sentirás más inclinado a usar el distintivo de tu profesión con mucha más confianza. Incluso te sorprenderás diciendo, como dice mi amiga y compañera conferenciante Rita Davenport: «Cuando la gente me pregunta lo que hago, les digo: "Por favor, perdóname por fanfarronear, pero estoy en el negocio de las ventas"».

Los beneficios de hacerlo bien como persona y, *entonces*, hacerlo bien como vendedor son astronómicos. ¡Sal ahí fuera y establece los hábitos que te permitirán mantener la actitud adecuada para la vida saludable y exitosa que mereces vivir!

¿CÓMO MANTIENES LA ACTITUD CORRECTA?

En nuestro desquiciado y competitivo mundo, si nos esforzamos constantemente por ganar a los demás y ser los primeros, pasado un tiempo el coste puede ser horrendo. Esto es especialmente cierto si, intentándolo por todos nuestros medios, nunca parecemos alcanzar la cúspide de lo que hemos dispuesto para nosotros mismos. A pesar de que nos levantemos temprano y nos acostemos tarde; a pesar de que seamos fervientes estudiantes y constantemente estemos investigando, aprendiendo y practicando nuevas técnicas; a pesar de que hagamos todas las cosas que enseña este libro y otros libros de éxito, sistemáticamente seguimos quedándonos con la parte más pequeña del pastel y nunca alcanzamos nuestro objetivo de ser los primeros. ¿Cuál es la respuesta?

Creo que el problema reside en la definición de *éxito* en nuestra profesión. Sinceramente, creo que cada uno de nosotros puede ser el número uno. No, eso no quiere decir que todos seamos los más grandes, rápidos, fuertes, inteligentes, persuasivos, productivos y competentes; sino que creo que *tú eres el número uno* cuando te puedes mirar a los ojos en el espejo al final del día y decir: «Hoy he usado mis armas. Ha sido mi mejor día». En resumen, te das cuenta de que el éxito verdadero no tiene por qué ser ganar a otro; el éxito real, el placer y la felicidad vienen de utilizar nuestras habilidades. El éxito no está determinado por la victoria sobre el compañero; el éxito verdadero se mide sobre las habilidades que tú tienes.

ASEGURÁNDOTE DE QUE LO HACES BIEN

Si sigues los pasos que te he perfilado, te sentirás extremadamente satisfecho de tus resultados. Sin embargo, aunque tengas la actitud correcta, habrá ocasiones en las que los clientes no vayan a comprarte nada. Odio tener que darte estas noticias tan duras, pero, en honor a la verdad, ¡algunos tipos te dirán que no!

La gente no compra lo que nosotros le contamos o mostramos. Compran porque ellos creen en lo que nosotros les contamos y mostramos. *Un hecho*: los posibles clientes creen en la gente en la que *confían*. Sin confianza la gente no escuchará, y no comprará.

Puesto que todo es venta y todos nosotros somos vendedores, todos debemos tratar de ser eficaces. El profesor en cuyos alumnos confían es infinitamente más eficaz. El atleta debe confiar en el entrenador antes de aceptar del todo las instrucciones y entregar su esfuerzo incondicional.

Lo que sabes es importante. A quién conoces también es importante, pero *lo que tú eres* es lo más importante, especialmente en el mundo de la venta.

VENDIENDO CONFIANZA CON ÉXITO

Hace varios años almorcé con Bob Forrester, alcalde de Carlsbad, Nuevo México. Tenía varias tiendas de neumáticos en aquella zona de Nuevo México y pertenecía a la tercera generación de propietarios. Bob dijo: «Nosotros no tratamos de competir en cuanto al precio, pero podemos hacer algo más por competir por el servicio». La reputación de su familia llevaba en pie tres generaciones y el servicio era sólido. La gente sabía instintivamente, basándose en los años de experiencia, que Bob iba a cumplir lo que prometía. Creo que este factor va a ser incluso más indispensable en los años venideros. Nosotros (los consumidores) vamos a buscar a gente de confianza.

Piensa en ello un momento. A todos nos gusta hacer negocios con gente en la que confiamos. ¿Puedes imaginarte yendo al médico sin tener ninguna seguridad de que el tratamiento sea bueno? ¿Puedes imaginarte haciendo negocios con una entidad financiera cuya formalidad sea dudosa? ¿Serías feliz junto a una pareja en la que no confiaras? De ninguna manera.

La misma regla se aplica en la venta. Si la gente realmente confía en nosotros, si todo lo demás se le acerca, harán negocios contigo.

¿PERO POR QUÉ LOS CLIENTES DICEN QUE NO?

Como llevo diciendo casi toda mi carrera en ventas, hay cinco razones por la que la gente no te comprará:

1. No tienen necesidad.
2. No tienen dinero.
3. No tienen prisa.
4. No tienen deseo.
5. No tienen confianza.

La última de las cinco (no tienen confianza) es la más difícil de entender pero es fundamental poseerla. La única manera de separar el rechazo personal de la negativa laboral cuando el cliente dice que no es entender la importancia de la *confianza* en las relaciones comerciales. La gente *debe* confiar en ti antes de comprarte, y si tú no eres el tipo adecuado de persona no comprarán tus bienes ni servicios.

Si un cliente no te compra debido a la falta de confianza, ¿entonces está justificado que te sientas rechazado en lo personal? ¡Por supuesto que no! Cuando te dicen «¡No!» solamente se justifica examinando las razones de la respuesta del cliente. ¿Ha confiado alguien en ti alguna vez? ¿Acaso sientes que no eres de fiar? ¿Estás tratando con un producto o servicio respetable en el que crees sinceramente? ¿Qué «señales silenciosas» le has estado enviado al cliente con el lenguaje corporal y las expresiones faciales? Sin conocer a muchos de ustedes personalmente, correré el riesgo de decir que apuesto que tú eres una persona de fiar. Quizá no le hayas transmitido esa confianza al cliente y la falta de comunicación es la clave del asunto.

La «clase de persona» que eres es el factor determinante en la clase de carrera en las ventas que quieres tener, y puesto que la confianza es el factor más importante en la decisión del posible cliente, examinemos con detenimiento este factor de la confianza en el proceso de venta. Alguien dijo una vez: «Quizá una mentira te haga salir adelante, pero nunca te traerá de vuelta». Por decirlo de otro modo: «Puedes esquilar una oveja una vez al año, pero solamente podrás despellejarla una vez en la vida».

¿POR QUÉ HARÁS VENTAS EN EL FUTURO?

Para que tú realices la venta y para que tu cliente se mueva del lado del «no» al lado del «sí»; para que se traslade desde una mente completamente cerrada («No tengo necesidad ni deseo de hacer negocios contigo puesto que lo que tú me pides en dólares se merece más beneficios de los que recibiré») hasta una cara sonriente, una mente abierta y un bolígrafo en la mano firmando la orden («¡Me lo quedo!»), tú debes dar una serie de pasos (representados en el diagrama por una serie de puntos).

«¡No!».. «¡Sí!»

La serie de pequeños pasos que debes dar para hacer el movimiento y cerrar la venta incluye conseguir que le gustes al cliente y que confíe en ti. Al cliente le debes gustar antes de confiar en ti, y debe confiar en ti antes de comprarte.

Desarrollar la confianza

Puesto que la *confianza* es un elemento integrante del proceso de venta, echémosle un vistazo a la serie de pasos que te permitirá desarrollarla de la manera adecuada para que puedas cerrar más ventas con más frecuencia. La confianza comienza con una primera impresión favorable. Crear una buena primera impresión, como afirmé antes, empieza por tu apariencia. Vestirte apropiadamente (tanto si haces llamadas telefónicas como visitas en persona) tiene una gran relación con tus sentimientos así como con las impresiones del cliente. Todos los estudios demuestran que vestirse según el nivel del cliente (de nuevo, ya sea en persona o por teléfono) incrementa significativamente el ratio de cierres cuando el resto de factores se mantienen igual.

Una segunda oportunidad

A menudo, los vendedores con peores habilidades pero un gran «cociente de apariencia positiva» venderán con más eficacia de aquellos con más habilidades que no pasen el test de apariencia. Recuerda, lo apropiado es la clave. ¿Cómo se viste la gente con la que vas a contactar? Y aunque esta afirmación se ha convertido en algo así como un cliché, aún sigue siendo verdad: «Nunca tendrás una segunda oportunidad de causar una buena primera impresión».

Confianza y seguridad

Si ya has pasado «la inspección», el siguiente juicio que hace el cliente ocurre cuando abres la boca. Aquí es donde empiezas a revelar tu nivel de *seguridad*, y la seguridad es el segundo factor para ganarte la confianza.

La apariencia da pistas, y tus palabras y el tono de voz son la «guinda del pastel». En su libro *Silent Messages* [Mensajes silenciosos], el doctor Albert Mehrabian explica que el 55% de nuestras actitudes y sentimientos se expresan a través de herramientas *no verbales*, incluyendo nuestra apariencia, postura y gestos; el 38% se expresa a través del *tono* de voz; el 7% a través de las *palabras* que escogemos. ¿Qué causa mayor impacto? ¿Lo que dices (7%) o cómo lo dices (93%)?

Aun a riesgo de ofenderte simplificando demasiado el proceso, harás más ventas cuando hagas lo que decía tu madre: «Ponte derecho, mira a la gente a los ojos y habla con firmeza». Tu *éxito* depende de retornar a lo básico y prestar atención a las cosas pequeñas.

Confianza y tu empresa

Recibo muchas cartas de personas que se encuentran en dificultades en sus carreras de venta profesional, y uno de los factores comunes es su elección de la organización. Si tu compañía no es creíble ni de fiar, es muy difícil que tú seas creíble y de fiar. Si tu compañía lo es pero tú no *crees* que sea cierto, tú (y tu cliente) tendrán un problema. Asegúrate de que las semillas de la duda que hacen crecer hierbajos en tu actitud sean acertadas. Hazle preguntas a los responsables de las áreas culpables del desencanto; ofrece ideas a los departamentos con defectos aparentes; no aceptes «lo que te haya dicho un pajarito» como si fuera una verdad bíblica.

La clave es elegir una compañía en la que puedas creer. Durante los procesos de selección tú estás entrevistando a la compañía tanto como ella te entrevista a ti. Esto se aplica incluso a organizaciones con una reputación buena y sólida. Después de haber trabajado con muchas organizaciones diferentes en muchos campos distintos, puedo decirte desde la experiencia que lo que la compañía parece ser desde fuera a menudo suele ser diferente a lo que aparenta desde dentro.

No tengas miedo de preguntar lo más difícil (con la actitud correcta) durante el proceso de selección... ¡sin importar cuánto necesites ese trabajo! Quizá consigas el puesto, pero en la gran profesión de la venta la credibilidad y la confianza van de la mano. Si tienes dudas, tu carrera, y en especial tu compensación, se verán afectadas. Ten fuerza de voluntad para buscar la organización correcta para ti: una que complemente tus valores y creencias básicas.

Si ahora estás con una compañía con la que albergas dudas, atrévete a ser el ejemplo del cambio haciendo tu parte extremadamente bien. Trabajar desde dentro de una organización para mejorarla es una de las grandes emociones que puedes experimentar en tu vida profesional. En el momento en que veas que no puedes trabajar desde dentro para mejorar tu organización y a ti mismo, ya has tomado la decisión; no tienes más elección que buscar otro empleo.

Confianza y los referentes

Cuando abordas a un nuevo amigo (*extraño* parece una palabra demasiado tosca) en nombre de un viejo amigo de esa persona que te recomendó el contacto, estás desarrollando confianza. Desde la perspectiva de la confianza, los referentes le salen muy rentables a los vendedores profesionales que preguntan por ellos. Ponte en el lugar del cliente. Piensa en el nombre de uno de tus amigos más viejos y queridos. Si él o ella te pidiera que hablaras con una persona (aunque fuera para una venta de acciones en Islandia), probablemente estarías dispuesto a escuchar. «Bueno, la idea me suena un poco a locura, pero _____ (inserta aquí el nombre de tu amigo) es un viejo y querido amigo (o tiene muy buen juicio para los negocios, etc.), así que supongo que le escucharé». Los referentes son un gran beneficio para ti, tu organización y tus clientes.

Confianza y «las pequeñas cosas»

Hay muchos elementos menores e insignificantes que pueden afectar los sentimientos de confianza del cliente con respecto a ti. En mi caso, si alguien trata de venderme algo cuando me encuentro físicamente agotado, sus oportunidades se disminuyen considerablemente, sobre todo si es una gran inversión. Hace muchos años reconocí que no rindo mentalmente cuando estoy demasiado cansado, así que independientemente de lo atractiva que sea la oferta casi siempre diré que no hasta que haya descansado y pueda pensar en ello con claridad. Quizá tu cliente sea una de esas personas y tú hayas hecho todo lo demás correctamente, pero el tiempo pudo no ser el adecuado.

La sensibilidad es una parte clave del proceso de venta. Si sientes que hay algunos factores que no puedes controlar, quizá quieras reevaluar en qué momento haces la presentación. Sin embargo, te prevengo de jugar «a los psicólogos» en las visitas, no sea que te encuentres desarrollando el hábito de hablar de ti mismo en vez de hacer las presentaciones, y conoces los resultados de hacer eso. El secreto de conseguir la venta es conseguir que se abra la mente del posible cliente.

CONFIANZA Y REPUTACIÓN

Hace algunos años, mientras trabajaba en la junta de una pequeña escuela del área rural de Texas, se tuvo que tomar una decisión acerca de una unidad de aire acondicionado y calefacción en uno de los edificios. El presupuesto era extremadamente ajustado; los fondos, limitados. No teníamos opción, sin embargo. Teníamos que corregir una situación intolerable. Por desgracia, sólo pudimos conseguir dos ofertas para aquel trabajo. Había una diferencia de precio espectacular para hacer, aparentemente, el mismo trabajo con todo el equipo cumpliendo las especificaciones que la junta había establecido. No obstante, sin duda ni demora, la junta votó unánimemente aceptar el presupuesto más caro. La razón: la otra compañía tenía una reputación que indicaba con claridad que hacía un trabajo chapucero y que el seguimiento, en lo que afectaba al servicio, no existía.

Lo que estoy diciendo es que, ya seas nuevo o un viejo conocido en la venta, si tu producto es más o menos el mismo que el de otro, tú (el vendedor) puedes marcar la diferencia. Ofréceles a tus clientes todas las razones para que confíen en ti, concretamente siendo fiable, y ellos se toparán con una excusa para comprarte.

MOTIVACIÓN REAL

En un viaje reciente me senté junto a un caballero que trabajaba afanosamente con unos papeles; como yo estaba absorto en un libro, no tuvimos conversación. Cuando el asistente de vuelo nos trajo la comida, ambos dejamos a un lado nuestro trabajo para poder comer. Él comentó: «¿Qué libro está leyendo? ¿Es bueno?» Yo respondí entusiasmado que lo era. Después le expliqué que lo había terminado la noche anterior, y que ahora estaba repasando las partes que había subrayado o anotado. En ese proceso me di cuenta del gran número de notas que había apuntado en las páginas, así que volví al principio y conté más de 125. Le expliqué que en mi opinión un libro valioso siempre hará dos cosas. Primero, te dará información inspiradora, interesante, pertinente y útil. Segundo, provocará pensamientos e ideas en el lector. Aquel libro en particular había inspirado 125 ideas o pensamientos.

Como ya debes saber, *motivar* significa «sacar a la luz» o «despertar» lo que hay dentro. *Zig Ziglar Ventas* fue escrito para «motivarte» como persuasor profesional: 1) para que vieras lo que ya sabes; 2) para darte nueva información; y 3) para inspirarte a que combines estas dos cosas y así tengas ideas nuevas o incluso más creativas que enriquezcan tu vida.

Tu objetivo no debería ser «sacarte» el libro de encima tan rápido como puedas, sino «sacar» del libro lo que hay dentro y, mucho más importante, ¡dejar que el libro *saque lo que hay dentro de ti*!

Por favor, no me malinterpretes. En ningún momento insinúo que con la actitud correcta y la motivación adecuada vayas a estar «en una buena posición» el cien por ciento del tiempo. Las únicas personas que consiguen ese objetivo son aquellas que están «colocadas» *en* algo, y ese «algo» acabará acortando sus vidas y sus carreras. Yo hablo de una actitud equilibrada, con una fuerte inclinación hacia el optimismo y lo positivo. No creo que el pensamiento positivo te permita hacer «algo», pero creo que ese pensamiento positivo te permitirá hacerlo todo mejor que con una actitud negativa. Lo positivo te permitirá usar la habilidad que ya tienes, mientras que lo negativo impedirá que uses tu habilidad al cien por ciento. Utiliza la habilidad que *posees* para aplicar los principios que *aprendiste*, ¡y tendrás asegurado el éxito en las ventas y el profesionalismo!

APÉNDICE

Resumen de habilidades de venta que conducen al éxito

PARTE I: INVENTARIO PERSONAL

Por favor, completa las siguientes frases de la mejor forma posible en este punto de tu carrera como vendedor.

1. Elegí la carrera de ventas porque

2. Elegí la empresa para la que trabajo en la actualidad porque

3. Lo que más me gusta de las ventas es

4. Lo que menos me gusta de las ventas es

5. Mi familia opina que vender es

6. Mi porcentaje de cierre es del _____% (número de ventas dividido por el número de presentaciones realizadas).
7. El número de intentos que tengo que hacer para conseguir hacer mi presentación es de _____.
8. El número de presentaciones que tengo que hacer antes de conseguir una venta es de _____.

9. Para alcanzar mis objetivos financieros, *diariamente* debo tener _____ clientes y hacer _____ intentos; lo que me producirá _____ presentaciones.

10. El número de presentaciones indicado en la pregunta n° 9 dará un promedio de _____ ventas en 30 días, lo que proporcionará una cantidad de dinero de _____.

11. El equipo de alta tecnología que utilizo en ventas es

12. El mejor método que he descubierto para la prospección es

13. Manejo mi reticencia al primer contacto (temor a hacer la visita o la llamada iniciales) y con el rechazo a la venta (cuando alguien nos dice no) por medio de

14. En mi mundo de ventas, viajar significa

15. Mi personal de apoyo es

16. Con respecto a mi profesión de vendedor, en un año estaré ganando

17. Con respecto a mi profesión de vendedor, en cinco años estaré ganando

18. Con respecto a mi carrera en ventas, en un año mi posición será

19. Con respecto a mi carrera en ventas, en cinco años mi posición será

20. Mi objetivo final en lo que se refiere a mi carrera es

PARTE II: VALORACIÓN DE HABILIDADES PARA SER UN VENDEDOR

Evalúate tú mismo en cada una de las siguientes áreas estratégicas en una escala del 1 al 5. Luego suma los números para ver qué Nivel de Habilidades de Venta has logrado.

1 = Ninguna habilidad aparente
2 = Tus habilidades comienzan a desarrollarse
3 = Tus habilidades son irregulares y necesitas mejorarlas
4 = Habilidades sólidas
5 = Habilidades excelentes

_____ 1. *Entusiasmo.* Vender ilusión sale de lo más profundo del interior. Me siento orgulloso de ser un vendedor y me encanta hacer saber a los demás lo que hago y lo que vendo.

_____ 2. *Confianza.* Más allá de creer en lo que vendo, creo firmemente en mí mismo y en mi capacidad de vender.

_____ 3. *Carácter.* Llevo a cabo mi plan aun después de que haya pasado la emoción del momento en el que asumí el compromiso. Cumplo mi palabra. Persevero.

_____ 4. *Integridad.* Solamente vendo mis productos y servicios a personas que creo sinceramente que sacarán un verdadero beneficio de ellos. Vendo para beneficio de los demás, al tiempo que para mi propio bienestar, utilizando el dinero como marcador y no con el único objetivo de vender.

_____ 5. *Sinceridad.* Digo lo que quiero decir (con mucho tacto) y quiero decir lo que digo. Soy honesto conmigo mismo y con mis clientes. Observo con cuidado que mis comentarios tengan validez. Prometo lo mínimo y entrego lo máximo.

_____ 6. *Motivación.* Sé por qué hago lo que hago. He considerado con todo cuidado mis motivos, razones y propósitos en todos mis pasos de acción.

_____ 7. *Expectativa positiva.* Busco lo mejor en cada persona y situación. Espero ser tratado con justicia y respeto, y tratar a los demás de la misma manera.

_____ 8. *Iniciativa.* Hago que las cosas ocurran en lugar de esperar a que las cosas pasen. Asumo la responsabilidad personal por mi actitud y mis actos. Soy proactivo en lugar de reactivo.

_____ 9. *Actitud.* Soy listo, alegre y optimista. Entiendo que pensar en positivo es importante y que creer en lo positivo lo es aún más. Casi nunca critico o me quejo

_____ 10. *Sonrisa.* Entiendo que nunca voy completamente vestido sin una sonrisa. Sonrío y ofrezco una "gran sonrisa" para mostrar a la gente que me alegra conocerles y saludarles. Regalo una sonrisa a aquellos que no tienen una.

_____ 11. *Apariencia.* Me visto de forma adecuada, teniendo en consideración el estilo de vestir de mis clientes. Planifico mi vestuario con antelación y voy siempre arreglado y limpio.

_____ 12. *Autoanálisis.* Mantengo excelentes registros por escrito y sé de dónde vienen mis ventas y por qué la gente me compra a mí. Conozco mis logros del año pasado, cómo lo estoy haciendo este año y cómo voy a planear el año próximo.

_____ 13. *Organización.* Sé cómo utilizo mi tiempo. Conozco qué tareas y actividades son las que tienen una alta rentabilidad basándome en mis objetivos. Conozco, entiendo y adopto medidas en las diez tareas más importantes que debo completar para tener éxito cada día.

_____ 14. *Sistema de soporte.* Trato con tacto y diplomacia a mi familia y colaboradores, implicándolos siempre que tengo oportunidad. Entiendo que mi familia y mis colaboradores son mis clientes *internos* y tienen tanta importancia como los *externos.*

_____ 15. *Viajes.* Entiendo los peligros y las ventajas de la carretera y estoy preparado para ocuparme de ambos con eficacia y eficiencia.

_____ 16. *La satisfacción del cliente.* Entiendo que casi todo el mundo es capaz de dar servicio a un cliente y que para tener éxito en el mundo de las ventas debo ir más allá del servicio y llegar a la satisfacción. Tengo un plan de acción específico para conseguir la satisfacción del cliente.

_____ 17. *La venta telefónica.* Disfruto de las ventajas que ofrece el teléfono al mundo de las ventas. No siento «terror por el teléfono» y utilizo con gusto esta herramienta para devolver llamadas rápidamente, entablarlas para ahorrar tiempo y dinero y contestarlas con prontitud y cortesía.

_____ 18. *Manejar las objeciones.* Conozco las objeciones con las que me iré encontrando con frecuencia y tengo métodos planeados con antelación para ocuparme de ellas. También tengo una metodología para las objeciones «sorpresa».

_____ 19. *Manejar el rechazo.* Conozco la diferencia entre el rechazo personal y la negativa a un negocio. Despersonalizo las negativas y a menudo utilizo la razón del cliente para no comprar como la razón para que compre.

_____ 20. *Descripciones gráficas.* Comprendo que soy un comerciante de palabras y un pintor de imágenes, y que para tener éxito debo elegir cuidadosamente las palabras que pinten las imágenes más gráficas y emocionales para el posible cliente.

_____ 21. *Cierre.* Sé cómo cerrar ventas, cuándo hacerlo y qué técnicas de cierre son más eficaces para mí y para mi producto o servicio. Siempre solicito la orden de pedido.

_____ 22. *Objetivos.* Entiendo que un objetivo es un sueño que estoy deseoso de realizar. Desgloso mis metas en pequeños trozos y trabajo para conseguir mis logros a diario.

_____ 23. *Escuchar.* Conozco y demuestro por mis actos que «decir es compartir, pero escuchar es cuidar». Escucho con los ojos y con el corazón así como con los oídos.

_____ 24. *Educación.* Con regularidad leo y escucho información optimista, inspiradora, informativa y perspicaz que me ayude a convertirme en alguien aún más profesional. Sé que la educación es un proceso constante y continuo del que disfrutaré a lo largo de mi carrera.

_____ 25. *Sentido común.* Entiendo que el sentido común no es una práctica común. Trabajo para pasar toda información a través del filtro del sentido común. Planifico ganar, me preparo para ello y, por tanto, ¡tengo todo el derecho a esperar conseguirlo en el mundo de las ventas!

Puntuación total _____

Niveles de calificación de las habilidades
de la venta

25-50 = ¡Te encuentras en el lugar correcto en el momento oportuno! La buena noticia es que tienes delante de ti tus mejores años en ventas. La otra buena noticia es que tienes en tus manos toda la información necesaria para tener éxito.

51-75 = ¡*Zig Ziglar Ventas* es para *ti*! Tienes un firme fundamento sobre el cual edificar tu carrera, y con la información disponible, ¡serás capaz de llegar más allá de la cumbre! Lee y revisa esta información a diario (cuando no estés vendiendo).

76-99 = ¡Estás llamando a las puertas del éxito! Sólo con un pequeño esfuerzo adicional conseguirás todo lo que quieras en tu carrera profesional. Este libro es la guinda de tu pastel y te ayudará mientras continúas con tus métodos de ganador a convertirte en un ganador todavía más grande.

100-125 = ¡Tú deberías haber escrito el libro! Ahora bien, no abuses de esta confianza y no olvides revisar los fundamentos. Parte del motivo de que tengas tanto éxito como tienes es que has reconocido la importancia de una educación constante. ¡Enhorabuena!

EPÍLOGO

Algo personal para ti

Una vez oí decir a una persona sabia: «Lo que cuenta no es dónde empiezas, sino dónde acabas». Puesto que empecé a escribir este libro con la historia de mis comienzos poco espectaculares, quizá debería terminar con «el resto de la historia»... ¡por lo menos llegados a este punto! (Yo creo que lo mejor está aún por llegar.)

Incluyo esta información personal porque, salvo tres excepciones, he tenido la suerte de que tanto en mi vida como en mi carrera me he puesto en los zapatos de cada uno de los lectores de este libro.

El primer par de zapatos con el que no he caminado es en aquel que pertenece a una persona que haya sufrido cualquier tipo de enfermedad grave física o mental. He sido siempre bendecido con una salud increíblemente buena en ambos aspectos, así que no puedo decir honestamente que sé cómo te sientes.

El segundo par de zapatos con los que nunca he caminado representa a aquellos que han perdido a su pareja, ya sea a causa de la muerte o del divorcio. La Pelirroja y yo hemos estado felizmente casados durante más de cincuenta y siete años.

El tercer par de zapatos con el que nunca tuve que caminar es ese par que llevan quienes nunca han sido verdaderamente amados. He sido más que bendecido con amor durante toda mi vida. Primero, por una madre que me amó y me expresó su amor repetidamente. Segundo, por mis hermanos y hermanas, quienes siempre me amaron y me apoyaron enormemente. Mis hermanos mayores suplieron muchas de mis necesidades físicas y financieras tras la muerte de mi padre cuando yo sólo tenía cinco años. Y luego está el amor de la Pelirroja, que ha sido constante, leal e ilimitado a lo largo de nuestro matrimonio. Además, he tenido el amor de mis hijos y mis nietos, y todos ellos me han expresado ese amor y me lo han demostrado a la perfección. Por último, he disfrutado del amor de esas personas cuyas vidas se me ha permitido tocar todos estos años.

Por estos tres tipos de personas puedo *decirte* que «sé cómo te sientes», pero en realidad no hay ningún modo en que pueda saberlo.

LAS SIMILITUDES PUEDEN SORPRENDERTE

Por otro lado, sí hay muchos zapatos en los que sí he caminado. Sé cómo se siente estar a la deriva espiritualmente en mi relación con Dios y preguntarse qué ocurrirá realmente cuando cierre mis ojos por última vez. Conozco el dolor y el sufrimiento de perder a un hijo. Sé lo que es sentirse roto. He caminado en esos zapatos muchas veces a lo largo de los años. Sé lo que es sentirse abatido y «de capa caída». Sé lo que es sentir que no tienes propósito ni futuro.

Creo que me he visto tan hundido en deudas, tan quebrantado y tan afectado por mis medios económicos como el 99.9% de las personas que leerán este libro. Sí, para muchos de ustedes, he caminado en sus zapatos.

Comparto esta información porque es muy posible que aquellos de ustedes que han leído mis libros, me hayan escuchado hablar o hayan escuchado mis cintas tengan la idea de que, de alguna manera, me limité a tomar papel y lápiz y escribí libros, me puse detrás de un micrófono y di discursos o encendí la grabadora y grabé mis cintas. Ese no es el caso. Si tengo alguna capacidad en estas áreas es porque he tomado todos los dones que Dios me ha concedido y he invertido una enorme cantidad de tiempo, esfuerzo, e investigación en desarrollar esos talentos.

He hablado, sin cobrar, ante todo tipo de organizaciones cualquiera que fuese su envergadura: el Club de Leones, el Club de Rotarios y Jaycees (Cámara Junior de los Estados Unidos), por no mencionar a escuelas, iglesias, prisiones, centros de rehabilitación de drogadicción y un sinfín de asociaciones no lucrativas entre las que se encuentran el Ejército de Salvación y grupos militares. He hablado en reuniones de ventas en concesionarios de automóviles, en franquicias de utensilios de cocina, organizaciones de aspiradoras, compañías inmobiliarias e innumerables grupos de otro tipo. He conducido 80 km, 160 km y, en tres ocasiones distintas, hasta 320 km con los gastos a mi cuenta para hablar a una docena de personas y luego he vuelto necesariamente a casa aquella misma noche porque no tenía suficiente dinero para pagar una habitación en un motel.

Menciono estas cosas porque quiero que sepas, al comprometerte con tu carrera, que no tiene por qué ser fácil, pero creo que con un esfuerzo físico, mental y espiritual constante puedes aprender las habilidades que necesitas desarrollar para alcanzar tus objetivos.

Obviamente, algunos de ustedes tienen más talento que otros, pero si no lo desarrollan o lo aplican de forma tímida y escasa, sencillamente no harán el debido trabajo en el mundo de las ventas o en la vida, en el mercado actual.

CUANDO EL ALUMNO ESTÉ DISPUESTO, APARECERÁ EL MAESTRO

En tu vida se darán muchos casos en los que la persona correcta se cruzará en tu camino y marcará la diferencia. Creo que este libro puede hacer esa función, pero sólo si se aprenden las lecciones y se ponen en práctica. Recuerdo vivamente una de esas ocasiones en la que ese maestro llegó a mi vida. Llevaba dos años y medio en ventas, mi crédito se había agotado y también mi paciencia. Mi frustración alcanzaba el punto máximo en todo momento, mis acreedores no estaban demasiado contentos conmigo y hasta la Pelirroja empezaba a preguntarse si no me habría equivocado al elegir esa profesión. Nunca lo exteriorizó pero, de alguna manera, tengo que decir que percibía cierta preocupación en ella.

Un día asistí a una reunión, pasé el día en Charlotte (Carolina del Norte), en una escuela de formación y no aprendí absolutamente nada. Volví por carretera a Lancaster (Carolina del Sur) donde llegué al final de la tarde y dirigí una demostración aquella noche. Por fin llegué a nuestro pequeño apartamento a las 23:30 donde el bebé nos mantuvo despiertos la mayor parte de la noche. A la mañana siguiente, a las 5:30, el «despertador» (esto fue antes de saber que, en realidad, se trata de un «reloj de oportunidad») sonó para avisarme de que había llegado el momento de volver a Charlotte para el segundo día de la reunión de formación.

La fuerza de la costumbre me sacó de la cama, pero cuando vi la nieve que había caído durante la noche y pensé en mi pequeño coche, marca Crosley, sin calefacción, decidí hacer lo que la mayor parte de los seres inteligentes harían: volví a la cama. Sin embargo, en el momento mismo de echarme, recordé las palabras de mi madre: «Hijo, si estás implicado en algo, métete de lleno. Si no lo estás, sal de ello. Si no estás haciendo tu mejor esfuerzo, no estás siendo justo con el hombre para el cual trabajas y tampoco lo estarás siendo contigo mismo».

Recuerdo que me había costado más de dos meses convencer a los directores de la compañía para que me diesen el trabajo. Ellos no creían que yo pudiera vender y, durante los siguientes dos años y medio, todo lo que hice fue demostrarles que habían hecho lo correcto. Sin embargo, les había prometido que asistiría a todas las reuniones de ventas así como las sesiones de entrenamiento y así lo había venido haciendo durante todo aquel tiempo, sin ni siquiera llegar tarde a una de ellas. Salí de la cama y conduje hasta el lugar donde tenía lugar la reunión y aquel fue el día en que mi mundo cambió por completo.

El señor P. C. Merrell, mi héroe, el hombre que había establecido todos los récords y escrito todos los programas de entrenamiento, tenía a su cargo ese día tan importante. Una vez acabada la sesión, me condujo literalmente a un rincón y dijo: "Zig, le he estado observando durante más de dos años y medio y no he visto jamás un desperdicio semejante". No hace falta decir que consiguió mi atención con rapidez y le pregunté qué quería decir. Respondió que, a su juicio, yo tenía verdadera habilidad, que podía ser un campeón nacional, que podía llegar a la cumbre y convertirme en un ejecutivo de la compañía si comenzaba a trabajar con un programa ordenado y a creer en mí mismo.

Desde el primer momento se me había dicho de trabajar con un programa ordenado, pero cuando uno es "un joven de una pequeña ciudad que no llegará nunca a nada", la forma de pensar es: "¿Por qué debería golpear la cabeza contra la pared si nunca me va a ocurrir nada bueno?". Sin embargo, en aquel momento, un hombre que gozaba de toda mi confianza y en el que tenía fe, cuya integridad y carácter eran totalmente incuestionables, me decía que yo podía ser un campeón nacional. Le creí.

¡QUÉ DIFERENCIA PUEDE MARCAR UN SÓLO DÍA!

¡Camino a casa, ese pequeño Crosley apenas tocaba el suelo! Tenía que hacer una demostración aquella tarde ante tres posibles clientes y ellos ni se imaginaban lo que estaba a punto de ocurrirles. ¡Nunca habían tenido una oportunidad! No estaban tratando con un joven-zuelo de una pequeña ciudad que lucharía durante toda su vida. Se las estaban viendo con un campeón nacional, un hombre destinado a subir hasta la cumbre, que incluso podía llegar a ser un ejecutivo en la empresa si se lo propusiera.

Aquella tarde, no sólo cerré aquellas tres posibles ventas sino que acabé el año en el segundo puesto del país, entre 7,000 personas y recibí el mejor ascenso que la empresa podía ofrecer. Cambié el Crosley por un coche realmente bueno y, al año siguiente, yo era la persona mejor pagada de los Estados Unidos en aquella compañía. Tres años más tarde, me convertí en el supervisor de la división más joven en los sesenta y seis años de historia de la compañía estable-ciendo algunos récords que siguen en pie hasta el día de hoy.

EL MENSAJE DEL SEÑOR MERRELL DE MÍ PARA TI

Antes de hablar a una audiencia, le pido a Dios que yo sea un P. C. Merrell en la vida de cada una de las personas que allí se encuentre. Hago lo mismo ya sea que hable con los 23,000 jóvenes más guapos, hombres y mujeres, con los futuros granjeros de Estados Unidos o ante una docena de predicadores bautistas retirados.

Una de las pocas cosas que no me gusta de la profesión que he elegido es que nunca tengo realmente la oportunidad de conocer a muchas personas de una manera personal. Como norma, vuelo a una ciudad un día y me marcho de allí al día siguiente. Rara es la vez que paso dos noches en el mismo lugar, excepto cuando viaja con-migo la Pelirroja y tenemos la oportunidad de pasar tres o más días juntos. Sobra decir que, cuando esto ocurre, cualquier tiempo libre del que dispongo lo paso con ella. Incluso durante los dos días que duran los seminarios Born to Win [Nacidos para ganar] no tengo mucha oportunidad de crear una relación estrecha con las doscientas o más personas que asisten. Sencillamente no puedo pasar demasiado tiempo con nadie, por mucho que me proponga al menos darles un apretón de manos, compartir una comida o charlar en los pasillos durante los descansos entre sesiones, y esto me permita conocerlas al menos por haber hablado con ellas. Pero creo que estarás de acuerdo conmigo en que eso no es realmente construir una relación.

Con frecuencia me he preguntado cómo sería poder pasar un tiempo con cada persona que haya asistido alguna vez a uno de mis seminarios, que haya leído uno de mis libros o que haya oído alguna de mis grabaciones. Mi razón me dice que es el «sueño imposible». Sin embargo, te voy a pedir que hagas uso de tu imaginación creativa y me visualices ahora mismo situado directamente frente a ti, llamándote por tu nombre y diciéndote algunas de las cosas que el señor Merrell me dijo a mí y añadir algunos de mis propios pensamientos con la esperanza de que tengan impacto sobre tu vida, así como lo tuvieron en la mía.

MENSAJE DESDE MI CORAZÓN

Esto es lo que me gustaría decirte: «Tú, _____, eres excepcional; eres especial, único e importante. Puedes marcar la diferencia en la vida de otras personas. Más de 10,000 millones de personas han caminado sobre la tierra pero, en estos momentos, no hay nadie como tú, no lo ha habido y no lo habrá. El modelo de tu voz es distinto al de cualquier otra sobre la tierra; tus huellas dactilares son diferentes; tus propios genes dejan el rastro de marcas de identificación completamente distintas de cualquier otro ser humano que haya vivido jamás. Tú eres un individuo especial. Desarrolla tu exclusividad; aplícala utilizando los principios que hemos estado discutiendo y haz un verdadero esfuerzo por ser alguien que marque la diferencia en la vida de los demás».

Me gustaría concluir mis pensamientos diciéndote: «Espero que seas alguien activo en el proceso electoral. Espero que votes en las elecciones nacionales, locales, de tu ciudad y de tu condado. Ya sea por la justicia local de la paz, o por el presidente del país, tu voto es importante y puede marcar la diferencia.

»Pero ahora, _____, voy a darte la oportunidad de votar por algo infinitamente más importante que cualquier elección en cualquier lugar, en cualquier momento y en favor de cualquier persona. Este voto se depositará en la intimidad de tu propia mente y, aunque su impacto sobre otras vidas pueda ser sustancial, será en tu propia vida donde tenga mayor efecto.

»Como este voto es tan importante, voy a pedirte que sigas los pasos que te voy a decir, *tan pronto como acabes de leer estas palabras.* Cierra tus ojos y, en tu imaginación, alarga la mano y cierra las cortinas de la cabina porque este voto es tremendamente importante y muy, muy personal y privado. Ahora, mira cuidadosamente y verás un cierto número de tarjetas que indican varios nombres diferentes de personas por las que puedes votar. Sin embargo, uno de los nombres se destaca más nítidamente que cualquier otro. Ese nombre es el tuyo y va realzado en oro puro sobre la papeleta del voto. Agárrala e introdúcela con fuerza, energía, convicción y entusiasmo. Vota por ti mismo y, cuando lo hagas, descubrirás que ya hace mucho tiempo que Dios votó por ti.

»Con esos dos votos, amigo mío, puedes ganar cualquier elección o cualquier concurso en el que tomes parte. ¡Esa aritmética eterna es tan poderosa y verdadera! Dice claramente que tú, más Dios, dan un total suficiente».

¡Acepta esto como un hecho básico y realmente te veré (y sí, me estoy refiriendo a *ti*) en la cumbre!

BIBLIOGRAFÍA

Esta bibliografía contiene la mayoría del cuerpo de investigación que utilicé al escribir este libro, además de alguna información recomendada por amigos y socios. Personalmente no he leído cada uno de los libros, pero confío en aquellos que lo han hecho.

FORMACIÓN EN VENTAS Y MOTIVACIÓN EN LA VENTA

Allesandra, Anthony J. *Non-Manipulative Selling.* Reston, VA: Reston Press, 1981.

Bettger, Frank. *How I Multiplied My Income and Increased My Happiness in Selling.* Englewood Cliffs, NJ: Prentice-Hall, 1982.

Dudley, George W. y Shannon L. Goodson. *Earning What You're Worth? The Psychology of Sales Call Reluctance.* Dallas: Behavioral Science Research Press, 1992.

Evered, James F. *A Motivational Approach to Selling.* American Management, 1982.

Herman, Fred. *Selling Is Simple —Not Easy, But Simple.* Nueva York: Vantage Press, 1970.

Hopkins, Tom. *How to Master the Art of Selling.* Nueva York: Warner Books, 1982.

Kinder, Jack y Garry. *The Selling Heart.* Indianapolis: R & R Newkirk, 1974.

Linkletter, Art. *How to Be a Supersalesman.* Englewood Cliffs, NJ: Prentice-Hall, 1974.

Mandino, Og. *The Greatest Salesman in the World.* Nueva York: Bantam, 1974 [*El vendedor más grande del mundo.* Barcelona: Mondadori, 2005].

Qubein, Nido. *Nido Qubein's Professional Selling Techniques.* Rockville Center, NY: Farnsworth, 1983.

Roth, Charles B. y R. Alexander. *Secrets of Closing Sales.* Englewood Cliffs, NJ: Prentice-Hall, 1982.

Walters, Dottie. *The Selling Power of a Woman.* Englewood Cliffs, NJ: Prentice-Hall, 1962.

Wilson, John M. *Open the Mind and Close the Sale*. Nueva York: McGraw-Hill, 1953.

Ziglar, Judge. *Timid Salesmen Have Skinny Kids*. Martinez, GA: Action Now, 1978.

GERENCIA Y MOTIVACIÓN

Blanchard, Kenneth y Spencer Johnson. *The One Minute Manager*. Nueva York: William Morrow and Company, 1982 [*El ejecutivo al minuto*. Barcelona: Mondadori, 2001].

Blanchard, Kenneth, y Robert Lorber. *Putting the One Minute Manager to Work*. Nueva York: William Morrow and Company, 1984 [*El ejecutivo al minuto en acción*. México: Grijalbo, 1985].

Brown, W. Steven. *13 Fatal Errors Managers Make*. Old Tappan, NJ: Prentice-Hall, 1984.

Hunsaker, Phillip L. y Anthony J. Allesandra. *The Art of Managing People*. Englewood, Cliffs, NJ: Prentice-Hall, 1980.

Smith, Fred. *Learning to Lead*. Waco, TX: Word Books, 1986.

INSPIRACIÓN Y AUTOAYUDA

Billigmeier, Shirley. *Inner Eating: How to Free Yourself Forever from the Tyranny of Food*. Nashville: Oliver-Nelson, 1991.

Carnegie, Dale. *How to Win Friends and Influence People*. Nueva York: Pocket Books, 1982 [*Cómo ganar amigos e influir sobre las personas*. Barcelona: Elipse, 2009].

Conwell, Russell. *Acres of Diamonds*. Old Tappan, NJ: Fleming H. Revell, 1975 [*Acres de diamantes*. Barcelona: Ediciones Obelisco, 2001].

Cooper, Kenneth, M.D. *The Aerobics Program for Total Well-Being*. Nueva York: M. Evans, 1982.

Dobson, James. *What Wives Wish Their Husbands Knew About Women*. Wheaton, IL: Tyndale House, 1975.

Furman, Richard. *Save Your Life Cholesterol Plan*. Nashville: Oliver-Nelson, 1990.

Glass, Kinder y Ward. *Positive Power of Successful Salesmen*. Dallas: Crescendo, 1972.

Maltz, Maxwell. *Psycho-cybernetics*. Nueva York: Pocket Books, 1970 [*Psicocibernética: El secreto para mejorar y transformar su vida*. Sevilla: Open Project, 2000].

Mandino, Og. *The Greatest Miracle in the World*. Nueva York: Bantam Books, 1977 [*El milagro más grande del mundo*. México: Diana, 1976].

Peale, Norman Vincent. *The Power of Positive Thinking*. Nueva York: Fawcett, 1978 [*El poder del pensamiento tenaz*. Barcelona: Mondadori, 2004].

Schwartzs, David J. *The Magic of Thinking Big*. St. Louis: Cornerstone, 1962 [*La magia de pensar a lo grande*. Barcelona: Via Magna, 2009].

Libros para la familia

Blue, Ron y Judy. *Money Matters for Parents and Their Kids*. Nashville, Oliver-Nelson, 1988.

Chapin, Alice. *Building Your Child's Faith*. Nashville: Thomas Nelson, 1990.

Ketterman, Grace. *Depression Hits Every Family*. Nashville: Oliver-Nelson, 1988.

Mowday, Lois. *Daughters Without Dads*. Nashville: Oliver-Nelson, 1990.

Scott, Buddy. *Relief for Hurting Parents*. Nashville: Oliver-Nelson, 1989.

Stanley, Charles. *How to Keep Your Kids on Your Team*. Nashville: Oliver-Nelson, 1986.

Strack, Jay. *Dad, Do You Love Mom?* Nashville: Thomas Nelson, 1989.

Swindoll, Charles R. *You and Your Children, Expanded Edition*. Nashville: Thomas Nelson, 1990.

Otros libros de Zig Ziglar

Ziglar, Zig. *Confessions of a Happy Christian*. Gretna, LA: Pelican, 1978.

_____. *Confessions of a Grieving Christian*. Nashville: Thomas Nelson, 1999. [*Confesiones de un cristiano dolorido*. Buenos Aires: Casa Bautista de Publicaciones, 2001].

_____. *Courtship After Marriage: Romance Can Last a Lifetime.* Nashville: Oliver-Nelson, 1990.

_____. *Raising Positive Kids in a Negative World.* Nashville: Oliver-Nelson, 1985 [*Cómo criar hijos con actitudes positivas en un mundo negativo.* Norma Editorial, 1990].

_____. *See You at the Top.* Gretna, LA: Pelican, 1974 [*Nos veremos en la cumbre.* Gretna: Pelican Publishing, 1982].

_____. *Top Performance.* Old Tappan, NJ: Fleming H. Revell Company, 1986.

_____. *Zig Ziglar's Secrets of Closing the Sale.* Fleming H. Revell Company, 1984 [*Grandes secretos de Zig Ziglar para cerrar la venta.* México: Selector Publishing House, 2001].

_____. *Over the Top.* Nashville: Thomas Nelson, 1997 [*Más allá de la cumbre.* Nashville: Grupo Nelson, 1995].

_____. *Zig: The Autobiography of Zig Ziglar.* Nueva York: Doubleday, 2002.

Para tu continua educación

Guideposts. Publicado mensualmente por Ruth Stafford Peale, Carmel, NY, 10512.

Personal Selling Power. Publicado mensualmente por Gerhard Gschwandtner and Associates, P.O. Box 5467, Fredericksburg, VA 22403.

Reader's Digest. Publicado mensualmente por The Reader's Digest Association, Inc., Pleasantville, NY 10570.

Direcciones a las que se hace referencia en *Zig Ziglar Ventas*

Day-Timers, Inc., One Willow Lane, East Texas, PA 18046. (800) 805-2615. www.daytimer.com.

Debtors Anonymous. General Service Office, P.O. Box 920888, Needham, MA 02492-0009. (781) 453-2743. www.debtorsanonymous.org.

Benjamin Franklin Institute for Global Education, 2529 Front Street, San Diego, CA 93103-84119. (619) 230-0212. www.bfranklin.edu.

National Foundation for Credit Counseling, 801 Roeder Road, Silver Spring, MD 20910. (301) 589-5600. www.nfcc.org.

EXPERTOS QUE HAN CONTRIBUIDO

Las personas enumeradas en esta página, algunas de las cuales ya han fallecido desde que escribí el libro, han sido mis «amigos en el campo de batalla», valientes hombres y mujeres que han aplicado los principios y conceptos de los que se habla en *Zig Ziglar Ventas*. Al compartir las historias y las experiencias de la vida diaria, cada uno de ellos ha hecho una importante aportación a este libro.

Bob Alexander	Gerhard Gschwandtner	Julie Ziglar Norman
Leonard Allen	Walter Hailey	Cindy Ziglar Oates
Lonnie Amirault	David Halford	Louise Padgett
Marvin D. Anthony	Phil Harriman	Terrence Patton
Jerry Aull	Jobie Harris	Roger Peet
Bruce Barbour	K. J. Hartley	David Ray
Donald Benenson	Leonard Harvison	Cavett Robert
Bill Callaway	Donald Henry	Vince Robert
Fred Cardinal	Rex Hensley	Rick Robinson
Walt Clayton	Julie Huntington	Charles Rondeau
Gerry Clonaris	Don Jarrell	Janet Rush
Connie Cox	J. Kevin Jenkins	Ed Sheftel
John Cummings	Tim Jones	Fred Smith
Jay P. Curry	Art Lamstein	Larry Spevak
Nick Dalley	Dennis Landrum	Dr. Forest S. Tennant Jr.
Robert Davis	Dr. John M. Leddo	Jill Tibbels
Howard Donnelly	Joe Lingle	Tom Walsh
Andrew Downie	Dave Liniger	Greg Watt
Dr. Ken Dychtwald	Angie Logan	Sheila West
Tony Ferguson	Danielle Logan	Suzan Ziglar
Bryan Flanagan	Peter Lowe	Witmeyer
Joe Flower	Randy Manning	W. Phil Wynn
Gertrude Fogler	P. C. Merrell	Bob Zaloba
Robert Forrest	David A. Mezey	Tom Ziglar
Robert Gibson	Jim Norman	Jean Ziglar

AGRADECIMIENTOS

Siempre que se publica una obra como ésta, puedes estar seguro de que hay más personas aparte del autor seriamente involucradas. Este libro en particular implicó a muchas más personas (con mucho) que cualquiera de mis intentos anteriores.

Para empezar, como verás con la lectura, varios profesionales de la venta me proporcionaron ejemplos hermosos, prácticos e imaginativos tomados directamente de «la línea de fuego» Cada uno de ellos ha realzado notablemente el valor de este libro y me siento en deuda con todos ellos. Sus nombres aparecen en la página de *Expertos que han contribuido.*

Dado que el libro es un enfoque holístico de la venta, toda mi familia ha desempeñado un papel prominente. Mis hijas Suzan Witmeyer, Cindy Oates y Julie Norman combinaron sus esfuerzos para ayudar a «darle forma» a todo el libro, especialmente a la hora de contemplar la perspectiva familiar. Cada una de ellas aportó valiosos puntos de vista acerca de sus sentimientos y, sí, también acerca de los miedos mientras crecían en el hogar de un vendedor profesional. Cada una de ellas es tremendamente importante en lo personal y lo profesional. Mi hijo Tom compartió sus opiniones y escribió una parte importante de la información telefónica a la vez que hacía otras sugerencias. Obviamente, él también es vital tanto en lo personal como en lo profesional. Sobra decir que la Pelirroja se ha implicado mucho, sirviendo como gramática, editora y asesora general para el proyecto. Todo lo que hago en mi vida está influido positivamente por ella, y le estaré eternamente agradecido por su amor y su apoyo.

En este libro en particular, Victor Oliver, nuestro editor, ha colaborado y trabajado con el equipo de ventas de Thomas Nelson quien, a su vez, nos ha facilitado opiniones y comentarios de sus experiencias personales y las de numerosos propietarios de librerías en lo referente a las necesidades y los deseos del público en general. Lo que aportaron fue revelador y enormemente alentador. Sus esfuerzos, combinados con los cuestionarios y las conversaciones mantenidas con un sinfín de comerciales (tanto los más experimentados como los que recién comenzaban), nos ayudaron a identificar las necesidades y los deseos con los que tienen que lidiar habitualmente los

361

profesionales de la venta. En resumen, hemos pasado muchas horas haciendo un considerable trabajo de investigación para saber qué era lo que tú deseabas y no escatimamos esfuerzo alguno para proporcionarte dicha información.

Mi amigo y colaborador Bryan Flanagan no sólo ha comprobado los principios de este libro con sus experiencias vitales, sino que ha realizado una cantidad extraordinaria de investigación «arrimando el hombro», como se suele decir (hacer un «trabajo duro» para los no iniciados), para probar los principios. Gracias, Bryan, por tu desinteresado espíritu de equipo y por todas tus contribuciones a este libro.

Como siempre, cada proyecto escrito conlleva cientos de horas de mecanografía y procesamiento de textos. Laurie Magers, mi ayudante administrativa durante más de veinticinco años, ha vuelto a hacer un arduo trabajo. Laurie se ha quedado hasta tarde y ha trabajado los sábados para poder mantener al día sus otras muchas responsabilidades mientras ayudaba con este manuscrito. Además, Debbie Shankle hizo un tremendo trabajo permitiendo que la bola siguiera rodando y con el calendario.

Sin embargo, el individuo que realmente «hizo que esto sucediera» fue nuestro vicepresidente en el momento de escribirse este libro, Jim Savage. Jim dedicó innumerables horas a la investigación, y contribuyó con valiosos pensamientos e ideas. Su perspectiva y tenacidad fueron las responsables directas de sacar este libro al mercado al menos un año antes de lo que probablemente yo hubiera conseguido. Fue un colaborador entregado, experimentado y brillante que hizo una espléndida contribución.

También me gustaría transmitir mi más sincero agradecimiento y aprecio al resto de autores y oradores que me permitieron utilizar parte de sus esfuerzos creativos. Quisiera hacer una mención especial a Gerhard Gschwandtner, editor de la revista *Personal Selling Power*. Gerhard es un buen amigo y un verdadero profesional de la venta y sus contribuciones fueron notables.

A aquellas personas que he citado sin conocerlas y cuyos ejemplos he utilizado sin darles crédito por ello, quisiera decirles que hicimos todo lo posible por encontrar la fuente original. Aunque no se les mencione por nombre, se les aprecia y quiero que sepan que como colega de profesión aprecio profundamente sus contribuciones... no sólo al libro sino también a la profesión.

NOTAS

CAPÍTULO DOS

1. Reeditado con permiso del *Reader's Digest* de abril de 1991. Copyright © 1991, Reader's Digest Association, Inc. Aportado por Susan Escujuri.

CAPÍTULO TRES

1. Extraído con permiso de "Unforgettable Sheila Petersen", de Barbara W. MacInnes, *Reader's Digest*, febrero de 1991. Copyright © 1991, Reader's Digest Association, Inc.

CAPÍTULO SIETE

1. Para más información sobre el *I Can Program*, contacten con Bob Alexander, Pres., The Alexander Group, 176 Lake View Dr., N. Macon, GA 31210, 877-USA-ICAN, www.yesican.net.

ACERCA DEL AUTOR

ZIG ZIGLAR, uno de los oradores más solicitados del país, transmite su mensaje de humor, esperanza y entusiasmo a audiencias de todo el mundo. Es el presidente de la Zig Ziglar Corporation, cuya misión es la de preparar a las personas para que utilicen sus recursos físicos, mentales y espirituales de una forma más plena. Su lista de clientes incluye a miles de pequeñas y medianas empresas, las empresas de Fortune 500, agencias del gobierno, iglesias y asociaciones sin fines de lucro. Es el autor de muchos éxitos de venta, entre otros, *Confesiones de un cristiano dolorido*, *Algo por qué sonreír*, *Más allá de la cumbre*, *Better than Good* [Más que bien] y *Nos veremos en la cumbre*, del cual se han vendido más de un millón y medio de copias por todo el mundo.